在道德与政治之间

康德与罗尔斯理论传承关系研究

王华◎著

天津出版传媒集团

天津人民出版社

图书在版编目（CIP）数据

在道德与政治之间：康德与罗尔斯理论传承关系研究 / 王华著. -- 天津：天津人民出版社，2024.3
ISBN 978-7-201-20303-4

Ⅰ.①在… Ⅱ.①王… Ⅲ.①康德(Kant, Immanuel 1724-1804)—哲学思想—研究②罗尔斯(Rawls, John Bordley 1921-2002)—政治哲学—研究 Ⅳ.
①B516.31②B712.59③D0

中国国家版本馆 CIP 数据核字(2024)第 059475 号

在道德与政治之间：康德与罗尔斯理论传承关系研究
ZAI DAODE YU ZHENGZHI ZHI JIAN: KANGDE YU LUOERSI LILUN CHUANCHENG GUANXI YANJIU

出　　版	天津人民出版社
出 版 人	刘锦泉
地　　址	天津市和平区西康路35号康岳大厦
邮政编码	300051
邮购电话	（022）23332469
电子信箱	reader@tjrmcbs.com

策划编辑	武建臣
责任编辑	郭雨莹
装帧设计	明轩文化·李晶晶

印　　刷	天津新华印务有限公司
经　　销	新华书店
开　　本	710毫米×1000毫米 1/16
印　　张	16.5
插　　页	2
字　　数	200千字
版次印次	2024年3月第1版　2024年3月第1次印刷
定　　价	78.00元

目　录
CONTENTS

导 言

一、问题的提出：康德、罗尔斯与政治哲学

哲学作为人类精神文化的高级形态，其重要使命是用关于整全的知识取代意见的尝试。因此，反思性、批判性一直是哲学重要的理论品格。而政治哲学作为哲学的重要分支，其理论目标当然是超越意见而获得关于"最佳政制"的知识。康德是德国古典哲学的开创者。在知识论与伦理学领域，康德取得了非凡的成就，康德的政治哲学同样意义深远。可以说，康德以"自由"为理念的观念论政治哲学是对现代政治哲学的一次伟大超越。而作为其后学的罗尔斯的政治哲学以"康德主义"为口号，更是构建了思想精微、体系宏大的政治哲学思想体系，形成了所谓的"罗尔斯产业"。康德政治哲学与罗尔斯的政治哲学共同构成现代主流政治哲学即自由主义政治哲学的理论基础，而本书尝试对比二者的理论建树、品评各自的理论得失。

按照一般的观点，政治哲学由苏格拉底创立，并由柏拉图、亚里士多德加以完善，最终形成了以追求"最佳政制"为宗旨的古典理性主义政治哲学。

至中世纪,古希腊政治哲学与基督教的神学政治思想相融合,形成了以基督教神学为基础的神权政治理论。到近代,政治哲学与启蒙的理性主义思想相融合,在 17、18 世纪的国家哲学与法哲学的宏大的政治方案中达到顶峰,形成了以霍布斯、洛克、卢梭、康德、黑格尔、马克思等为代表的现代政治哲学。但是 20 世纪以来,政治哲学作为一种规范性问题研究领域遭受实证主义、相对主义和价值虚无主义思潮的巨大冲击。特别是在政治哲学隐退了近半个世纪之久。

在古代,政治哲学的可能性一直是一个不成其为问题的问题。因为在古典哲人看来,崇高与渺小、高贵与卑微、平庸与伟大等价值之分判若云泥,人们完全可以通过理性对其进行区分与排序。政治哲学对理性能够取得价值的客观性的伟大信念为近代政治哲学所继承。不论是在霍布斯的《利维坦》、洛克的《政府论》,还是在卢梭的《社会契约论》、康德的《法的形而上学》,以及黑格尔的《法哲学原理》这些伟大典籍之中,都充满着思想家对人类理性的自信。但是当人类思想史步入 20 世纪,政治哲学的自身合法性却遭到前所未有的挑战,人们对于自身的价值判断能力似乎不再具有坚定的信念。由此,政治哲学已经死亡几乎成为一些学者的共识。施特劳斯指出:"当我们说,除了作为供埋葬的材料(也就是供历史研究)或者虚弱无力难以信服的抗议的主题,政治哲学在今天已不复存在,我们毫无夸张。"①他认为,启蒙运动以来形成的"激进历史主义"②思想已经成为我们精神生活的深层次结构。

---

① [美]施特劳斯:《什么是政治哲学》,李世祥等译,华夏出版社,2011 年,第 9 页。

② 激进历史主义起源于 19 世纪的"历史意识",由"历史学派"发端,之后成为主宰了 20 世纪的社会科学的强劲思潮。它表现于这样的一个哲学命题:"一切的理解,一切的知识,无论它们如何由局限、如何科学,它们都预设了一个参照系;它们都预设了一个背景、一种通融的观念,知识和理解可以在其中展开。只有这样一种通融的视野才使得任何见识、观察和取舍成为可能。对于整体所取得的融通的观念是不能由推理来证明其有效性的。"(参见[美]列奥·施特劳斯:《自然权利与历史》,彭刚译,生活·读书·新知三联书店,2003 年,第 28 页。)

这对人类理性信念的冲击是致命的，它使得人类失去了对于伟大而严肃问题的思考能力。施特劳斯这样来描述我们时代的精神状况："在小事上理智而冷静，在面对大事情时却像个疯子在赌博；我们零售的是理智，批发的是疯狂。"①

政治哲学所遭受的如此境遇随着著名哲学家罗尔斯在1971年发表的划时代巨著——《正义论》而得到了彻底的改变。罗尔斯使得政治哲学这门古老的学问奇迹般地重获了新生，恢复了人们对规范性问题的思考。在《正义论》之中，罗尔斯改造了"自然状态"这一现代政治哲学的核心概念，并将其阐释为"原初状态"这一具有反思性质的"代表设置"。他的理论目标在于不借助任何先验的形而上学基础，推导出具有普遍必然性的"正义原则"。罗尔斯政治哲学的伟大之处在于其传承了西方伟大政治哲学家的政治构想，唤起了对政治哲学最高问题即正义问题的思考，并为此构造了博大而精微的政治哲学思想体系。但是罗尔斯却极其谦虚，认为自己是那些彪炳史册的伟大作家的学生。罗尔斯声称是借助了霍布斯、洛克、卢梭、康德等伟大的思想先驱的社会契约论思想，并将其上升为更为抽象的层次。

众所周知，在罗尔斯的政治哲学产生之前，在现代政治哲学内部一统天下的是直觉主义与功利主义伦理学。直觉主义宣称，所谓道德问题与政治问题的最高原理不过是一些意见或者是个人某种偏好，而它们只能靠我们的直觉把握。而功利主义则主张用"最大化社会福利"原理来证明道德与政治的合法性问题，但是其实质不过是用某种适用于个人的道德原理替代关于社会正义问题的思考。而罗尔斯政治哲学的首要目的就是构造一种规范性的理论以取代直觉主义，特别是功利主义。哈贝马斯曾言："在实践哲学最近的历史上，约翰·罗尔斯的《正义论》标志着一个关键性的转折。因为他恢复

----

① ［美］列奥·施特劳斯：《自然权利与历史》，彭刚译，生活·读书·新知三联书店，2003年，第4页。

了作为严肃的哲学探究对象，但却长期受到冷落的道德问题的地位。康德以一种独特的方式提出道德学的基本问题，这种方式要求理性主义的答案：我们应当如此行为，使得我们的行为对于所有人都同样是善的，罗尔斯摒弃了康德的超验哲学背景假设，在关涉到一个正义社会的构建问题上，重述了康德的理性方法。"①

按照哈贝马斯的理解，一方面，罗尔斯的政治哲学的出场标志着思想史的重大转折，即哲学的政治学转向或政治哲学转向，从而使得政治哲学这门古老的学问重新获得了学术生命。进而为哲学重新赢得对规范性问题探讨能力奠定了基础。另一方面，哈贝马斯指出了罗尔斯与康德哲学的重大理论关联，即罗尔斯以一种极为精致的理论设计重构了康德的对道德探讨的理性主义方法进路。要言之，罗尔斯通过"原初状态"这一独特的理论设计将康德的道德哲学进行"程序主义"改造，以期能够打通"先验、经验"两大领域。如果说康德将"最佳政制"推向了彼岸，那么罗尔斯的工作就是探讨我们如何能够在此岸实现这一理想。可以说，不论是早期的《正义论》还是晚年的《政治自由主义》不仅贯穿着康德的理性主义精神，而且具有理想主义维度。罗尔斯也将其《正义论》理解为"康德式"的解释。由此，康德与罗尔斯的理论传承关系成为学术界所探讨的重大的理论课题。

众所周知，康德是德国古典哲学的伟大缔造者。在理论哲学层面，他以理性划界的方式回答了"先天综合判断"如何可能的问题，即知识的客观性问题，调和了唯理论与经验论之争。在实践哲学层面，康德以自由作为道德的"先验原理"构造了以"绝对命令"为基础的道德形而上学。在政治哲学层面，康德哲学的伟大贡献是以其"先验方法"构造的道德哲学为基础，将现代政治哲学的核心理论即社会契约论从经验层面推进到先验层面，并以"纯粹

---

① ［德］哈贝马斯：《评罗尔斯的〈政治自由主义〉》，江绪林译，《哲学译丛》，2001年第4期。

实践理性"为基础为现代政治哲学超克政治与道德的二分提供了理论范例。

当哲学步入 20 世纪,不论以"语言批判"为主要形式的逻辑实证主义对传统形而上学的拒斥,还是以现象学的方法对形而上学的重建,二者的共识是告别传统形而上学。人类不得不面对一个如罗尔斯所说的"理性的多元论"的时代。在这个意义上,罗尔斯所面对的依然是康德所曾经面对的那个问题——失去了"理论理性"支撑的道德哲学与政治哲学或者"实践理性",是否能够为人类的道德生活与政治生活奠基。罗尔斯认为,在"价值多元论"这个理性事实已经成为时代精神的境遇之下,对于人们以制度为中介交往互动而形成的彼此无法逃离的封闭社会,人们可以凭借康德意义上的"建构主义"方法确立一种具有普遍适用性的正义原则。用康德的话来说:道德的先天综合判断是可能的。正义原则应对"社会基本结构"即社会基本的政治经济制度提出实质要求,以及使之具有政治现实性。

在康德的批判哲学之中,政治哲学主要是以"法的形而上学"的形式得以阐发的。康德的"法权形而上学"的伟大意义在于其将"道德自律"概念作为现代政治的道德基础,从而确立了一种本于政治现实主义的理想主义。康德的道德哲学的"形式"与"质料"及在此基础之上所产生的政治哲学的道德与政治的二分,规定了当代政治哲学复兴的发展方向,并让平等主义的伦理学与"程序主义"的正义理论成为当代政治哲学的理论硬核。特别是康德在道德哲学当中对幸福主义伦理学的"目的论"批判,以及在"法权形而上学"之中对福利国家的批判,为罗尔斯展开对功利主义的批判奠定了坚实的理论基础。

在本书中,我们将对康德的"批判哲学"与罗尔斯的政治哲学,以及二者之间的理论关联进行一次尝试性的阐释,试图在更深层次上理解二者的内在相关性。为了能够深入推进此项工作,我们的方法是借用施特劳斯的思想史研究的理论资源,从而试图进入康德哲学与罗尔斯政治哲学的思想深处。

我们的初步研究结论是,康德"批判哲学"体系的重心在伦理学与政治领域,而非其知识论领域。康德看似晦涩艰深的先验哲学体系内蕴着政治隐喻。罗尔斯有句名言——我的正义的理论方法是"康德式的建构主义"。可以说,《正义论》是当代重释康德哲学的一次意义重大的理论尝试,即使是晚年的罗尔斯认识到《正义论》已然暗含形而上学的假设,从而促成了其思想的重要转向,但是这样的理论努力也并没有越出康德哲学的理论框架。从更为宏阔的思想史背景来看,不论是康德的政治哲学,还是罗尔斯的政治哲学,其共同点是:他们的理论是对启蒙思想的伟大辩护。因此,厘清二者之间的理论传承关系可以使我们以一种富有成效的方式重新理解现代思想的多重变奏,进而为我们理解当代世界提供理论参考。

时代精神铸就学术思想。在罗尔斯所生活的时代,在学院之外,第二次世界大战、越南战争及学生运动和女权运动激发了罗尔斯对启蒙以来的两个极为重要的政治价值即自由与平等的思考。在学院之内,在英、美哲学界一直是分析哲学占据主导地位,分析哲学家们大都专注于语言分析而很少关注现实问题,道德哲学成了伦理学的认识论。时代困境都迫使人们追问:人类能否重拾理性的信心? 可否依靠理性为道德与政治奠基?

从哲学史的发展脉络来看,康德的理论哲学与实践哲学分别开启了现代哲学的分析哲学与现象学传统。因此,康德哲学又被西方学界称为哲学的蓄水池,古往今来的哲学理论汇聚在康德哲学之中,又从康德哲学流向现代哲学世界。克朗纳说:理解康德就是要超越康德哲学。在康德哲学研究方面,学界普遍关注康德的知识论问题、伦理学问题,而对于康德政治哲学的探讨相对来说比较薄弱。但是从 20 世纪 70 年代以来的西方哲学思想趋向看来,尤其是政治哲学转向以来,哈贝马斯、罗尔斯等思想家纷纷承接康德哲学思想的理论,力图在"后形而上学"视域下的构建政治哲学理论,不论是哈贝马斯的"商谈伦理"还是罗尔斯的"原初状态"的思想实验,都是在康德哲学理论基础之上的重大创新。从而引发了学术界对似乎处在"批判哲学"体系边缘的康德的政治哲学的极大兴趣。

因此，回到康德哲学文本，以探讨康德的先验哲学与政治哲学、康德哲学与当代政治哲学的理论关联，对于理解现代思想的转换具有重大意义。但是对康德政治哲学的探讨也存在着巨大的理论困难，因为康德重要的哲学著作甚少谈及政治，其思想形象一直都是以经院哲学示人。康德最为重要的理论著作是闻名于世的"三大批判"，而在"三大批判"之中，康德对政治着墨不多，虽然其中涉及了权利、界限、立法等政治概念，但是大多都是借此来论述知识论问题与伦理学问题。值得注意的是，《判断力批判》中有一段论述提到了政治哲学，却是以法的学说与历史哲学的学说形式出现的，而康德非常明确探讨政治的哲学著作则非常简短。因此，施特劳斯认为："康德在其哲学之中给予政治以一种既是核心的又是派生的地位。"①

康德最为著名的政治哲学著作当属 1797 年出版的《道德形而上学》一书的上半部分，即《法的形而上学原理——权利的科学》。除此之外，康德还发表了一系列与政治哲学相关的政治短论，例如 1784 年的《关于一种世界公民观点的普遍历史的理念》、1784 年的《答复这个问题：什么是启蒙》、1794年的《万物的终结》、1895 年的《论永久和平》，以及 1793 年的《论通常的说法：这个在理论上可能是正确的，但在实践上是行不通的》等。但是对于康德的政治哲学，不论是在康德所生活的时代还是现时代，都未受到应有的重视。这一现象的原因有很多，一般的观点认为，康德政治哲学著作就其体系完整性与内容的深刻性而言，其地位无法与"三大批判"相提并论。

就国内的研究状况而言，对于康德政治哲学思想的探讨也长期地被忽视和边缘化。一方面，对于康德哲学思想，我们的研究大都采取一种经院化

---

① ［美］列奥·施特劳斯、约瑟夫·克罗波西：《政治哲学史》，李洪润等译，法律出版社，2009 年，第 581 页。

的解读模式;由此,对康德哲学的研究,重心大多专注于其"第一批判",将其解读为有关知识论的问题。康德的理论目的是要解决近代以来的经验论与唯理论之争,从而批判性地研讨人的理性认识能力,进而回答"先天综合判断何以可能"之知识客观性问题。康德以"第一批判"回应了休谟怀疑论对理性知识解构的重大挑战,进而试图重建一种能够抵御怀疑论冲击的科学的形而上学。因此,康德哲学的总问题是一个知识论的问题。就此,我们得出一般结论:康德是一位经院哲学家,其哲学思想就像青年马克思所言,为了寻求一个遥远的未知国度而翱翔于天际,对于街头巷尾之小事与现实问题则采取漠不关心的态度。另一方面,我们认为,康德政治哲学未受到重视的原因在于国内学术界历来重视黑格尔与马克思之间的理论传承关系研究;而对于大多数的马克思主义研究者来说,不论是康德权利科学的著作,还是为其奠基的道德哲学,一个重要的缺点在于其缺乏内容的"形式主义",康德为了其道德哲学的纯粹性,剔除了其中的"质料"性的成分而纯化其"形式"方面,致使其几乎无法应用于经验现实层面。而康德的后学黑格尔的《法哲学原理》则已成功取代了康德的政治哲学;但是黑格尔的法哲学构造是将"绝对精神"作为形而上学的前提。而在黑格尔之后,随着构建传统意义上的形而上学已经成为不可能,西方思想家们开始提出"回到康德"以重思其哲学思想的伟大意义。

康德哲学特别是其政治哲学又开始受到学者们的广泛重视,这其中最主要的原因是《正义论》的出版。在这部传世名著之中,罗尔斯明确表明了其哲学的"康德主义"立场。他说,《正义论》的理论建构是高度"康德式"的。在罗尔斯看来,我们的时代面对的一个巨大的理论困境便是:"理性的价值多元论"这一事实,使得维护共同体的稳定性成了重大的理论问题。康德批判哲学的重大理论成果就是论证了在理论理性的范围内建立形而上学的不可能性,但是他也认为以自由作为"拱顶石",依然可以在实践领域建立起道德形而上学的大厦。康德哲学给罗尔斯政治哲学的一重大理论启示就是：构建一种规范意义上的实践哲学依然具有可行性。罗尔斯认为，在"后形而上学"的时代，我们可以通过康德式的"程序主义"方法的基础去构思社会的正义原则。

《正义论》的发表引发了一系列的学术争论。自由至上主义、社群主义、马克思主义、后现代主义，以及保守主义的批判锋芒都不约而同地指向罗尔斯，产生了一大批重要的学术文献和研究成果，形成了所谓的"罗尔斯产业"。在如此众多的批判之中，对罗尔斯最为重要的指责乃是：其政治哲学并未摆脱康德哲学的"先验形而上学"疑难，特别是他的《正义论》所暗含的形而上学承诺。罗尔斯接受并回应了来自各方的理论批评，并重思其自身的理论构想，进行了又一次的重大理论创新。由此，罗尔斯的后期思想从一种作为道德理论的"公平正义"转向"政治正义"理论。我们的观点是，即使作为"政治自由主义"理论时期的罗尔斯依然是在康德所奠定的哲学方法论框架下工作。随着罗尔斯政治哲学思想所引发的巨大理论效应。作为罗尔斯自由主义思想主要来源的康德哲学，尤其是其长期被忽视和边缘化的政治哲学也开始成为学术界所关注的焦点，且越来越受到当代国内外学术界的重视。它在某种程度已经成为人们思考法律与政治问题的一种非常重要的思想进路。可以说，这是继新康德主义之后，学术界又一次对康德哲学思想的重要理论回溯。根据当代德国哲学家赫费的观点："康德法律哲学的影响力的衰退并非基于实质性的哲学原则，而纯粹是一种的偶然。"①因此，康德政治哲学的思想内涵还有待于我们进一步的发掘，理解现代世界需要我们不断地向康德哲学回溯。诚如罗尔斯所言："我们要尽量避免这样一种观点：即康德学说只是为功利理论（或者甚至也为其他理论）提供了一般的或形式的要

---

① Hoeffe, *Kant's Cosmopolitan Theory of Law and Peace*, thranslated by Alexandra Newton, Cambridge University Press, 2006, xv.

素。"①因此:"我们不应该忽略康德观点所涉及的全部领域,必须也考虑康德的后期著作。"②"如果不想曲解康德学说的话,就不能忽略《判断力批判》《理性限制范围内的宗教》及他的政治著作。"③对康德学术本质的论述我们必须从康德哲学的整体出发,联系其与现代思想语境。

我们有理由认为,康德的政治哲学是康德哲学体系的重要组成部分,我们初步的研究结论是,康德的知识论、伦理学具有重要的政治意蕴。康德的政治哲学内蕴在其批判哲学之中,并构成了其思想理论的核心内容。那么,由此引发的思考是,康德的先验哲学与政治哲学是何关系? 康德的理论中心到底在何处? 在罗尔斯看来,回应现代性问题从而对启蒙运动所开创的历史伟业进行强有力的辩护是其政治哲学的理论宗旨。我们应该向康德的政治哲学回归,借鉴其的政治哲学的理论资源。因为正是康德哲学以其"先验方法"所阐述的理念确立了现代世界的人类之崇高的道德与政治理想。虽然晚年罗尔斯的哲学理论发生了重大转向即转向"政治自由主义",但是其构造理论体系的基本方法与坚守理性精神的信念并没有远离康德哲学。因此,只有回到康德,不断地从康德这位伟大的现代思想奠基者那里汲取理论滋养,我们才能为现代性奠定坚实的理性基础从而为应对现代性的危机提供一种理论的可能性。

二、选题的缘起与意义

任何重大的理论问题都源自于现实问题,任何现实问题必然凝结为重大的理论问题。作为社会意义的自我意识的哲学必然体现为伟大的时代精

---

① [美]约翰·罗尔斯:《正义论》,何怀宏等译,中国社会科学出版社,1988年,第250页。

② [美]约翰·罗尔斯:《正义论》,何怀宏等译,中国社会科学出版社,1988年,第250页。

③ [美]约翰·罗尔斯:《正义论》,何怀宏等译,中国社会科学出版社,1988年,第250页。

神,是黑格尔所说的"思想中的时代"。当代世界人类面对的最为重大的哲学问题之一是现代性的问题。按照施特劳斯的理解,现代性的危机表现为理性信念的丧失,具体言之,人们失去了对理性能够为价值的规范性确立基础的信念,以至于价值失去了客观性的标准。由此,我们不得不面对罗尔斯所说的"理性多元论的事实"。可以说,在这个意义上来看,不论是康德先验哲学的"人为自然界立法"的知识客观性的寻求,以及以"人为自身立法"的形式从而确立实践理性的权威,还是罗尔斯以"反思的平衡"的方式对规范性问题的基础的理性主义构造,都成了我们能够应对现代性危机的伟大的智识性典范。不论是康德哲学还是罗尔斯的政治哲学,都是启蒙理性主义的传承者。我们所面临的重大理论问题,其实在某种程度上并未离开伟大思想家的理论视野,这要求我们要深入追索其思想谱系,为进一步寻求拯救现代性的方案奠定基础。

(一)直面虚无主义的挑战

众所周知,虚无主义已经成为现代世界的最为强劲的思潮之一。其主要特征在于,认为理性已经无法帮助我们辨析合法与非法、公共与非公正的能力,以至于人们的生活再也没有什么确定性的标准,再也没有什么高远的目标。这是由于人们已经失去了思考严肃而伟大的哲学问题的能力。虚无主义意味着理性的终结,尤其作为人类最好的生活方式即沉思的生活方式的终结。施特劳斯认为,虚无主义作为现代性危机的症候主要源自于政治哲学的危机,即以霍布斯、洛克创立的现代政治哲学修改了苏格拉底创立的古典政治哲学的理论原则,其后果必然是实证主义、相对主义,以及价值虚无主义。施特劳斯认为必须以"哲学与律法""城邦与人""雅典与耶路撒冷之争"为基本问题,重开"古今之争";认为挽救现代性,我们必须回归古典理性主义,回归古典哲学的传统之中去探寻现代性问题的解决之道。

学界有共识，在现代思想史上，"自由"取代了"自然"成为西方现代思想的最高主题。自由主义政治哲学成为现代社会的主流意识形态。但是，由于现代自由主义的政治哲学的开创者霍布斯和洛克把"私利"原则确立为现代道德生活与政治生活的基础，导致的后果是人性下降了。人被降低为动物的层次从而失去了其"最高的可能性"（布鲁姆）。而作为最高生活典范的"公民社会"已沦为人类谋取"私利"的竞技场，而非培养人之"秀异"（阿伦特）美德之领域。"公民社会"之中的公共精神已经为"私利"原则所取代。自由主义政治哲学将"私利"作为"公民社会"的组织原则所引发的一个理论后果是，每个人在"公民社会"之中都有追求"私利"的合法性权利，这必然导致道德与政治之间的冲突。福山认为，将人性假定为谋求私利的经济人，是无法理解历史的。由此，自由主义在产生之日起就不断地受到其他思潮的批判，最为激进的当属法国浪漫主义哲学家卢梭。卢梭敏锐地发现了现代性病症之所在，其解决方法是以"公意"代替"私利"，试图为政治现实主义重新注入道德基础。"人是生而自由的，却无往不在枷锁之中。自以为是其他一切的主人的人，反而比其他一切更是奴隶。这种变化是怎样形成的？我不清楚，是什么才使这种变化成为合法的？我自信能够解答这个问题。"这是启蒙哲学家卢梭在反思现代性问题所提出的伟大论题。它的意义在于，痛惜现代政治设计所导致的人类"黄金时代"所具有的上古德性的消逝，要以理性的"中庸"之道培养强劲的灵魂与正直感，从而期望人类重新变得善良、正直、有德，社会变得团结与统一。

康德在其基础之上把"公意"思想上升为"纯粹实践理性"的"形式原则"从而积极为现代性辩护。在卢梭看来，一切的政治合法性必然取法于"公意"，以"私利"为主要原则永远无法产生好政治。由此，卢梭激烈反霍布斯、洛克为现代政治哲学奠定的"私利"原则。康德的伟大之处在于将卢梭的"公意"上升为"纯粹实践理性"，并以"纯粹实践理性"为现代道德与政治立法。

康德在《什么是启蒙》一文中指出：“启蒙就是人从他咎由自取的受监护状态走出”，其要义是，“要有勇气使用你自己的理智，这就是启蒙的格言”。康德认为，理性不仅可以为自然立法，而且理性可以“为自身立法”即可以为道德与政治的实践立法。康德认为，人们可以依靠理性（实践理性）确证自身的意义即为自身的行为提供规范性的标准。但是，人类并没有能够借助理性的力量而实现理性为自身所做的“现代性”承诺。

面对虚无主义的严峻挑战，不同的哲学家们做出了不同的理论反应。麦金泰尔等古典主义者主张回归古典，拒绝现代性的到来；而晚近的后现代主义者如鲍德里亚、利奥塔对“事实与价值”问题则持虚无主义和游戏的态度。面对后现代主义与古典主义对现代性的拒斥与逃避，以罗尔斯、哈贝马斯等为代表的启蒙精神的政治哲人则直面这一现代性困境。他们所思考的是：“上帝死后”，在“祛魅化”了的世界，人类是否应该悬置价值，一切都可以做了？康德与罗尔斯都给出了否定的回答。他们对好生活及人类的政治未来都作了理性的承诺：即使我们没有终极价值，人类也需要某种共同的规范，而这种规范是理性可以确立的。但是，一个引发我们思考的问题是：我们是否只要政治规范而抛弃崇高的道德理想？在道德与政治之间，人应该如何安顿自身？没有道德基础的政治哲学能够筑就共同体稳定性的根基吗？面对现代性的危机，罗尔斯在继承康德哲学精神的基础之上勇敢承担起了现代的重负，提出了自己独具特色的政治方案。

（二）重塑人类对理性的信仰

众所周知，现代哲学的最高成就是以笛卡尔“我思故为我在”为起点至康德的“理性批判”所确定“主体性原则”，但是正如哈贝马斯所言：现代性的自我确证问题，一直都困扰着思想家。自黑格尔哲学的解体，伴随着英美分析哲学之逻辑实证主义对形而上学的拒斥，欧陆哲学即现象学，特别是海德格尔形而上学批判对西方理性主义的瓦解，以及后现代主义者德里达为代表的语音中心主义的批判，使以规范性研究为标志的伦理学与政治哲学等宏大理论走到了尽头。以至于 20 世纪的道德哲学研究变成了对于人类的道德语言的研究。就政治哲学来说，在学院之内，直觉主义与功利主义占据统治地位。

自 20 世纪 70 年代以来，作为规范性研究的政治哲学研究在西方全面复兴，这是一个不争的事实。尤其是 1971 年罗尔斯发表了其政治哲学巨著——《正义论》，这部经典著作重新激起了人们对政治哲学的极大关注，引发了激烈的学术论争。一时间色彩纷呈的理论派别，如诺齐克的自由至上主义、哈贝马斯的话语政治理论、桑德尔的社群主义等同罗尔斯的正义理论展开了全方位的争论。其理论效应不仅产生了大量的学术文献，而且也推进了政治哲学的自我理解，以致有学者认为哲学本身就是政治哲学。而政治哲学也成了与分析哲学、现象学、西方马克思主义及后现代主义相并列的学术思潮。可以说，这在很大程度上归功于罗尔斯对政治哲学的卓越贡献。面对这一学术热潮，更有学者提出了"哲学的政治学转向"①的观点。上述这些不同侧面、不同流派的共同努力极大地推动了政治哲学的复兴和发展。对于罗尔斯的学术地位影响，有专家把他称为"20 世纪的洛克"，是西方政治哲学舞台上的主角。他的学生科尔斯戈德曾经这样评价他的老师："至于说到罗尔斯对实践哲学的贡献，我认为：他的政治哲学将会列于最伟大的政治哲学著作之中，并且将会具有永恒的价值。"

罗尔斯政治哲学的伟大构想在于，运用"反思的平衡"这一他称之为"苏格拉底式"的思维方式，通过对"原初状态"这一反思性"代表设置"，完成对具有客观有效性的正义原则的理性推定。从而为自由主义的道德与政治合

---

① 赵汀阳：《哲学的政治学转向》，《吉林大学社会科学学报》，2006 年第 2 期。

法性确立一种公共证明方式，并为人类在理性之界限内寻求最好的政治制度奠定基础。但是，罗尔斯对其具有原创性的理论创见保持着极其谦卑的态度，他认为其思想传承的是康德哲学的理性精神。从《正义论》之中的对"正义原则"的论证，到《政治自由主义》对"重叠共识""权利的优先性与善"，以及"公共理性"主要理念的阐释，在他看来，皆是在维护康德式的理性主义的信念。

罗尔斯政治哲学的巨大理论效应，也引发了对康德政治哲学探讨的热潮。毋庸赘言，康德的先验哲学是学界研究的核心问题，但是学院式的解读却往往忽视了康德哲学的政治维度，在一定程度上，这会模糊康德与现实世界的密切关系。赵汀阳教授指出："古代人看重理想，所以把政治学看作是伦理学的一部分，现代人认清现实，因此政治哲学是第一哲学。"①作为现代意义上的思想家，在康德的高度抽象的哲学面具后面一定隐藏着极其强烈的现实问题意识，因此我们切不可忽视康德的政治哲学思想。根据思想史的考察，康德哲学应该隶属于现代自由主义思想的伟大传统。重新重视康德政治哲学研究，尤其是重视康德与罗尔斯之间的理论传承关系，也许可以使康德哲学形象更加清晰。

(三)思想史的理论研究范式逐渐成为学术研究的主要范式

从现代学术研究的主要趋向来看，追溯思想家之间的思想史关联，力图如施特劳斯所说的按照"思想家自己理解自己的理解方式去理解思想家自己的思想"已经成为当今学术界进行学术研究的重要范式。此种研究范式的优点在于，能够破除以往研究给我们的思维定势，从而能够更加深刻地领会经典文本之中的深刻思想。因此，它对于拓宽我们的理论视野，精研伟大著

---

① 赵汀阳:《坏世界研究——作为第一哲学的政治哲学》，中国人民大学出版社，2009年，第1页。

作的伟大思想具有极其重要的意义。但是我们必须指出,这种思想史研究范式并非是发好古之幽情,而是要在重新理解思想史的基础之上反本开新,寻找理解现实问题的答案,从而为解决社会生活的实践问题提供重要的理论借鉴。

由此,在本书中,我们倡导以思想史研究的方式,梳理康德哲学与罗尔斯政治哲学的理论传承关系。康德哲学与罗尔斯的政治哲学的理论传承关系研究可以说是一个很新的论题,同时也是一个尚未成熟而有待深入和完善的研究领域。对于造成康德与罗尔斯政治哲学对比研究薄弱的原因,我们认为有两个方面:一方面,就康德哲学思想研究的方面来说,由于大多数学人把康德定位为先验哲学家,以一种知识论的态度对待康德哲学,因此康德给我们的思想形象往往是二元论、不可知论、先验唯心主义思想家;由此,我们研究的重点主要集中在康德的三大批判。这种研究模式的好处是我们能够对康德的理论体系有一种系统的认识,但是其后果往往会使人们忽视康德的政治哲学品性。正如黑格尔所言:"任何哲学都是在思想中所把握到的时代",因此康德作为伟大的思想家,其理论背后肯定具有极其强烈而深刻的现实关怀。如果对康德进行一种学院式的,尤其是知识论式的理解,我们很可能会忽视康德对政治思想史的贡献,模糊康德哲学本身面相。另一方面,就罗尔斯思想研究的方面来说,大多数学者认为,洛克、密尔已经完成了对自由理论及自由制度的理论创建。而罗尔斯《正义论》主要要解决平等的问题。他使近代政治哲学的主题由自由转向了平等。正是聚焦于"自由与平等"之间的张力关系,诺齐克、德沃金等向罗尔斯发难。毋庸置疑,这些理论的提出是有坚实的文本根据的。罗尔斯曾经在他的《正义论》中明确指出过,政治哲学的主题由自由转向平等。但是,诺齐克、德沃金等都是在自由主义思想的框架内来探讨问题,从而缺乏对自由主义思想前提的反思,因此在理解罗尔斯的政治哲学思想方面有一定的局限性。上述两方面的原因,其实可以归结为一个原因，就是这些学者并没有完全的用一种思想史的视角来看待康德与罗尔斯之间的理论传承关系。

我们认为，施特劳斯对思想史的出色研究，也许可以为我们更加深入理解康德与罗尔斯的传承关系打开一种新的可能性。他在对现代西方政治哲学的研究之中，把康德作为现代政治哲学的一个有机组成部分。他认为，康德是"现代性三次浪潮"中的第二次浪潮的领军人物。在第二次浪潮之中，卢梭以"公意"的思想来克服霍布斯、洛克的"私利"观念对现代政治之道德基础的冲击。康德哲学其实是为了回应卢梭对现代性的批判，进而挽救现代性一次伟大的理论努力。康德哲学的伟大贡献在于将卢梭的政治哲学问题上升至先验层面。要言之，是将卢梭的"公意"思想推进到"实践理性"的高度，从而强调"人为自身立法"以确立了实践理性对理论理性的优先性。可以说，康德哲学是对卢梭政治哲学的重大推进。康德哲学是以德国唯心主义所特有的思辨理论的方式介入现实的，这不可避免地使康德哲学具有经院色彩。因此，施特劳斯的思想史研究给我们的启示是，我们对康德的研究不能仅局限于他的先验哲学，还应该看到康德先验哲学背后对现实政治问题强烈关注，尤其是我们应该注意康德的政治哲学。我们的观点是，康德理论著述是指向政治问题的。对于罗尔斯，我们亦不能忽视其思想史背景，例如，他从亚里士多德那里继承的亚里士多德的幸福原则、从霍布斯那里得出假设的与历史无关的社会契约理念、从洛克那里得出关于自由主义宽容主义的思想、从休谟那里得出正义环境理论、从卢梭那里得出关于民主和道德教育的理念、从边沁和马克思那里得出对于社会基本制度的关注，尤其是从马克思那里找出对政治自由的（公平）价值的兴趣、从密尔那里得出对于思想和良心自由的论证、从西季维克那里激发出他的"反思的平衡"的灵感，以及最后从哈特的学说之中得出对许多重要概念所做的区分、特别是对自然责任与制度义务的区分。在这里，尤其要强调的是，罗尔斯在《正义论》之中，反复强调的是其继承霍布斯、洛克、康德等的社会契约论传统。当然,对罗尔斯政治哲学理论影响最大的是康德哲学。罗尔斯从康德哲学那里不仅学习和借鉴了将"社会契约论"所做的先验理解;而且康德运思方式决定性地启发了罗尔斯自己的研究方案。因此,罗尔斯也把自己的政治哲学称为"康德的道德建构主义"。虽然其后期的《政治自由主义》要摆脱康德哲学的先验形而上学性,并宣称其《政治自由主义》遵循了"政治建构主义"的构思方式。但是,晚年的罗尔斯非但没有远离康德哲学,反而更加拉近了其与康德哲学的距离。

新的时代呼唤新的理论,理论是思想中的现实。面对实证主义、价值相对主义及虚无主义等强劲的社会思潮对人类价值理性的消解,人类是否能通过理性确立道德规范、伦理秩序、社会正义的基础? 这是关乎人类未来的重大理论问题及现实问题。用康德的那句隽永的名言来说:"如是人间没有正义,人类的存在还有何意义?"从基本立场上来看,康德与罗尔斯是启蒙理性的坚定辩护者。两位思想家皆以无与伦比的哲学智慧为人类之可欲的政治理想进行了精深的理论构想,以至于他们成为我们反思现代性问题绕不过去的思想高峰。因此,对康德与罗尔斯的理论传承关系问题进行深入的探讨与研究,不仅有助于理解康德先验哲学与罗尔斯政治哲学之间内在相关性,同时也能够为我们反思现代性的危机、思考人类的未来提供重要的理论参考。

三、本书的结构

在仔细研读西方政治哲学史的基础上,以反思现代性为主要背景,以道德与政治之间的关系作为切入点来开展康德哲学与罗尔斯政治哲学思想之间的理论传承关系研究是本书的中心任务。在研究方法上,本项研究力图采用一横一纵两个主导线索。在纵向上，我们主要采用思想史的研究路径即追溯康德与罗尔斯的理论传承关系。康德政治哲学面对的是霍布斯、洛克所开创的政治现实主义传统，而罗尔斯面对的主要是直觉主义与功利主义伦理学的挑战；在横向上，我们以政治现代性问题为主要背景。康德是启蒙理想的坚定捍卫者，其政治哲学是现代自由主义的最高成就。罗尔斯则是在"后形而上学"视阈下对康德哲学进行经验主义修正。在我们看来，不论是康德哲学抑或是罗尔斯的政治哲学，已然是在马克思所开创的政治经济学批判的现代性问题的视域下进行理论工作。在这里值得我们注意的是，罗尔斯充分吸收了马克思对自由主义的批判的理论成果，并试图对自由主义的思想范式进行有限度地超越。因此，我们力图站在马克思的立场之上阐发康德与罗尔斯政治方案的利弊得失，并在此基础之上实现其与马克思主义哲学之间的积极对话。由此，本书主要包含以下内容：

第一章着重阐释康德与罗尔斯哲学学术所共同关怀的重大问题即政治现代性问题。本章借助施特劳斯关于"现代性危机是政治哲学的危机"重要命题的深刻启示，反思康德先验哲学的整全性意义及罗尔斯政治哲学应对现代性问题的解决思路，并初步勘查二者应对"现代性问题"之政治解决方案的利弊得失。

施特劳斯对思想史的创新性读解可以为我们提供可资利用的理论资源。回归古典哲学是施特劳斯学派重要的研究纲领，但这一研究纲领并非是发好古幽情，而是力图在回归古典政治哲学的基础之上寻求"现代性危机"的解决之道。我们当然不认同施特劳斯将现代性问题诊断为政治哲学的危机这一反马克思的观点，但是必须指出的是，施特劳斯的确以另外一种方式发现了现代性问题之所在，即权利已经成为自由主义政治哲学的逻辑在先性原则。

在本书的第一章，我们借助施特劳斯的思想史研究的理论资源，进而切入康德哲学与罗尔斯政治哲学思想所共享的基本理论论域，那就是反思现代性。施特劳斯对自由主义思想的基本理论的反思及其深远的政治影响。在施特劳斯看来，自由主义是现代世界的主流意识形态，其核心是人权概念。但是施特劳斯认为自由主义所奉为圭臬的价值，如自由、平等，特别是人权概念等虽然是现代世界的伟大发明，但其结果必然会导致虚无主义。启蒙运动以来、自由主义的奠基人霍布斯、洛克开启了一浪又一浪的现代与反现代的思想浪潮。在这一重大的历史趋向过程之中，哲学史上的思想英雄们围绕现代世界的最高问题即自由问题展开了各不相同的历史创见。而在这一独特的思想史解读路径之中，康德哲学作为现代性思想的独特一环，在政治哲学方面作出了开创性的贡献。不但如此，我们特别主张将康德的先验哲学作政治哲学解读，政治哲学在康德哲学之中处于中心地位。而我们认为罗尔斯的政治哲学处于康德与黑格尔之间的某个位置之上。罗尔斯的主要工作是探讨在康德摧毁传统形而上学之后，黑格尔的"绝对精神"瓦解之后，我们如何依靠理性的力量、在价值多元论的情景之下实现社会正义问题。罗尔斯将其称之为"第三条道路"。同时我们将看到，不论是康德的政治哲学还是罗尔斯的政治哲学，都与施特劳斯所阐述的"哲学与政治"这个更为古老的哲学问题联系在一起。因此，本章试图借助施特劳斯的重要思想史研究的理论资源，把二者置入"反思政治现代性"这一思想史的背景之中，展现它们的内在思想史关联。

在第二章，我们试图从政治哲学的视角考察康德哲学的总体意图，特别是"三大批判"为我们展现的独具特色的理论景观。我们得出的一个粗浅的结论是，康德的先验哲学就其整体意图乃是政治哲学。当然，我们并非否认康德哲学在认识论领域，或者说在理论哲学上的卓越贡献。它们确实是康德先验哲学基础的组成部分。先验性是德国古典哲学自我确证的方式。但是，我们认为其整体性意图乃是要解决现代道德与政治的规范性问题。正如罗尔斯所言,康德哲学是对卢梭政治哲学的回应。特别是康德将自由主义推进到了先验层次,现代政治建立在以自由为基础之上,进而成为自由主义政治哲学的逻辑顶点。

众所周知,康德的《纯粹理性批判》致力于以理性划界的方式解决"先天综合判断如何可能"这一知识论问题。在康德看来,任何以思辨理性的方式构建形而上学是不可能的,但是在实践领域,以实践理性为基础而建立道德形而上学则并非不可能。如果我们将康德的"第一批判"作一种政治哲学的解读则是:其政治意义在于任何有限的理性存在者都具有平等的价值;而康德的《实践理性批判》致力于以自由作为先验原理来回答伦理学问题,从而为其政治哲学奠定道德基础。《实践理性批判》阐述了实践理性对于理论理性的优先性原则,宣告了自由的绝对价值而《判断力批判》为人类的政治生活与社会生活提供了"程序主义"的原则。可以这样来理解,那就是康德开启了一种源于自由主义而又超越自由主义的政治建构主义传统,其伟大意义在于,从实践理性出发我们可以建构一种规范伦理学,从而为提出一种后形而上学的政治讨论范式奠定坚实基础,以至康德之后的自由主义思想家必须在康德所奠定的理论框架之下工作。

第三章重点探讨了康德哲学对古典哲学观的理解,进而试图阐释康德的先验哲学与政治哲学之间理论关系,并在此基础之上理解康德哲学思想的本意之所在。

在本章中,我们试图突破对康德哲学"知识论"式的解读模式。将康德先验哲学置于现代政治哲学的图谱之中,从反思现代性这一视角深刻理解马克思所说的"法国革命的哲学理论"。我们之所以形成对康德哲学思想"整全性"意义的知识论理解。是因为体系化一直是德国古典哲学自我理解的方式。但是我们并不能就此否认康德哲学的伟大的现实意义。因此,我们要重新把康德哲学置于思想史的背景之中,进而阐述其政治哲学思想之理论前提及其思想史渊源,以此来还原其本真意义。按照施特劳斯的理解,康德是"现代性的三次浪潮"之中的第二次浪潮领军人物。康德哲学的总问题乃是接续卢梭的政治哲学思想,并试图将卢梭的政治哲学问题推进至先验层面,以解决卢梭无法解决的问题。从反思现代性的角度来说,康德试图在纯粹的思想领域解决自由主义思想之中的道德与政治之间的冲突。

可以说,就康德批判哲学自身气质而言,他是高度理想主义的,从而是柏拉图主义的。但是康德哲学在整体上的理论根源在于现代的政治现实主义思想。康德的主要工作是创立一种本于政治现实主义但又超越于政治现实主义的政治哲学思想。康德为现代政治哲学注入了不同于古典政治哲学的理想主义因素。

第四章:主要阐述罗尔斯《正义论》的政治哲学思想内容。本章我们将进入罗尔斯的思想情境、阐述其所面临的理论困局、直面的理论问题及其重大的理论创建。罗尔斯政治哲学理论的贡献之一便是扭转了西方哲学的走向,将对规范性的研究重新置于哲学思考的中心,实现了所谓政治哲学的转向。罗尔斯的主要理论工作在于,以一种极为深刻的理论思辨形式为自由民主政治奠定道德基础。

在罗尔斯的政治哲学诞生之前,直觉主义与功利主义,特别是功利主义一直在伦理学领域之中居于统治地位。但是二者在回答政治共同体的道德基础方面存在严重的理论缺陷。在罗尔斯看来,直觉主义在道德哲学理论方面持有一种道德实在论立场。直觉主义伦理学认为,在人的基本权利方面不容许任意的侵犯,强调人的道德的崇高性,"正当"优先于"善"。是直觉主义在方法论上却容有一些不可再追溯的直觉信念,例如普里查德认为,询问一个人是否具有义务这是毫无意义的,道德、义务、正当、善等重要的理论价值是不证自明的。但是在罗尔斯看来,直觉主义理论的重大理论缺陷在于它没有据以解决人与人之间的分歧和安排次序的根本原则,故而不能对实践理性的基本结构作出清晰的描述。而功利主义同样不能在根本上解决社会的正义问题。功利主义的最高原理是"最大多数人的最大幸福"原理。但是功利主义是一种基于经验的个人主义的道德原理，因此不能用其解决社会正义问题(这是将个人原则应用于社会原则)。功利主义的最大问题不是将人理解为寻求快乐、欲求、满足的主体，继而认为其导致了对人性的理解的下降。而是要求一些人为另一些人的利益而做道德上的让步——因其为了自身理论的自洽性而诉求于极高的道德标准——这会导致对人的自由与平等权利的侵犯。为此，在罗尔斯看来，我们必须重回社会契约论传统，并借助康德哲学对其进行一种"程序化的"的解读，方能克服功利主义的种种缺陷。

质言之，罗尔斯直面实践理性之困境，借助康德哲学特别是道德哲学，将其与社会契约论传统勾连起来，阐发了一种"程序正义"理论。其主要的优点在于，它能够超越直觉主义的道德实在论立场与功利主义的经验论立场，从而为自由主义政治哲学奠定正当性基础。而就罗尔斯政治哲学理论本身来说，罗尔斯在《正义论》所阐述的理论方法可以突破康德哲学思想的内省性、抽象性性质，即通过"原初状态"的理论设计，建立起沟通先验领域与经验领域的桥梁，从而使"良序社会"具有现实性与可欲性。因此，我们将着重阐述罗尔斯正义理论的主要架构、罗尔斯道德与政治的理念内涵，以及罗尔斯政治哲学的康德式的"建构主义"。

第五章是本书的结论性部分。我们将以在道德与政治之间的关系问题为切入点，全面阐述在罗尔斯后期政治哲学著作《政治自由主义》对"公平正义"的"康德式"解释的重大修正，即对正义问题的探讨从"道德的建构主义"转向"政治建构主义。在此基础之上，我们试图站在马克思的正义理论基础之上，在总体上评述罗尔斯自由主义政治哲学的主要缺陷。

《政治自由主义》的发表标志着罗尔斯政治哲学思想发展的重大转折——从"公平的正义观"转向"政治的正义观"。在罗尔斯看来，《正义论》的政治设计存在的重大理论缺陷是，因其诉诸于康德哲学的形而上学的观点从而使之无法解决共同体的"稳定性"问题。面对"理性多元论"这一事实，任何诉诸形而上学的理论建构必然无法解决政治共同体的稳定性问题。在《政治自由主义》之中，罗尔斯将共同体的"稳定性"问题阐释为："由自由而平等的公民——他们因各种理性的宗教学说、哲学学说和道德学说而产生深刻分化——所组成的公正而稳定的社会如何可能长治久安？"①为此，罗尔斯阐释了一种被其称之为"政治的正义"的政治观念。政治的正义观念的特点在于其并不诉诸于任何统合性的宗教学说、哲学学说和道德学说，但却能够得到他们的所实现的"重叠共识"的支持。《政治自由主义》中所阐述的政治哲学思想是对《正义论》的重大修正，即《正义论》是建立在对康德哲学形而上学的基础之上的。我们认为，罗尔斯政治哲学对康德哲学思想的继承与彻底修改及这种修改所带来的理论后果，正是罗尔斯对康德哲学经验化、语境化的又一次推进以期阐述其正义理论的可欲性。我们得出的初步结论是，罗尔斯后期应用"政治建构主义"构建的"政治正义观"并不是远离了康德哲学，而是康德哲学精神进一步深入贯彻。但是按照马克思的政治经济学批判的观点，不论是康德政治哲学还是罗尔斯的政治哲学思想，二者理论的重要局限性都是将自由作为主要理论前提，进而试图通过制度方式，特别是实现分配正义的方式一举超越自由主义的思想，这无疑是一次巨大的理论失败。

在马克思看来，现代性危机是资本主义以私有制为基础的资本主义生产方式的内在矛盾的结果。不论康德还是罗尔斯，都对私有财产权抱有保留的态度。康德一生对自由抱有崇高的敬意，但始终没有触及私有财产权问题。而罗尔斯的理论在一定的程度上吸收了马克思主义理论之中关于私有财产权的问题的科学阐述，从而在某种程度上是对资本主义制度的内在超

---

① ［美］约翰·罗尔斯：《政治自由主义》，万俊人译，译林出版社，2011年，第3页。

越进而主张一种"财产权民主制"。但是罗尔斯理论的主要症结是,把正义问题理解为仅是分配制度的问题,而不是一个生产方式的转变问题。在这个意义上来说,他并没有超越马克思。

综上所述,罗尔斯的政治哲学对康德先验哲学的经验主义修正虽然在理论上设计得极为精巧细致。但是在《正义论》中,罗尔斯并没有完全摆脱康德哲学的先验要素。"原初状态"之下"自由、平等的理性存在者"背后依然是康德的"理性自主"的形而上学假设。因此,被其最为认可的《正义论》的第三篇即回答政治共同体的稳定性问题,罗尔斯诉诸的已然是康德的先验形而上学。虽然罗尔斯为了解决《正义论》之中"目的篇"共同体的稳定性问题而实现了政治自由主义转向,但这并非是对康德哲学精神的背离,反而是走进了康德。罗尔斯后期哲学的政治转向的确使得其对正义问题的探讨更加依赖民主社会的公共民主政治文化,而与早期的为自由民主制度奠定道德基础的理论雄心相比,罗尔斯对正义问题的探讨更加历史化、语境化了。因此,仅就与罗尔斯早期的理论雄心相比,其后期的政治思想是一次重大的理论退却,其后期思想立场更加温和。罗尔斯本来的理论意图是要为民主政治奠定道德基础,最终却是对政治哲学中道德维度的抽离,从而使他致力于的"良序社会"成了无根基的理论建构。也许施特劳斯的观点是正确的:那就是"城邦与人""哲学与政治""理性与信仰"是西方文明发展的根本动力,二者不可偏废。按照马克思的理解,我们应该立足人类的历史性的实践活动,辩证地把握二者之间的关联。

第一章　现代性之辩护:康德与罗尔斯论题

在施特劳斯的著名文章《现代性的三次浪潮》①之中,康德哲学占有举足轻重的地位,是"第二次浪潮"的领军人物。就政治哲学而言,康德的突出贡献在于其独特的"先验方法"将现代政治哲学推进到了"观念论"的层面,从而使得以自由为最高问题的现代政治哲学具有了古典政治哲学的理想主义气质。康德对现代政治哲学的"先验"构造使现代政治哲学达到了自我反思的最强形式。具体而言之,康德将现代自由主义政治哲学之基础理论即"社会契约论"上升到"先验"界面,从而使得自由主义政治哲学超越了霍布斯、洛克政治哲学的现实主义维度。承续康德哲学理路,罗尔斯将自由主义政治哲学的核心理论即"社会契约论"之"自然状态"概念创造为"原初状态",从而使得"社会契约"具有反思性的"思想实验"性质,并由此出发推导正义原

①　施特劳斯认为,现代性的思想总体上呈现一场浪推浪的运动。其特点是每一浪运动都接受了上一浪运动的前提并将其不断推向前进。这一运动的开端即第一次浪潮以霍布斯、洛克创立的现代政治哲学为始,卢梭、康德、黑格尔哲学为第二次浪潮,第三次浪潮以尼采、海德格尔为代表。其主要观点是,以霍布斯、洛克开始的现代性运动必然走向虚无主义。西方现代文明的没落在现代性发端之时候就已注定。(参见刘小枫编:《苏格拉底问题与现代性——施特劳斯讲演与论文集:卷二》,华夏出版社,2008 年,第 32~46 页。)

则。可以说,康德的政治哲学直接构成了罗尔斯政治哲学的理论前提。从反思现代性的视角来看,康德政治哲学不仅为政治现代性奠定了坚实的学理基础,更是代表了自由主义之崇高的道德理想。但是在罗尔斯看来,康德哲学的"先验形而上学性"导致了其哲学缺乏经验之普遍适用性,不利于在哈贝马斯所说的"后形而上学"时代之下为现代政治的正当性与合法性进行理论解释。因此,罗尔斯主张必须把康德的理论力量和内容与其先验的唯心主义背景区分出来。罗尔斯以"社会基本结构"为其理论的应用主题的"公平正义"的政治方案,既是对以霍布斯、洛克为代表的自由主义之原子式个人主义的本体论痼疾的克服,也能够提供黑格尔对自由个人主义的"无精神性"的形式主义的批判之强有力的反驳。罗尔斯把他具有独创性之捍卫政治现代性方案描述为"第三项选择"①。而在他看来,如要开拓此"第三项选择",我们只有在回到康德的道德哲学与政治哲学基础之上并对之进行经验性的修正才是可能的。

一、来自施特劳斯的启示

自 1971 年罗尔斯发表《正义论》以来,学术界围绕这部伟大著作的核心问题即正义问题展开了激烈的讨论;同时,也对罗尔斯的基本哲学理论展开了激烈批判。其中著名的批判有诺齐克的自由至上主义、德沃金的权利主义自由主义、桑德尔的社群主义、哈贝马斯的共和主义思想等。上述批判的一个共同观点是,从权利正义原则出发,罗尔斯的政治哲学显然背弃了康德哲学要义。但是上述批判仅限于自由主义思想视域下的批判,均属于"家族内部之争"。而 20 世纪晚期施特劳斯学派的兴起是一个特别值得关注的学术

---

① 　[美]约翰·罗尔斯:《道德哲学史讲义》,张国清译,上海三联书店,2003 年,第486页。

事件。与众多批判罗尔斯政治哲学的思想流派不同,以施特劳斯为代表的新保守主义对其批判则是上升到了"理论思维的前提批判"高度,从而具有了不同寻常的学术意义。施特劳斯以重新理解思想史的研究范式、以解读伟大典籍为主要内容,对西方现代性危机的根源进行了细致的勘查,得出了一个惊人的结论:现代性的危机是一场理论的危机源自于霍布斯、洛克所开创的现代政治哲学即政治现实主义对以苏格拉底为代表的古典政治哲学即政治理想主义的反叛。

对于康德哲学,施特劳斯认为他以"先验方法"所倾心构造的自由主义政治哲学理论是现代政治哲学巅峰理论,其中充满了现实主义与理性主义的张力。康德哲学的高贵之处在于对源自古典政治哲学的理想主义坚守的前提下对政治现实主义的推进。施特劳斯认为,康德哲学是柏拉图主义的现代翻版,其思想气质是高度理想主义的。但是他对以继承康德哲学为志业的罗尔斯的政治哲学提出了严厉的批判。特别是施特劳斯的大弟子布鲁姆,在《正义——约翰·罗尔斯与政治哲学传统》这一著名文章之中对罗尔斯提出了严苛的批评,认为罗尔斯的《正义论》对康德哲学存在着严重的误读。布鲁姆认为:"他的思想与康德的思想毫无干系,对康德来说,道德人最多渴望幸福,渴望公正社会的来临,但是不可能改变品行以实现这些目的。重复一次,罗尔斯的学说只是当代的功利主义,而功利主义在顺序上不过是霍布斯、洛克学说的修正和简化。""罗尔斯对原初状态的康德式解释仅仅介入了伪造的道德尊严。"①我们当然并不同意布鲁姆对罗尔斯政治哲学理论的苛责,这种指责对罗尔斯来说显然是不公正的。施特劳斯学派似乎忘记了罗尔斯的政治理论的出发点就是要重新理解康德哲学以超越功利主义。我们必须指出的是,施特劳斯对思想史的考察,在某种程度上确实抓住了自由主义思想

① [美]阿兰·布鲁姆:《巨人与侏儒》,张辉选编,秦露等译,华夏出版社,2003年,第326页。

的要害。他对思想史的解读,对于启发我们探讨康德哲学与罗尔斯政治哲学之间的理论相关性提供了非常重要的理论资源。

按照施特劳斯政治哲学的观点,不论是罗尔斯的政治哲学理论,还是作为其理论渊源的康德哲学,都无一例外地完全是在马基雅维利、霍布斯、洛克所奠定的现代政治哲学的学术框架下进行的学术工作,而恰恰是这些现代政治哲学的开创者,修正了以苏格拉底、柏拉图及亚里士多德为代表的古典政治哲学,从而导致了"现代性的危机"。因此,如若深入反思这两位现代性的坚决维护者的理论传承关系,按照施特劳斯的说法,"我们必须回到政治哲学最初遭到破坏的地方,回到现代政治哲学的诸起点,回到现代哲学还不得不与古典政治哲学一争高下之时"①。可以说,施特劳斯学派对自由主义或者是现代性的批判达到前所未有的高度即进入其思想前提的高度。从而构成了继马克思的现代性批判以来对自由主义政治哲学最为深刻的批判理论之一。

施特劳斯的政治哲学理论一般被表述为古典理性主义。在政治立场上被学术界定义为保守主义。他的理论以对西方政治哲学史的原创性解读而闻名于世,留下了几代异常忠实的弟子,形成了以解读古代大书为学术研究特点的思想流派。施特劳斯的研究纲领是回归古典、阅读经典。其思考的问题不是多么新颖的哲学论题,反而是一些极其陈旧的哲学理论问题,比如"城邦与人""哲学与政治""哲学与律法""雅典与耶路撒冷""好人与好公民"等问题。但是施特劳斯的研究目的并非只是宥于思想史的研究领域,抒发怀古幽情,而是有着强烈的现实感。其理论目标在于探寻我们所面对的时代问题即"现代性的危机"理论根源,并在伟大的典籍之中寻求现代性危机的解决之道。

---

① 刘小枫编:《苏格拉底问题与现代性——施特劳斯讲演与论文集:卷二》,彭磊、丁耘等译,华夏出版社,2008 年,第 2 页。

那么什么是施特劳斯思想之中的现代性危机的内涵呢？关于现代性，施特劳斯有这样的陈述："按照一种相当通行的想法，现代性是一种世俗化了的圣经信仰；彼岸的圣经信仰已经彻底此岸化了。简单不过地说，不再希望天堂的生活，而是凭借纯粹人类的手段在尘世上建立天堂。"①在施特劳斯看来，人们的这种理性自信乃是以马基雅维利、霍布斯、洛克为开创者的现代政治哲人给予的。这种理性的自信在于我们能够依靠人类的理性建构这样一种普遍社会，从而能够保卫每一个人的权利，实现所有人的自由。施特劳斯这样来描述这一理想："一种由诸平等民族构成的社会，各民族又由自由平等的男人和女人组成。所有这些民族都可以借助科学提高自己的生产力，从而得到充分的发展。人们认为，科学在本质上有助于增强人的力量，并解除人的不平等状态。科学会带来普遍的富裕。在那种状态下，没有谁会再觊觎侵略其他人或其他民族。普遍的富裕会带来普遍的且完全正义的社会，就像一个完全幸福的社会。"②但是到今天，人们已经不再对曾经崇高的政治理想信心满满。实证主义、历史主义、价值相对主义，以及虚无主义成为我们时代的精神状况。我们没有迎来西方文化的繁荣，而是走向文明的没落。那么，导致"现代性危机"的主要原因又是什么呢？通过重新理解思想史，施特劳斯认为，现代性的危机导源于政治哲学的危机。为什么现代性的危机这一重大的现实问题竟然源自于一个学院行当？

在《什么是政治哲学》中，施特劳斯这样讲道："政治哲学是用关于政治事物本性的知识取代关于政治事物本性的意见的尝试。""政治事物的精髓不是中立，而是对人们的服从、效忠、决定或判断提出主张。""要做出健全的

---

① 刘小枫编：《苏格拉底问题与现代性——施特劳斯讲演与论文集：卷二》，彭磊、丁耘等译，华夏出版社，2008年，第32页。

② 刘小枫编：《苏格拉底问题与现代性——施特劳斯讲演与论文集：卷二》，彭磊、丁耘等译，华夏出版社，2008年，第2页。

判断，人必须知道真正的标准。政治哲学如果希望公正对待其主题，就必须竭力获取这些标准的真正知识。政治哲学是一种尝试，旨在真正了解政治事物的本性以及正当的或好的政治秩序。"①在施特劳斯看来，古典政治哲学的目标是寻求理想的共同体，理想的共同体则以"自然"为标准。在古典政治哲人那里，"自然"是与"习俗"相对立而非与"自由"相对立的范畴。在古典哲人的思想图谱之中，自然是一个巨大的等级系统，其本身具有能够为人的理性所认知的目的。而人性的"自然"也有其本然的目的。在柏拉图与亚里士多德看来，人的目的就是理性沉思，遂认为沉思即哲学的生活方式是最好的生活方式。因此，在古典政治哲学人看来，最理想的政治共同体是"哲学王"统治的城邦。但是，"哲学王"本身就是一个悖论。原因在于，哲学的本意是爱智慧，因此哲人的生活目标是从"意见"世界上升为"真理"世界。政治世界的纽带是"意见"，而"哲学王"意味着哲学必须下降为意见。如此，哲学也就下降为意识形态从而不能成其为本身了。施特劳斯说："哲学，尤其是政治哲学一旦屈从于权威，就失去了它的本色；它就会蜕变为意识形态，亦即为某一特定的或将要出现的社会秩序所作的辩护词；或者它就会变为神学和法学。"②因此，哲学与政治之间具有天然的冲突。在古代政治哲人看来，理想的共同体的实现条件在现实生活之中极其罕见。它不仅需要哲人有爱智之忱，还需要政治家高超的政治智慧。因此，理想的政治共同体的实现只能靠机缘。因为它对人性的要求极高，不论是哲人还是城邦治之下的普罗大众。在柏拉图看来，政治的技艺是神的技艺。"最佳政制"只存在言辞之中。虽然难以实现，但是"最佳政制"是现实政治的标准，对此，古典政治哲学从未怀疑过。

现代政治哲学区别于古典政治哲学的特别之处在于，古典政治哲学更

---

① ［美］施特劳斯：《什么是政治哲学》，李世祥等译，华夏出版社，2011年，第3页。

② ［美］列奥·施特劳斯：《自然权利与历史》，彭刚译，生活·读书·新知三联书店，2003年，第93页。

像是乌托邦,因为其对人性的要求过高。因此,为了能够让政治哲学成为科学,我们必须降低人性的标准。首先,在现代政治哲人那里,"自然"已经没有在古典政治哲人那里的神圣的意义,它是为物理学的机械规律支配的整体。因此也不再是哲人沉思的对象。而在人性的方面,现代政治哲学强调人性的"自然"就是人类最基本的生存欲求。沉思的生活也不再成为人的最高级的生活方式。在施特劳斯看来,现代人不过是利用科学满足自己生存欲求的平庸之辈。人们似乎失去了思考伟大而严肃问题的能力,哲学也因此面临消亡的境遇。

从思想史上来看,现代性的"第一次浪潮"由霍布斯、洛克的政治哲学开启。他们被称为现代政治哲学的奠基人。霍布斯政治哲学的革命性意义在于其刷新了对"自然法"的理解,即用自我保存来理解"自然法",其逻辑的结果是以人权来理解"自然法"。而洛克紧随其后,将权利修改为合理自利,并发展为"财产权"。霍布斯、洛克将政治哲学科学化的结果是降低了人性的标准,从而使得政治哲学问题变成了一个纯粹的技术性问题。

现代性问题由此发端,它导致了黑格尔意义上的"特殊性"与"普遍性"问题的分裂。卢梭是现代性的"第二次浪潮"的领军人物,他接受和审理了霍布斯、洛克问题并将其理论前提的"自然状态"重新进行理解。"卢梭以德性、纯真的名义,以古典共和国的非功利性的名义抗议其前辈的堕落与颓废主张;它既反对令人窒息的绝对君主专制,也反对现代共和制的多少有点儿犬儒式的商业精神。"[1]在卢梭看来,霍布斯、洛克并未真正理解"自然状态"。他们所描述的"自然状态"恰恰是一种"社会状态"之下的人是亚人性的。在"自然状态"下,人性自足,而且具有天然的"同情心"。"社会状态"才使得人性堕落。人性并非属于自然的问题而是属于历史的问题,人性具有无限的可塑

---

[1] 刘小枫编:《苏格拉底问题与现代性——施特劳斯讲演与论文集:卷二》,彭磊、丁耘等译,华夏出版社,2008年,第39页。

性。理想的共同体的目标必须是培养好公民,同时它也需要好公民来锻造。因此,理想的共同体必须奠定在"公意"的基础之上。"公意"并非是个人意志集合,而是类似于"公民宗教"的精神联合体。唯有"公意"方能使得政治共同体具有道德合法性从而成为一个整体。它是每一个人自由的象征。而按照施特劳斯的理解,卢梭的"公意"的概念为康德所继承。正是康德将卢梭"公意"这一核心的政治概念上升为"实践理性",从而在主体的内在性领域为人类的政治生活奠定了道德尊严。现代性的"第三次浪潮"则是以尼采作为开创者。尼采使得卢梭所开创的历史这一概念激进化。在尼采看来,一切理性都是人类创造的结果,是人类筹划的结果。而这在施特劳斯看来是现代性危机的顶峰即虚无主义。如上所述,康德是施特劳斯所说的现代性三次浪潮的"第二次浪潮"的代表。康德在施特劳斯的现代性思想谱系之中,是以政治哲人的形象出现的。但是,这给我们留下了这样一个疑难问题即康德究竟是怎样一位政治哲人。通常看来,康德似乎一直是专注于构造形而上学科学体系的哲学家,似乎对于政治并不关心。

对于康德的思想形象,如席美尔所言,他是一位极端的理智主义者。深沉、审慎,以及对道德崇高性的无比敬意可以说是其思想的代名词。众所周知,在西方哲学史上,康德以对"休谟问题"的破解进而捍卫理性而闻名于世,其目标是在理性批判的基础之上重建传统的形而上学体系。康德给我们留下的思想形象是,他对纯粹理论生活之外的政治现实漠不关心,而是倾心构造形而上学体系。即使像《永久和平》《世界公民观点之下的普遍历史观念》等这样颇具浪漫色彩的政治哲学宏论,有学者认为,也不过是一种美学式的不切实际的遐想。但是如上所述,如果从现代哲学的总体发展趋向来看,康德并非仅仅是幽隐世外的哲学家,而是有着极为强烈现实感的政治哲学家。他在整个现代政治哲学的学术谱系之中占有极为重要的思想地位。施特劳斯甚至认为,康德的政治哲学处于整个先验哲学的中心。而在我们看来,施特劳斯的论断基本上是准确的。康德哲学在整体意义上是政治性的,即先验哲学的最高旨归是政治哲学。

按照施特劳斯对思想史的解读,"自然"与"自由"分别是古代哲学与现代哲学的最高问题。康德所发起的哲学革命的伟大意义在于实现了自由对于自然的颠倒。现代政治哲学的最高主题是自由问题。康德将自由阐释为自然权利的核心要义,从而使得自由完全取代了自然成为现代政治方案的基础。康德所发起的哲学革命彻底完成了古今政治哲学在最高问题的颠倒。施特劳斯给予康德的评价极高,认为他是现代世界的柏拉图。在施特劳斯看来,康德哲学所实现的革命是他一边连接古代哲学,"康德步柏拉图的后尘,因为他赖以出发的是关于人的生活和正确的生活所可能知道的东西,而且由此出发才能反思信仰的东西"[1]。从另一个方面来看,康德又身处现代世界。施特劳斯说:"康德囿于现代观念的成见,不单单表现在他从承认和界定现代科学起步,甚至和恰恰表现在他的人类学–目的论–伦理学的教义,甚至和恰恰是对这种教义最全面,最纯粹的表达。"[2]实现了古代政治哲学向现代政治哲学的彻底转换。康德以自由取代自然成为构建政治哲学的基础性范畴。不论是在其伦理学之中作为道德先验原理的自由,还是在其政治哲学之中,自由作为唯一的自然法权,自由都取得了对自然的优势地位。

至于罗尔斯的政治哲学,施特劳斯生前并未对其发表任何评论。我们认为原因有二。第一,在施特劳斯的政治哲学思想当中,自由民主制度虽然称不上是最好政体,但是却是我们能够在现实生活之中实现的次好政体。特别是在经历了第二次世界大战的反犹主义运动。施特劳斯一直对自由民主制

---

① [美]施特劳斯等:《回归古典政治哲学——施特劳斯通信集》,朱雁冰、何鸿藻译,华夏出版社,2006年,第204页。

② [美]施特劳斯等:《回归古典政治哲学——施特劳斯通信集》,朱雁冰、何鸿藻译,华夏出版社,2006年,第205页。

度怀有感激之情。第二,施特劳斯坚持"隐微教诲"和"俗白教诲"的写作方式。施特劳斯几乎不介入任何公共学术争论。根据笔者有限的阅读了解,施特劳斯曾对罗尔斯有"隐微"评论。在《古今自由主义》之中,施特劳斯指出:"有人认为,倘若可以通过正确的政治和经济制度让不合理的行为无利可图,那么,至少绝大多数人会理性行事。"①在这里,我们可以看到,施特劳斯此语在很大程度上是针对罗尔斯正义理论之中的"原初状态"的精要描述。我们知道,在"原初状态"之下,罗尔斯为了实现一种"程序性正义",使用了"无知之幕""相互冷淡"与"基本善"的预设来排除人依据自然天赋和社会偶然因素的优势。"原初状态"下的人只能依靠"帕累托最优原则"而选择罗尔斯的"正义原则"。因此,正义原则只是人们为了把风险减到最低的最优原则。如果我们援引施特劳斯的弟子布鲁姆对罗尔斯的政治哲学的批判,则会更加明了施特劳斯对罗尔斯的政治哲学的理论态度。布鲁姆尖锐地指出:"《正义论》的最大弱点不在于它主张的原则,或者它所正视的那种社会,或它所鼓励的政治趋向,而在于它所暴露的缺乏教养。"②但是,我们认为,布鲁姆对罗尔斯《正义论》的评述不能说是正确的,起码是片面的。罗尔斯的《正义论》是政治哲学史的集大成之作,吸收了既往思想的优秀成果。再比如布鲁姆对罗尔斯《正义论》核心概念——"原初状态"的攻击,认为"原初状态"并未给人们提供进入"公民社会"的强烈的人性上的理由。因而"公平的正义"缺乏稳固的基础。其实在罗尔斯看来,"原初状态"本身就是一种"代表设置",其本身具有思想实验性质。

综上所述,我们可以看到施特劳斯及其弟子对具有重要理论渊源关系的思想家有着完全不同的理论态度,在他们看来,罗尔斯对康德哲学的经验

---

① [美]列奥·施特劳斯:《古今自由主义》,马志娟译,凤凰传媒出版集团、江苏人民出版社,2010年,第21页。

② [美]阿兰·布鲁姆:《巨人与侏儒》,张辉选编,秦露等译,华夏出版社,2003年,第294页。

主义修正并不成功。

回到施特劳斯的核心论题"哲学的政治化"。哲学的性质由古代世界对"无知之幕"追寻转变成为现代的"启蒙大众"的工具乃是"古今之争"之后思想史发展的主要趋势;[1]由此,他进一步认为,哲学的这一古雅品性的下降导致了西方现代性的危机。[2]在施特劳斯看来,柏拉图的《理想国》处理的核心问题便是"哲学与政治"之间的关系问题。在柏拉图的政治哲学之中,哲学与政治存在着潜在的冲突,但并非不可和谐相处,二者存在着一种内在的张力。哲学作为一种追求智慧的学问,其本性在于经由"意见"世界上升到"真理"的世界。哲学对政治的批判是哲学的本身使命也是哲学的存在方式,但是"意见"确是政治的主要品格。因此哲学王的思想只存在理念之中,理想的共同体只能是诉诸机缘巧合,古典政治哲人对此具有一种极其强烈的理论自觉。苏格拉底转向人间事物的探查,实则是让哲学从"狂热"转向"清明"。因此,节制是古典政治哲学美德。现代政治哲学为实现古老的政治理想,下降了人性的目标,以期实现政治哲学的目标。但导致了道德与政治的激烈冲突,现代性意味自反性。从霍布斯、洛克为代表的个人主义的自由主义为现代政治与道德奠基,到卢梭、康德、黑格尔、马克思对其所造成的"道德"与"政治"之间冲突的批判,进而到尼采、海德格尔对德国"先验哲学"的矫枉过正的批判所导致的"非理性主义"与"虚无主义",施特劳斯以极为宏阔的思想史视角对现代性危机的根源进行了深入研究。在这里,我们抛开施特劳斯

---

① [美]列奥·施特劳斯:《自然权利与历史》,彭刚译,生活·读书·新知三联书店,2003 年,第34~36 页。

② 在施特劳斯看来,现代性的危机导源于政治哲学的危机,是理论的危机而非实践的危机,而这与马克思的观点是相悖的;按照马克思的观点,现代性的危机乃是全面的危机。在施特劳斯看来:马克思的政治哲学只不过是属于其"现代性的三次浪潮"之一。在施特劳斯看来,马克思的政治哲学则是十足的"马基雅维利主义"。我们当然不能认同施特劳斯对马克思的评述。因为其恰恰否认了马克思的历史唯物主义是德国观念论的继承者和超越者。(参见刘小枫编:《苏格拉底问题与现代性——施特劳斯演讲与论文集:卷二》中,《现代性的三次浪潮》一文)。

对"现代性危机"导源于"政治哲学的危机"的诊断是否具有合理性的探讨。我们当然不认同施特劳斯基于"政治哲学的危机"来诊断"现代性危机"的反马克思立场，这乃是一个更为深入的理论问题，施特劳斯对马克思的理解有其偏见，但是这已超出了本研究的范围，不予讨论。

我们认为，施特劳斯对"哲学的政治化"这一思想趋势概括还是极为精准的。施特劳斯的这一对思想史的论断给我们的启示是，如若达到对以思辨性与经院性为主要特征的德国先验哲学的深层次理解；那么，我们应该把其放在"哲学的政治化"这一思想史发展趋向之中。在施特劳斯看来："现代理想具有英国来源。"德国观念论哲学乃是对英国所开创的政治现实主义传统的批判。因此，"德国传统是一种批判现代理想的传统"①。施特劳斯的思想史解读给我们的启示是，就对康德哲学的理解来说，我们可以认为其哲学的"整全性"意义乃是政治性的而非思辨性的，其哲学对那些伟大的"思辨"问题的探讨具有"隐微"的政治意蕴。因此，我们也就不难理解思想大师罗尔斯在捍卫自由主义政治的正当性与合法性时取法于康德哲学。由此，如若要厘清康德哲学与罗尔斯政治哲学之间的理论传承关系，首先必须探讨康德先验哲学与其政治哲学是何关系，而后一个问题是通达前一个问题的关键点所在。

综上所述，施特劳斯以对思想史的原创性解读，为我们提供了一种理解政治哲学，以及现代性问题提供了一种全新的方式。康德与罗尔斯作为启蒙或者说现代性的坚决维护者，受到其激烈的批判实属正常。但是，施特劳斯对于康德哲学的先验哲学并没有给予专门论述。在其所划定的思想图谱之中，康德似乎远远没有霍布斯、洛克重要。我们认为，问题远非这样简单。比如，施特劳斯认为，"理性与信仰""雅典与耶路撒冷"之间的张力是西方文化的动力之源，而在康德哲学之中，信仰与理性之间、理论理性与实践理性之

---

① 刘小枫编：《苏格拉底问题与现代性——施特劳斯讲演与论文集：卷二》，彭磊、丁耘等译，华夏出版社，2008年版，第102页。

间的关系,一直都是其理论体系的重大课题。而对于罗尔斯的政治哲学,施特劳斯虽然不像布鲁姆那样激烈地对其进行批判;但是,字里行间也给予了批评。笔者认为,这与其说是对罗尔斯的批判,倒不如说是对功利主义的批判。原因有二。首先,罗尔斯的政治哲学并没有丧失古典政治哲学理想主义维度。其次,罗尔斯用以构造正义理论的"反思的平衡"的方法,被他称之为"苏格拉底式"的。罗尔斯依然强调古典哲学的巨大启示性作用。特别是罗尔斯在《正义论》的第三篇即"目的篇"论述稳定性问题。罗尔斯将这一问题理解为"好人与好公民"问题,其依然是施特劳斯关注的核心问题。

因此,我们并不能完全认同施特劳斯对康德哲学的评述,以及其弟子对罗尔斯政治理论的苛责。但是,他们倡导的重视思想史的研究范式,以敬畏之心尊重伟大经典著述,从而在其中寻找现代性问题的解决答案,却为我们打开了一种新的理论研究方向。我们无意参与施特劳斯对康德和罗尔斯这两位现代世界思想大师的批判,它也不是本书的主要课题。我们所要努力的研究方向是,借鉴施特劳斯深入而广阔的思想史资源,寻找康德与罗尔斯政治哲学的原初问题意识,进而试图去揭示二者的思想史关联。只有这样才能公正对待两位伟大的思想者。

二、先验哲学还是政治哲学? 一段思想史公案

康德是德国古典哲学的伟大缔造者。他以名垂哲学史的"三大批判"一举奠定了德国古典哲学的基础,以独特的"先验方法论"构建了关于真、善、美相统一的宏大思想体系。其中包括自然哲学、知识论、伦理学、宗教哲学、政治学、人类学等。按照一般的观点,康德最具有影响力的贡献是以"先验方法"解决了知识客观性问题,从而为建立科学的形而上学奠定了基础。对后世哲学产生了重大影响。可以说,20世纪最为强有力的两大哲学思潮——分

析哲学与现象学，皆是在康德所划定的思想框架下工作的。但是，众所周知，康德晚年对政治现象确实颇为关注，其理论重心也逐渐由先验哲学转向了政治哲学领域，并发表了一系列政治短论。比如1784年《世界公民观点之下的普遍历史观念》、1784年《回答这个问题：何为启蒙？》、1791年《法的形而上学原理——权利科学》、1795年《永久和评论》等。康德晚年转向政治哲学，引起学术界对康德哲学理论旨趣的激烈讨论。康德哲学的核心究竟是知识论问题还是现实政治问题？康德是只专注于知识论的经院哲学家还是具有强烈现实感的政治哲学家？如果康德是一位极具现实感的哲学家，那么其政治哲学与先验哲学又是何关系？我们应该如何合理定位康德政治哲学理论？

　　一种观点认为，康德晚年的政治哲学纯粹是其思维衰竭的产物，根本不能够构成为先验哲学体系的重要组成部分。这不仅是因为这些政治短论的篇幅较小，而且在体系的完整方面，以及理论深度上也远远无法与"三大批判"相提并论。有人甚至把它称为康德的戏做。阿伦特认为，就《法权学说》来看："如果你读过，你就会发现该文乏味而卖弄——你想不赞同叔本华的这个说法都难：'就好像该文不是这位伟大人物的作品似的，倒像出自某个普通的庸人之手。'"[1]至于其他政治哲学著作，阿伦特认为它们往往是以历史哲学的形式出现的。"不过，进而再看，康德的历史概念，本身固然很重要，但并非康德哲学的重中之重，于是乎，如果我们要探究历史，我们又会求诸维柯或者黑格尔以及马克思。"[2]由此，阿伦特认为，我们必须在康德的美学著作中寻找一种政治哲学。我们当然不能同意阿伦特那种否认康德的政治哲学著作，转而从《判断力批判》来寻求康德政治哲学并将其理解为一种审美

---

① [美]汉娜·阿伦特、罗纳德·贝纳尔编：《康德政治哲学讲稿》，曹明等译，世纪出版集团，2013年，第16页。

② [美]汉娜·阿伦特、罗纳德·贝纳尔编：《康德政治哲学讲稿》，曹明等译，世纪出版集团，2013年，第17页。

政治学的观点。笔者认为,了解康德的政治哲学必须从两个方面出发:一个方面是从康德哲学的整体性出发,探讨康德由先验哲学转向政治哲学的内在逻辑是什么。另一个方面是从整个现代思想史的发展趋向出发来追寻康德政治哲学在现代政治哲学谱系中的位置。正如皮埃尔·哈斯那指出:"康德在其哲学中给予政治以一种既是核心的又是派生的地位。"康德的政治哲学实质上是为了沟通两大领域,"这两个领域一是三个批判中所创立的康德体系的领域;二是由霍布斯、洛克、特别是由卢梭创立的现代自然权利的领域"①。

如果我们从整个现代政治哲学逻辑演进来看,康德的先验哲学与政治哲学具有一种极为重要的内在相关性。这种内在相关性的意义在于,先验哲学乃是为其政治哲学服务的。康德哲学的终极目标在于,将现代政治问题推进到先验层面从而克服政治现实主义所带来的"道德与政治的二分"。康德哲学是承续着卢梭的政治哲学,其先验哲学起源于经验政治问题。正如罗尔斯所认为的,康德哲学其实是要印证与发展卢梭的政治哲学。按照施特劳斯的对思想史的解读,康德哲学,在整体上是"现代性三次浪潮"的一个非常重要的思想环节。具体而言之,康德哲学是在反思霍布斯、洛克的政治现实主义哲学的基础之上,重回古典哲学的理想主义传统,进而坚决维护政治现代性。因此,正如罗尔斯所说:"我们不应该忽略康德观点所涉及的全部领域,必须也考虑康德的后期著作。"②

按照一般的观点,康德将哲学定义为关于一切知识与人类理性的根本目的关系的科学。康德哲学主要的理论工作乃是为"未来形而上学"成为科学

---

① [美]列奥·施特劳斯、约瑟夫·克罗波西:《政治哲学史》,李洪润等译,法律出版社,2009年,第581页。

② [美]约翰·罗尔斯:《正义论》,何怀宏、何包钢、廖申白译,中国社会科学出版社,1988年,第250页。

进行"清理地基"的工作。康德的理论哲学主要目标是为了解决"休谟问题"对科学基础的拆解。众所周知,休谟的不可知论的核心要义是用"习惯性联想"取代"因果范畴",从而摧毁了科学的理性根基,号召人们退守常识领域。康德曾言,是休谟让他从独断论的迷梦之中惊醒。因此,康德的《纯粹理性批判》的总问题是回答"先天综合判断"如何可能。进而在反思人的认知能力的基础之上回答知识的客观性问题。康德说:"纯粹思辨理性的这一批判就在于进行那项实验,即通过我们按照几何学家和自然科学家的范例着手一场形而上学的完全革命来改变形而上学迄今的处理方式。"①但是,这种观点从西方哲学的知识论传统来看或可成立,而如果从现代政治哲学发展的主要趋向看来则并不全面,起码并不符合思想史的实情。从政治哲学的角度来看,知识论的理解是德国古典哲学自我理解的一种方式。但是这并不意味着德国古典哲学就只是为了解决知识论问题。否则,我们难以理解为什么马克思将德国古典哲学理解为理论形式上的法国革命。

按照施特劳斯的观点,哲学转向现实其实是整个现代西方哲学的重大趋势。我们可以这样理解,康德开创的德国古典哲学是以一种特别的方式即思辨的方式关注现实的。康德哲学的终极目标在于社会政治现实领域。而从政治哲学的角度来思考康德哲学的整体性意蕴,我们则会得出一种完全不同的结论,那就是其哲学是围绕现代哲学的最高问题即自由及其现实化而展开的。如果将康德哲学简单地理解为"知识论"或者"道德理论",正如罗尔斯所说:"把有关康德学说的讨论限制在这些观点上就使康德学说变得平庸肤浅了。"②

从政治哲学的角度理解康德哲学,最重要的是从"现象"与"物自体"的

---

① ［德］康德:《纯粹理性批判》,邓晓芒译,人民出版社,2004年,第18页。

② ［美］约翰·罗尔斯:《正义论》,何怀宏、何包钢、廖申白译,中国社会科学出版社,1988年,第250页。

划分这一基本理论前提出发。我们看到,康德对"现象"与"物自体"的划分不仅是为了解决知识论的问题,而且是为了现代哲学所确立的"主体性原则"奠定基础。这样的理论态度正是与古典哲学"客体性"原则相对立。现代哲学对古典哲学的重要反叛就是对人与自然关系的颠倒,人类脱离了古代的那个有机的自然整体,自然整体失去了往昔的神圣灵光。在古代世界,自然问题是哲学的最高问题,而在现代世界,自由问题是最高问题。在古代世界,哲人被称为谈论自然的人,哲学的本质是沉思。而现代世界的最高问题是自由问题,哲学转变为对社会现实的概念式的把握,哲学成为黑格尔所说的:思想中所把握到的时代。黑格尔曾盛赞康德哲学对现代哲学的贡献,那就是:"它唤醒了理性的独立性原则,或思想的绝对内在性。"①从政治哲学的角度去理解康德哲学,其主旨则确立在人的主体性,"现象"与"物自体"的划分根本意义并非是仅仅解决理论领域的"二律背反"问题,而是为人的道德生活寻求根基,将道德自律即自由确立为人的道德生活与政治生活的第一原理。

在对"我思故我在"这一为"主体形而上学"奠基的笛卡尔哲学原理的理解上,施特劳斯富有见地地指出,"我思确切的含义应该是我欲",康德接续了这一主题,将其上升为"统觉""自由""共通感",并以此为人的主体性奠定了先验原则。至此,康德完成了现代哲学对古典哲学主题,即人与自然关系的重要转换。自然的意义在《纯粹理性批判》之中乃是为了人类的知识提供质料。在《实践理性批判》之中则是低等级的个人欲求,在《判断力批判》之中,它不过是为实现历史目的而服务的手段。总而言之,不论从知识论、伦理学,还是美学的角度来看,自然都以人作为主体而得到纯粹知识所加工的对象。康德认为,自由必须优先于自然。如果说自然概念在霍布斯、洛克的政治哲学之中依然占有一席地位,即是自然权利这个现代政治哲学的最高原则,

---

① [德]黑格尔:《小逻辑》,贺麟译,商务印书馆,1986年,第127页。

那么在康德哲学之中，自然是人的立法的对象。康德哲学革命的一个重大的理论后果便是颠倒了理论理性优先于实践理性这一古典原则。康德哲学的革命性变革所导致的理论后果便是在康德及后康德时代，理论家们必须只能依靠实践理性为政治提供合法性与正当性的证明。

如果说康德政治哲学遭到忽视的一个重要原因是对其哲学的知识论解读；那么，另一个重要原因则是国内学术界历来更重视黑格尔与马克思之间的理论传承关系研究。对于大多数的马克思主义研究者来说，黑格尔的《法哲学原理》已成功取代了康德政治哲学。但是，《法哲学原理》是以"绝对精神"的自我运动作为本体论为前提的。黑格尔以降，拒斥形而上学成为20世纪哲学的主要思想潮流，不论是逻辑实证主义形而上学的拒斥，还是以现象学的方法对传统形而上学的重建，都宣告了在理论理性界限之内建立形而上学已经成为不可能。在哈贝马斯所说的"超验的萎缩"的"后形而上学"时代，人类的理性可否建构道德哲学与政治哲学而为人的生活奠定合法性基础？在此情境之下，康德政治哲学的重大现实意义重新凸显出来。特别是20世纪80年代以来，康德的政治哲学开始受到人们的广泛重视，其中的一个主要原因是罗尔斯于1971年的《正义论》的出版。《正义论》的主要理论旨趣就是为当代自由民主制度奠定道德基础。可以说，《正义论》的出场在现代思想界产生了极大的反响，引发了一系列的学术争论，形成了所谓的"罗尔斯产业"。而罗尔斯在这部政治哲学巨著当中明确提出其政治哲学思想继承了康德哲学精神，其《正义论》的理论建构是高度"康德式"的。因而，随着罗尔斯《正义论》所引发的巨大理论效应，作为罗尔斯自由主义思想主要来源的康德哲学，尤其是其政治哲学，也再次成为学术界所关注的焦点。康德哲学越来越受到当代国内外学术界的重视，可以说，它在某种程度上已经成为人们思考法律与政治问题的一种非常重要的思想进路和义务性的思考基点。据此，当代德国哲学家赫费认为："康德法律哲学的影响力的衰退并非基于实质性的哲学原则,而纯粹是一种的偶然。"①因此我们认为,康德政治哲学的思想内涵还有待于我们进一步地发掘。但是,对康德哲学之中的政治维度的理解颇具困难。因为从表面上看来,不论是康德的个人生活还是其学说体系,都似乎与政治保持很大的距离。对于政治,康德从来都是谨慎小心的。就其个人生活来说,有人这样评价康德:他是一个胆小的哲学家,从来不敢藐视权威。如1793 的《纯然理性界限内的宗教》康德曾经受到德国当局的警告。在后来的《系科之争》中,康德说:"作为国王陛下您的最忠实的臣民,借此郑重宣布:我今后将完全放弃一切有关宗教的公开陈述,不论是有关自然宗教,还是启示宗教,无论是在讲演中,还是在著述中。"②

我们认为,康德的先验哲学乃是其政治哲学理论前提,康德的理论要旨在政治领域而非先验领域,其学说的"整全性"意义是"政治的"而非"思辨的"。对此种新的提法,需要从康德先验哲学理论本身与思想史两个方面予以阐明。

首先来看康德的政治哲学著作本身。康德在总括其批判哲学体系的全部论题时曾这样说道:"我们理性的一切兴趣(思辨的以及实践的)集中于下面三个问题:1.我能够知道什么? 2.我应当做什么? 3.我可以希望什么? "③一般的观点是,"第一批判"对应于第一个问题即回答知识的客观性问题;《实践理性批判》要解决的是第二个问题即实践问题;而作为康德美学著作的《判断力批判》是处理第三个问题。但需要强调的是,这三个问题之间的关系并非并列关系。一般的观点是,第三个问题是第一个问题与第二个问题的中介。即"判断力"是连接理论领域与实践领域的桥梁。在"知识论"的意义上来

---

① Hoeffe:Kant's Cosmopolitan Theory of Law and Peace,thranslated by Alexandra Newton,Cambridge University Press,2006,p.xv.

② 李秋零主编:《康德著作全集》(第 7 卷),中国人民大学出版社,2008 年,第 10 页。

③ [德]康德:《纯粹理性批判》,邓晓芒译,人民出版社,2004 年,第 612 页。

说,此种观点是可以成立的。但是,从实践的意义上来说,他们之间的关系是,第二个问题即道德与实践问题才是康德哲学的核心,第一个问题与第三个问题乃是为第二个问题服务的。

我们来看第一个问题。在《纯粹理论批判》中"先验方法论"部分的第二章第一节,康德指出其知识论著作的理论意图。康德说:"理性在先验运用中的思辨的最后所导致的终极意图涉及三个对象:意志自由、灵魂不朽和上帝的存有。"①康德认为,这三个对象仅仅是调节性的理念,其本身并不具有客观实在性;在理论理性当中,它们的主要作用在于引领人们追寻无限知识,以期达到对世界整体的认知,但是康德哲学是以"现象"与"物自体"的划分为前提的,客观知识只是关于现象世界的知识,而康德《纯粹理性批判》的目的并非仅仅是知识论的研究,用康德的话来说就是,为理性划定界限,而为信仰留出地盘。因此,"上帝""灵魂不朽""自由"作为信仰的对象,在道德方面的作用对人类来说无比重要,因为它们关涉到人性的根基。具体而言,康德是要追问:"如果存在意志自由、如果有上帝和来世,那么应该做什么?"康德指出:"既然这涉及我们与最高目的相关的行为, 那么明智地为我们着想的大自然在安排我们的理性时,其最后意图本来就只是放在道德上的。"②由此,我们可以说,《纯粹理性批判》的终极理论目的与其说是要解决认识论问题,倒不如说是为了探讨道德哲学问题做理论上的准备;与其说是一种理论关切,不如说是实践关切。其实,在康德《纯粹理性批判》出版之前,康德的理论聚焦点就已经是道德——政治的了,在《一位视灵者的梦》一文中,康德指出:"我们自己在最秘密的动机中依赖于普遍意志的规则;而且,由此在所有思维的物类世界里产生一种道德的统一……"③正如海德格尔的《存在与时

---

① [德]康德:《纯粹理性批判》,邓晓芒译,人民出版社,2004年,第607页。

② [德]康德:《纯粹理性批判》,邓晓芒译,人民出版社,2004年,第607页。

③ 李秋零主编:《康德著作全集》(第2卷),中国人民大学出版社,2004年,第338页。

间》乃是其为解决存在问题所作的基础性准备；由此，我们认为，《纯粹理性批判》乃是康德为探讨道德与政治哲学奠定的基础。

在1788年出版的《实践理性批判》一书中，康德以"道德律"作为其反思人类之"实践理性"能力之前提，论证了"自由"理念的客观实在性。康德的主要观点是，理性本身是自由的，主要表现在理性可为自身立法。康德从对"善良意志"的先天性分析中得出了道德法则的公式："你所接受的准则，同时也是普遍的法则。"①它也被称为道德的"绝对命令"。康德认为，道德法则的存在揭示了人的意志自由，意志自由的精髓在于"人为自身立法"即自律。但是，诚如罗尔斯所言："我们不应该忽略康德观点所涉及的全部领域，也必须要考虑康德后期著作。""如果不想曲解康德的话，就不能忽略《判断力批判》《理性限制范围内的宗教》以及他的政治著作。"②康德道德理论建构之最后目的是要将其引入政治哲学领域当中。在通过批判人之实践理性能力而证明"自由"的"客观实在性"基础之上，康德在《判断力批判》中指出，只有在"公民状态"之下，人的自由才能够得以被保护。同时，其也是历史的终极目的。③而在《法的形而上学原理——权利的科学》中，康德进一步认为："只有一种天赋的权利，即与生俱来的权利的自由。"④进而，他认为构建公民社会的法哲学基础是这样一条实践理性先验公设："把在我意志的自由行使范围内的一切对象，看作客观上可能是'我的或你的'。"⑤由此可以看出，这条先验公设的核心要义是，每个人的外在自由必须与其他人的外在自由相融。"纯粹实践理性仅仅规定形式上的法律，作为调整形式自由意志的原则。"⑥

---

① ［德］康德：《实践理性批判》，邓晓芒译，商务印书馆，2003年，第39页。

② ［美］约翰·罗尔斯：《正义论》，中国社会科学出版社，1988年，第250页。

③ ［德］康德：《判断力批判》，邓晓芒译，人民出版社，2002年，第288页。

④ ［德］康德：《法的形而上学原理——权利的科学》，沈叔平译，商务印书馆，1991年，第50页。

⑤ ［德］康德：《法的形而上学原理——权利的科学》，沈叔平译，商务印书馆，1991年，第55页。

⑥ ［德］康德：《法的形而上学原理——权利的科学》，沈叔平译，商务印书馆，1991年，第50页。

康德认为,可以以此作为法理基础建立社会的"法权状态"。在这里我们可以清楚地看到, 康德的这条实践理性公设与罗尔斯正义原则中的具有"优先性"的第一原则即"每个人对与其他人所拥有的最广泛的基本自由体系相容的类似体系都应该有一种平等的权利"[①]是一致的。

再来看康德的第三个问题。一般的观点认为,《判断力批判》回答的乃是纯粹的美学问题。但是,正如赫费所认为的,判断力的批判也只是在限定意义上适合于第三个问题,因为它的有机体和美的哲学是与希望毫无干系的。康德指出:"第三个问题,即:如果我做了我应当做的,那么,我可以希望什么?"[②]这里我们明显地看到康德"思辨"问题的道德指向。

从思想史的视角来看,康德作为现代意义上的思想家,其理论重心乃是在政治领域当中。学术界之所以忽视康德的政治哲学而把研究重点放在其先验哲学当中,我们认为原因有二,一是忽视了康德哲学与霍布斯、洛克之间的现代哲学之间的关系,特别是忽视康德与霍布斯、卢梭政治哲学之间的关系。二是学术界抬高黑格尔对康德哲学"形式主义"的批判所致。施特劳斯认为,霍布斯、洛克是现代政治哲学的开创者。其贡献的伟大意义在于,霍布斯、洛克以"私利"为基础一举奠定了现代世界的道德与政治的基础。在施特劳斯看来,相比于古典政治哲学,现代政治哲学意味着人性的下降。在古典政治哲学之中,哲学家对人性的理解完全不同,那是因为古人对于人生怀有极其严肃的态度,追求卓越是人的独特品格。而现代政治哲学将人性下降到了欲望的层次,引发的后果是,就道德方面来说,个人变成了"欲望"的个体,而以"公共善"为道德目的的"国家"则变成了人们谋求"私利"的竞技场。道德与政治之间形成了不可调和的矛盾。这使得好公民及由其组成的好社会不再成为可能。康德曾经对霍布斯政治哲学之中的"主权理论"予以这样的

① [美]约翰·罗尔斯:《正义论》,何怀宏等译,中国社会科学出版社,1988 年,第 60~61 页。

② [德]康德:《纯粹理性批判》,邓晓芒译,人民出版社,2003 年,第 612 页。

批判:"人民不能对自己做出决定的事情,立法者也不能对人民做出决定。"①
在康德看来,霍布斯的政治哲学理论违背了人类的使命与目的;其是不能通
过"理性而确信的",它违背了"自由的精神"。②而正确的做法乃是,必须在先
天原则的基础之上建立国家法权。对于康德与卢梭之间的关系,施特劳斯与
罗尔斯都认为,卢梭的政治哲学是康德哲学的伟大先导。卢梭的政治哲学中
最为"纯粹的道德良性"决定性地启发了康德的政治哲学。康德曾经把卢梭
称为道德世界的牛顿。卢梭认为,人生而自由却无往不在枷锁之中。政治如
果具有道德性,必须取法于"公意"。康德认为人的行为具有道德性。卢梭的
政治哲学发现了道德几何学之道德真理的原型,我们所做的乃是要对之进
行纯粹化。这就是"公意"上升为纯粹意志即"纯粹实践理性",它乃是道德的
"先验"原理。

　　康德哲学的缘起乃是其时代的伟大的政治问题。这需要我们回到现代
那些伟大政治哲学家的思想方能识别其哲学现实意蕴。康德道德哲学缘起
于卢梭的政治问题。卢梭的名言是:"人是生而自由的,但却无往不在枷锁之
中。自以为是其他一切的主人的人,反而比其他一切更是奴隶。这种变化是
怎样形成的我不清楚。是什么才使这种变化成为合法化的? 我自信能够解答
这个问题。"③不同于霍布斯、洛克的观点,卢梭重新解释了"自然状态"。在卢
梭看来,"自然状态"并非像霍布斯所描绘的那样,人性卑下不堪,这完全是
布尔乔亚精神的一种投射而已,他恰恰表现的是资本主义制度之下的人性
状态。在卢梭看来,"自然状态"中人无所谓善与恶,人的自然就是天然的"同
情心",人与人之间也是平等而自由的。但是,当人类步入文明状态之后,情
况却发生了变化。尤其是私有财产的出现导致了人类的不平等,更导致了不

---

①　李秋零主编:《康德著作全集》(第 8 卷),中国人民大学出版社,2010 年,第 308 页。

②　李秋零主编:《康德著作全集》(第 8 卷),中国人民大学出版社,2010 年,第 309 页。

③　[法]卢梭:《社会契约论》,何兆武译,商务印书馆,1980 年,第 3~9 页。

自由。"公民社会"是不能建立在自然权利基础之上的，因为霍布斯、洛克的自然观念等级太低，它作为共同体的基础必然会导致所有的不自由。为此卢梭提出的解决方案是，共同体的基础必须建立在"公意"的基础之上，个别意志必须一般化。"自然状态下的人只本能地行事，现在他必须按照原则去考虑自己的行为，因而选择和自由便有了道德的意义。"[①]在卢梭看来，道德的标准在于意志能否一般化，自由意味着按照一般化的意志而行动。

康德哲学接受并审理了卢梭的政治哲学论题，并力图使卢梭的学说彻底化、原则化、先验化。其基本意图在于超越霍布斯、洛克所创立的现实主义哲学以恢复古典政治哲学的理想主义传统。如果说卢梭用"公意"吸纳"个意"从而试图避免政治的非道德化倾向，那么康德道德哲学的重大意义则在于证明"纯粹实践理性"本身具有道德能力。凭借实践理性，人就能为道德立法、为政治立法。在此之前的卢梭为其做了基础性的工作，正是卢梭发现了道德世界的规律。个人意志只有取法于普遍意志，才具有道德性与合法性。因此，只有"公意"才是"公民社会"的基础。这是卢梭政治哲学的要旨所在。卢梭从政治哲学的角度论证了人类的道德尊严来源于普遍一致。卢梭的政治论题直接引发了康德的伦理学研究。康德要做的工作是使卢梭的"公意"学说原则化、彻底化。"意志能否为自身立法？"这是康德哲学关注的焦点。在卢梭政治哲学的基础之上，康德为人之道德性进行了一次完美的奠基。在康德的道德哲学中，康德用理性为自由立法，确立义务的先天根据，道德行为是只从义务出发的行为，它的价值就在于此，而不在于达到任何特殊的目的，否则行为的道德价值就没有了必然性。道德法则的普遍必然性也只能来源于理性。道德法则的存在揭示了人的意志自由，意志自由的精髓就是自己为自己立法。自由就是自律。罗尔斯曾经指出："康德的主要目标是加深和证

① [美]列奥·施特劳斯、约瑟夫·克罗波西：《政治哲学史》，李洪润译，法律出版社，2009年，第570页。

明卢梭的观点,即自由就是按照我们给予自己的法律而行动。……以这种方式,康德学说的潜在结构从形而上学的氛围中被分离出来,从而使这个结构可以较明白地被理解。"①

综上所述,康德的先验哲学要解决的不仅是知识的客观性问题,就其本质性的问题意识来说,康德的先验哲学是指向政治问题的。因为康德的道德哲学与卢梭的政治哲学存在着内在的相关性,从整个现代思想史的发展趋向来看,康德哲学在深层次上乃是指向霍布斯所开创的现代政治的伟大论题,即由于霍布斯所开创的现实主义政治哲学所造成的道德与政治之间的冲突。以诉诸于"社会契约"之实践推理模式而把"私欲"整合"政治共同体",必然造成道德与政治之间的紧张关系。以"私欲"为基础,必然产生霍布斯的"囚徒困境"。其至少无法保证政治共同体的稳定性,遑论为人类提供好生活的政治基础,培养人的卓越品德。如果我们考察罗尔斯正义理论的思想史意义,则更能够彰显康德先验哲学的政治维度。那就是,罗尔斯在继承康德哲学的基础之上,超越传统契约论理论的主要缺陷达到拯救自由主义之目的。

三、罗尔斯的"第三种选项"

现代政治哲学的最大问题,在于霍布斯、洛克所开创的政治现实主义传统所造成的现代政治的非道德化倾向。其理论后果必然导致,私利与公共善、个人与社会、特殊性与普遍性的严重分裂,最终导致政治共同体的分裂。从而也启发后世哲人们重塑政治的道德基础的种种理论创造。卢梭的"公意"、康德的"纯粹实践理性"、黑格尔的"绝对理念"莫不体现着后来哲人为解决此问题的种种理论努力。毫无疑问,这也是罗尔斯政治哲学所面对的重

---

① [美]约翰·罗尔斯:《正义论》,何怀宏等译,中国社会科学出版社,1988年,第247、255页。

大问题。不过罗尔斯所诉诸的基本理论是"公平正义"观念。根据施特劳斯对现代性的问题的解释,现代性的第一次浪潮是霍布斯、洛克为现代政治哲学奠定的个体性原则,其遭受到了现代性第二次浪潮——卢梭、康德、黑格尔的批判,即以道德(罗尔斯称之为普遍性)、绝对理念来克服个体主义带来的道德与政治的分裂。但是,在罗尔斯看来,如此解决政治现代性的问题是不成功的。罗尔斯认为,以从个体主义出发去寻求好社会是不可能的,但是同样按照普遍性的原则去寻求好社会亦不可行。前者是原子式的个人。按照赵汀阳教授的观点,现代性最大的问题就是发明了"个人"这一政治观念,从而造成了义务与权利的非对称性关系。后者是一种目的论或者完善论的观点,其基础是形而上学一元论的反思方式。其明显与罗尔斯所认为的"理性的多元论"时代特征不相符合。在罗尔斯看来,我们还可以有"第三种选项",那就是在改造康德先验哲学的基础之上的"公平正义"的政治方案。

罗尔斯晚期重要著作《政治自由主义》的第七讲、第十节的标题为:"对黑格尔批评的回答"。在本节,罗尔斯着重指出:"为了制定出一种康德式的正义观念,将康德学说的结构与其超验唯心主义的背景分离开来,并凭借'原初状态'的建构来给予它一种程序的解释,似乎是一件称心如意的事情。"①但是,不论是作为"原初状态"之理论来源的"自然状态",还是被康德推进至先验层面的"社会契约论",如若具有强大的解释力要禁得住黑格尔唯心主义的强有力的批判。但是,作为一种"后形而上学"思想,罗尔斯当然也不能够同意黑格尔的超验的唯心主义观点。黑格尔对政治现代性问题即个体性与普遍性之矛盾的解决是建立在绝对理念的自我认知的基础之上的。在罗尔斯看来,我们能够在霍布斯、洛克的个人主义政治哲学与黑格尔的以绝对精神为理论前提的法哲学之间走一条中间道路。在他看来,完全可

---

① [美]约翰·罗尔斯:《政治自由主义》,万俊人译,译林出版社,2011年,第264页。

以从康德哲学出发，我们能够开发出"第三种选项"。①

按照施特劳斯的观点，相比于"古典理性主义"的政治哲学，马基雅维利、霍布斯、洛克开创的现实主义政治哲学修改了"古典政治哲学"标准。不论是古典政治哲学还是现代政治哲学都一致认为，政治共同体的建立都有赖于"人之可能性"即人性。不同的是，二者对人性的理解不同。古典政治哲学认为人性本身在于追求完满性，其体现在这一命题之中："善的生活就是人性的完美化。"②因此，以人性完满所构建的政治共同体是最佳共同体，但因其实现条件要求极高，所以是高度理想化的。因此，它只能存在于言辞之中，以观念的形式存在。现代政治哲学认为，古典政治哲学之标准太过理想化难以现实化，所以应该降低人性的标准的前提之下去构建政治社会，以期能够使之成为现实。霍布斯重新规划了传统的道德哲学的基本理论而使之科学化。他在经验的心理学的基础之上构建人性的基本原理。可以说，霍布斯的这一理论创建完全是世俗主义的。但是，其理论后果是并未为人的道德权利与义务留下任何的空间，反而造成了道德与政治的分裂。

霍布斯政治哲学的核心思想蕴含在他对"自然状态"的解释之中。霍布斯持有这样一种观点："自然状态"是一种战争状态。在"自然状态"之中，人与人之间相互分离，倾向于相互侵犯、摧毁对方。为了不至于使人们之间的相互斗争导致毁灭，我们必须让与我们所有的权力，并将之全部赋予主权者。只有主权者的强力介入才使得个人与个人之间能够和谐相处，但是"只要出现自然状态，战争状态就会紧随其后"③。霍布斯的"自然状态"下的个人都有关于其自身的私人目标而并不共享某种价值理念。在此意义上，政治共

① [美]约翰·罗尔斯：《道德哲学史讲义》，顾肃等译，中国社会科学出版社，2012年，第486页。

② [美]列奥·施特劳斯：《自然权利与历史》，彭刚译，生活·读书·新知三联书店出版社，2006年，第128页。

③ [美]约翰·罗尔斯：《政治哲学史讲义》，杨通进等译，中国社会科学出版社，2011年，第41页。

同体并非是创造或者促进人的有德性的生活,国家不过是实现个人幸福的手段,它的作用在于保护每一个人的自然权利。因此,国家生活并非是目的本身。在霍布斯看来,政治的公共生活并不具有道德内容。可以说,《利维坦》之中所描述的社会是私人化的社会。在这样的社会当中,私人利益具有一种至上性。人与人之间是一种原子化个人的关系。这样由原子化的个人组成的社会并不具有稳定性的基础,人们之间所结成的社会契约不过是一种权宜之计。这便是霍布斯所开创的现代政治现实主义哲学。霍布斯的政治现实主义所导致重大理论后果则是人们伦理生活之中的道德与政治的分裂。政治生活因为抽离了道德基础所以成为权力斗争。因而,他所构建的政治社会没有道德基础、缺乏稳定性,人与人之间必然会陷入"囚徒困境"。

对于霍布斯社会契约论的伟大贡献,罗尔斯曾评论道:"《利维坦》给我留下了刻骨铭心的印象。总的看来,《利维坦》对我们的思想和情感都产生了深远和巨大的影响。""从某些方面,洛克的《政府论》的观点或许更为接近真理。但是,就对秩序之政治理念的说明而言,它缺乏霍布斯那种广度和力量。"[①]而与之相对应的是,施特劳斯更是把霍布斯视为现代世界的伟大开创者。而对于霍布斯政治哲学的伟大意义,他认为,霍布斯哲学的意义乃是一种断代性的,霍布斯的政治现实主义乃是对古代政治理想主义的反叛。这种反叛使"他成为了政治享乐主义的创始人,这种学说使人类生活的每个角落都革命化了,其范围之广超过了任何别的学说"[②]。依据霍布斯的核心观点,人类本身并非什么"政治的动物","政治现象"本非人的"原初状态";人类本身的"原初状态"乃是"自然状态"。"自然状态"乃是由于人性的"竞争""猜

---

① [美]约翰·罗尔斯:《政治哲学史讲义》,杨通进等译,中国社会科学出版社,2011年,第23~24页。

② [美]列奥·施特劳斯:《自然权利与历史》,彭刚译,生活·读书·新知三联书店出版社,2003年,第172页。

忌""嫉妒"所造成的"战争状态"。①在这种状态之下,"人的生活孤独,贫困,卑污、残忍而短寿"②。"自然状态"是一个极为糟糕的状态,为了结束这种状态,人们唯一的出路就是建立一种"主权国家"。而霍布斯所建立的国家乃是一个单极社会,由一个众人授权的代表众人人格的主权者来统治个人,众人已经放弃了自己的所有权利,只能在主权者订立的法律为禁止的范围内活动。在这里,霍布斯政治哲学的关键意义在于他的哲学人类学假定。人的本质性规定乃是"对死亡的畏惧"。③因而,个人潜在的是社会契约的破坏者,此假定所建立的"政治共同体"乃是以"私利"与"公共善"的冲突为前提的。因此,在霍布斯的政治哲学之中,社会契约是避免二者冲突的一种权宜之计,"公民状态"并不是一种稳定的状态。《利维坦》只不过是"私人"利益的联合体。在此利益联合体之中,道德责任与政治义务并没有得到合理的解决。因此,在罗尔斯看来:"霍布斯的世俗道德体系实际上是一种政治学说;作为一种政治学说,它只强调人类生活的某些方面是适宜的。"但是在罗尔斯看来,霍布斯的政治哲学,没有给"合理自我节制"与"公平感"留下任何地位。④因为,霍布斯的作为"私利"的个人概念只是一种"经验"意义的,个人还是受到社会和自然的偶然因素的影响;而人们以此作为理据的社会契约理论并不具有合理性,在此基础之上形成的正义判断并不具有普遍必然性。罗尔斯与施特劳斯同样认为,霍布斯的政治哲学的最大的问题是将人性的标准下降的太低。霍布斯将人只是理解为合理性的行为主体,合理性是霍布斯关于实践推理的核心概念之一,其含义是对自己和他人的利益与善好的追求。这种善、好包括我们的自我保存、夫妻情感、舒适的生活手段等。由此"自然状态"下

---

① [英]霍布斯:《利维坦》,黎思复、黎廷弼译,商务印书馆,1985年,第94页。

② [英]霍布斯:《利维坦》,黎思复、黎廷弼译,商务印书馆,1985年,第95页。

③ [英]霍布斯:《利维坦》,黎思复、黎廷弼译,商务印书馆,1985年,第96页。

④ [美]约翰·罗尔斯:《政治哲学史讲义》,杨通进等译,中国社会科学出版社,2011年,第53页。

的人的生活目标只是为了自我保存,"自然状态"是一种"战争状态",每一个人都是其他人的潜在的敌人。

洛克并不同意霍布斯关于"自然状态"的解释。这也使得洛克完全不同意霍布斯的"自然状态"是一种"战争状态",而认为它是一种自由而平等的状态。洛克认为:"那是一种完备无缺的自由状态,他们在自然法范围内,按照他们合适的办法,决定他们的行动和处理他们的财产和人身,而无须得到任何人的认可或听命于任何人的意志。"人们是受自然法的支配,但是不能放纵自己的行为。人们要受自然法的约束。平等的含义是由于人们被赋予了相等的能力,因此"在这种状态下,一切权力和管辖权都是相互的,没有一个人享有多余别人的权力"①。从表面上看来,霍布斯与洛克的"自然状态"理论论述乃是相互对立的,比如"战争与和平"的对立,有无"自然法"的分歧。但是,霍布斯的"自然状态"理论与洛克的"自然状态"理论具有共同的哲学人类学预设。那就是,个人还是作为个人而存在。人还是一种"私欲"的存在,因此在根本上,道德与政治之间的冲突这一重大政治哲学问题并未得到解决。囿于霍布斯与洛克的思维框架,好公民与好社会依然是不可能。

作为现代性浪潮的第二波的发起者,卢梭意识到了霍布斯、洛克政治哲学的症结所在。二者的根本问题在于二者对于"自然状态"的解释。为此,卢梭重新阐释了"自然状态"下的人性论预设,卢梭认为,"自然状态"下的人本身并没有善恶的规定,其最初的规定性乃是"天然的同情心","公民状态"乃是人类意志直接选举的结果。以"一般意志=个人意志"的方式来化解道德与政治之间的关系是卢梭政治哲学的一大特点。但是,道德与政治之间的冲突并未得到解决,其症结在于,卢梭以意志"一般性"来界定人之道德性,也就是以"个人意志=一般意志"的形式来界定国家政治。但是,卢梭笔下的个

---

① [法]洛克:《政府论》下篇,叶启芳、瞿菊农译,商务印书馆,1964年,第3页。

人依然是"私人";而国家的目标虽然是幸福,但是正如布鲁姆所言,卢梭只是把对私人利益的追求变成合法的权力而已。而在康德看来,卢梭的根本错误之处,在于卢梭对于道德的界定还是不够纯粹,因此必须把普遍意志上升为纯粹意志,把一般意志普遍化,即意志要遵循这样的一个原则:你的行动所遵循的准则应该是一种法则,在康德看来,就是一般意志上升为"普遍意志"即"纯粹实践理性"。道德领域与政治领域都由于纯粹实践理性抛离了任何经验性质料而含有纯化的自由。但是在康德哲学那里,由于其道德原理的纯粹形式化而导致的"空洞性"使其并没有摆脱道德与政治分裂之弊病。具体而言,虽然康德为道德与政治找到了一个共同的基础即纯粹实践理性,但是在康德那里,由于其形式主义,道德与政治还是处于冲突之中,在永久和评论之中,康德阐述其道德运用于政治而产生的明显冲突。康德认为,道德与政治相互冲突之时候,应该是政治服从于道德。但是,"公民社会"的"稳定性"也同时必须应用某些强制手段,比如在主张国家法律与公民权利方面要求"公开性"。施特劳斯曾经指出:"形式的和普遍的道德要求某种政治秩序,但这种道德并未证明自身是这种政治秩序的基础,更准确的说,康德给出了为实现这种政治秩序所必须的手段,而他的道德是不允许使用手段的。道德的抽象性和僵化造成了道德自身与其政治应用之间的对立。"①

黑格尔认为,自由主义所造成的道德与政治之间的冲突之症结在于其所坚持的"原子式"的探讨。作为以继承黑格尔哲学为主要任务的社群主义,而对自由主义之"原子式"的个人主义与其所坚持的以"社会契约理论"作为建构政治共同体原则给予了严厉批判。例如泰勒认为:"'原子论'这个词用来不严格地表征17世纪兴起的社会契约论学说,以及那些后继的学说,它们可能没有使用社会契约的概念,但继续把社会看作是在某种意义上由个

---

① [美]列奥·施特劳斯、约瑟夫·克罗波西:《政治哲学史》,李洪润等译,法律出版社,2009年,第594页。

人为满足首先是个人的目的而构成……这个词也用于当代的学说，它们返还到社会契约论，或力图在某种含义上捍卫个人及其权利对于社会的优先性，或提出关于社会的纯工具性观点。"①当代社群主义者桑德尔认为："个人主义偏见，排除了或者说贬低了诸如仁爱、利他主义和共同体情感等动机的价值。"除了追寻权利，否则"人没有内在价值"②。我们认为，社群主义者对自由主义政治的批判在某种程度上具有合理性，但是并没有脱离自由主义政治哲学的思想框架，其仍然属于自由主义的"家族内部"之争。要克服自由主义的种种理论缺陷，就必须从一种更为广阔的思想史视角来审视此问题。从道德与政治之间的冲突这一问题框架来讨论罗尔斯对自由主义政治现代性的辩护也许比较合理。罗尔斯的《正义论》以一种新契约论来证明自由主义政治的道德合理性。虽然《正义论》的主题指向"社会基本"结构，但是罗尔斯的主要目的乃是要建立一种"背景制度"。其不仅是要创立一种政治组织原则，而且是对人之道德之基础的"正义感"的培育。在此，罗尔斯认为，其一举解决了道德与政治的冲突，实现了私利与公共善的统一。

黑格尔对自由主义政治哲学的主要目标自由并没有异议。他认为，自由主义政治哲学的错误在于其探讨的出发点是不正确的，所以才造成了道德与政治之间的冲突，而"和解的哲学"则完全能够克服这个问题。在黑格尔看来，以霍布斯、洛克、卢梭所代表的"个人主义"的"自由主义"只是一种"特殊性"原则，也就是说以个体欲求来规定"自由"，那么以此为基础的作为"普遍性"的政治共同体也并没有体现"自由"的原则。为此，以卢梭为例，黑格尔批评了这种"个体意志=普遍意志"的直接统一。黑格尔说："决不能把普遍的意志看成由一系列表现出来的个别意志的组成的，那样，个别意志就仍然是绝

---

① Charles Taylor: "Atomism", in Dan Avnon and Avner de-Shalit (eds.), Communitarianism and Individu-alism, Oxford University Press, 1992, p.29.

② [美]桑德尔:《自由与正义的局限》，万俊人译，译林出版社，2001年，第75、108页。

对的了。凡是少数人必须服从多数人的地方,就没有自由。"①黑格尔对此的解决方案是,"自由"只能在一个特定的历史时刻,通过融入政治与社会制度之中并在其中得到显现。理性社会是一个伦理实体。对黑格尔来说,个体无法通过自身而成为实体,无法依据自身而成为自由。康德的道德形式主义观念在某种意义上是空洞的。(法哲学原理)只是一种"特殊性"原则,因而以"特殊性"作为原则而组建的"政治共同体"乃是"无精神性"的。霍布斯的"利维坦"社会乃是一个私有社会。在黑格尔看来:"霍布斯的做法是没有精神的,因为它只能做到集成而已。"他认为:"在考察伦理的时候永远只有两种观点可能;或者从实体性出发,或者原子式地进行探讨,即以单个的人为基础而逐渐提高。后一种观点是没有精神的,因为它只能做到集合并列,但是,精神不是单一的东西,而是单一物和普遍物的统一。"②尽管罗尔斯将黑格尔对自由主义的批判当作具有极大积极意义的理论遗产;但是在罗尔斯看来,如若回到康德哲学,特别是其以先验方式阐述的社会契约概念,并在其基础之上加以"经验性"的改造便能克服黑格尔的批判。罗尔斯将之称为"第三种选项"。

在罗尔斯看来,康德的社会契约理念具有与以往的政治哲学家的社会契约不同的特征。在康德那里,首先,社会契约并不是一个简单的协议,或者说不同种私人利益的妥协,而是致力于我们共享的目标,那就是我们应当放弃自然状态,并与他人进入一种"法权状态"。人们所组成的国家的正当性原则源自于我们每一个人的意志。其次,社会契约是一个理性观念,它并不是一个在实际生活之中存在过的契约,它是非历史的。社会契约是宪政与基本法律的最高标准。因此,在康德那里,社会契约是先验的而非经验的。

---

① [德]黑格尔:《黑格尔哲学讲演录》(第4卷),贺麟、王太庆译,商务印书馆,1978年,第234页。

② [德]黑格尔:《法哲学原理》,贺麟译,商务印书馆,1961年,第173页。

罗尔斯与康德一样,并没有将人们在"自然状态"之下结成的社会契约理解为历史事实,而是先验层面的,是将其立足实践理性的推理基础之上的。为此,罗尔斯把"自然状态"改造为"原初状态"。"原初状态是一种其间所达到的任何契约都是公平的状态,是一种各方在其中都是作为道德人的平等代表、选择的结果不受偶然因素或社会力量的相对平衡所决定的状态。"①因此,"原初状态的观念除了试图解释我们的道德判断和帮助说明我们拥有的正义感之外,并不打算解释我们的行为"②。"原初状态"是罗尔斯正义论的逻辑起点,有如下一些特征:其一,在原初状态中"没有一个人知道他在社会上的地位——无论是阶级地位还是社会出身,也没有人知道他在先天的资质、能力、体力等方面的运气"③。也就是说原初状态中的每一个人能清楚地认识自己却无法认识自己同他人的关系,因而他对正义原则的选择是在"无知之幕"(the veil of ignorance)中作出的。这样就可以保证人在选择原则时不会考虑个人的自然机遇和社会环境中的偶然因素,既不会考虑因这些而得益也不会考虑因这些而受损,这样的选择当然是公平的。由"原初状态"的一般情况可以推出第二个特征,即处在"原初状态"中的各方被设想为有理性的和"相互冷淡"的。原初状态中的各方必须是有理性的,他们了解自己,拥有关于社会的基本知识,否则他就无法在了解别人的存在却无法知道别人与自己的关系的情况下,作出有利于自己的选择。这里的"相互冷淡"并不意味着各方是利己主义者,因为他的意思并不是因为自己的利益而漠视他人的利益,甚至侵犯他人的利益,只意味着对他人的利益不感兴趣。这种"相互冷淡"的假设是基于罗尔斯的这样一种认识:"一种正义观不应当事先假设广泛的自然情感的纽带","在原初状态中假定相互冷淡是为了确保正义

---

① [美]约翰·罗尔斯:《正义论》,何怀宏等译,中国社会科学出版社,1988 年,第 120 页。

② [美]约翰·罗尔斯:《正义论》,何怀宏等译,中国社会科学出版社,1988 年,第 120 页。

③ [美]约翰·罗尔斯:《正义论》,何怀宏等译,中国社会科学出版社,1988 年,第 136 页。

原则不致依赖太多的假设",相互冷淡和无知之幕的结合达到了跟仁爱一样的结果，因为这种条件的结合迫使原初状态中的每一个人都考虑到别人的利益。而原初状态中的"无知之幕"①使每一个人对相互的知识几近于无，他不仅不能决定自己的社会地位，也不能推测各种将可能出现的环境状况，因而他做出选择的首要原则是能保证自己的最基本利益。而在此基础之上，罗尔斯又重新界定了个人的理念、社会的理念。

罗尔斯对人性做了两个基本的形而上学假定即"善"观念与"正义感"能力。"善"观念是我们形成和修正生活目标的"合理性"能力，"正义感是我们在判断事物是否正义并说明其理由的过程中获得的能力"。略加解释，正义感即人类遵守规则的能力。②而社会也不是如古典社会契约论理论所坚持的是一种"集成"，社会毋宁是"生而入其中，死而出其外"的"封闭社会"，③是世世代代的公平合作的系统。罗尔斯认为在"原初状态"之下，人与人之间的关系是以"社会基本结构"为中介的合作关系。用罗尔斯的话来说，"原初状态"乃是一种"代表设置"④。我们可以说其作用是"先验"层面的，罗尔斯把其认作为个人在反思人之道德行为与政治活动所诉诸的反思性的"先验"条件，"原初状态"只是一种代表设置；作为自由而平等的具有"正义感"和"善观念"的个人能在先验的层面上即"原初状态"的层面选择其正义原则，而正义原则用来规范其作为"秩序良好的社会"，此种正义理论乃是指向"社会的基本结构"即社会的基本的经济政治制度。

进而言之，罗尔斯"作为公平的正义"的目标是要建立一种"背景正义"。在这种"背景正义"之下，每个人共享着同样的正义原则。他们不同于霍布

---

①　［美］约翰·罗尔斯：《正义论》，何怀宏等译，中国社会科学出版社，1988年，第136页。

②　［美］约翰·罗尔斯：《正义论》，何怀宏等译，中国社会科学出版社，1988年，第45页。

③　［美］约翰·罗尔斯：《政治自由主义》，万俊人译，译林出版社，2011年，第125页。

④　［美］约翰·罗尔斯：《政治自由主义》，万俊人译，译林出版社，2011年，第21页。

斯、洛克笔下的受特殊性和偶然性的支配作为私欲的、偶在个体,而是"康德式"的"自由而平等的道德的个人"。在"精神性"的层面,人们依靠在"原初状态"之下选择"正义原则"所形成"背景正义"不断地塑造人的社会本性,它规导着"原初状态"之下具有"善观念"和"正义感"的"自由而平等的道德的个人","正义感"与"善观念"相互支持,既保证了共同体的稳定,又保证了个人的一种人格的统一性,从而实现了道德与政治的统一。据此,罗尔斯认为,上述理由可以反驳黑格尔的唯心主义批判,《正义论》能够实现一种社会的整体感。罗尔斯说:"正义原则及其在社会形式中的实现规定着界限。而且,在一个组织良好的社会中,我们在此之内进行审慎思考。"①因而,可以说:"原初状态是在世界之内的有理性的人们能够接受的某种思想和情感形式。一旦人们接受了这种思想和情感形式,他们就能够把个人的观点融为一体,就能达到调节性原则。"②

　　总之,在罗尔斯看来,其"公平正义"理论所发展的新契约论乃是对霍布斯、洛克所代表的"原子式"的自由主义的个人主义的成功超越。同时,也是对黑格尔唯心主义批判自由主义之个人主义"无精神性的"有力反驳。从而在以"合理的多元论"已经成为"压迫性"事实的今天,对于证明自由主义的道德正当性与政治合法性具有伟大的理论意义与实践意义。但是,我们看到,罗尔斯的新契约论是建立在对康德的社会契约理论的经验主义改造的基础之上的。在康德那里,社会契约已经不同于霍布斯、洛克、卢梭的经验主义内涵。康德的社会契约已经是一种反思性的思想设置,从而具有先验层面的意义。罗尔斯在康德的启发之下,将社会契约论发展出一种实践理性推理方法。此种方法的最大优点在于,可以不借助任何完善的道德学说、宗教学说,哲学学说而推理出具有普遍适用的正义原则即"公平正义"原则。在罗尔

---

① [美]约翰·罗尔斯:《正义论》,何怀宏等译,中国社会科学出版社,1988 年,第 566 页。

② [美]约翰·罗尔斯:《正义论》,何怀宏等译,中国社会科学出版社,1988 年,第 591 页。

斯看来,依照此种方式所构造"公平正义"原则来规导"社会基本结构"能够解决现代政治之中的道德与政治的冲突。因此,如若要正确评价罗尔斯政治哲学的思想史意义即"反思政治现代性"之意义,需要我们回到对康德政治哲学的探讨。

第二章　批判哲学的政治隐喻

　　如何理解康德的"批判哲学"体系的总问题一直是学术界所关注的重大问题之一。按照知识论视角去理解康德哲学似乎成了当今学界的普遍共识。按此理解我们可以得到这样一种观点,在总体上,康德哲学以构建科学的形而上学为旨归。"三大批判"所做的工作就是为"未来形而上学"成为科学而奠定基础。关于此问题,最为著名的争论当属现象学家海德格尔与文化哲学家卡西尔的"达沃斯之辩"。海德格尔认为:"重要的地方在于指出:在此作为科学理论而被提出来的东西对康德来说并不重要。康德并不想给出任何自然科学的理论,而是要指出形而上学的疑难索问,更确切地说是存在论为的疑难索问。"卡西尔则认为:"存在乃是出自功能性的规定和意义的多样性,……我仍然保持康德对先验东西的问题。"①如果将两位思想大师的观点置于西方的形而上学传统之中来理解康德哲学或可成立。若从政治哲学的视角考察康德哲学的总体意图,批判哲学将会呈现独具特色的理论景观。特别是 20 世纪 70 年代以来,当代最重要的两位政治哲学家——罗尔斯与哈

---

① ［德］马丁·海德格尔:《康德与形而上学疑难》,王庆节译,上海译文出版社,2011 年,第 265、281 页。

贝马斯——公开承认他们的政治哲学思想是承续康德哲学的传统。基于此，人们对于作为政治哲人的康德的兴趣不断的升温。先验哲学在一定意义上来讲也是政治哲学。如果施特劳斯对现代思想史的解读具有合理之处，那么康德的政治哲学理应受到重视。我们的观点是，康德哲学是以思辨的形式介入现代政治哲学论题的。他试图以先验哲学的方式寻找解决现代政治问题的办法。由此，康德开启了一种本于自由主义而又超越自由主义的政治哲学传统，从而为提出一种在"后形而上学"视域下讨论道德与政治的合法性方式奠定理性基础。通过对康德"批判哲学"的政治哲学解读，得出一个粗浅的结论：康德批判哲学的精神气质完全是政治式的，这不仅表现在法庭、权利、合法性等政治哲学词汇高频率地出现在康德的《纯粹理性批判》《实践理性批判》及《判断力批判》等重要著作之中，而且更体现其逻辑架构上——康德以为理性划界的方式限定了其根本的界限，以实践理性为基准确立理性的公开运用的最高原则，以及以判断力批判的准则为基础而确立人的政治生活的基本框架。

一、平等：思辨理性自我规训

众所周知，自由与平等一直是启蒙运动以来现代西方哲学所追寻的重要政治价值。自由问题是现代哲学的最高问题，也是现代自然权利理论的核心问题。学术界普遍的观点认为，通过洛克的《政府论》和密尔的《论自由》《代议制政府》的卓越理论工作，自由问题已经在理论与制度的层面得到了解决，而平等问题却一直没有被解决。罗尔斯政治哲学的主要遗产就是将平等注入了政治哲学的核心论题之中，并建立了平等自由理论体系。我们的观点是，平等作为解决自由问题的重要的道德与政治价值在康德那里就已经得到了基本的讨论，而罗尔斯将其发扬光大。

追溯思想史,不论是霍布斯还是洛克,作为政治现实主义著作家,他们只是在经验主义的范围内理解自由,霍布斯将其理解为"自我保存",洛克紧随其后将"自我保存"推进至"财产权"。他们的理论前提是经验主义的,结果必然是人与人之间权利的不平等。例如洛克就认为并非所有的人都具有选举与被选举的权利,因为历史的偶然性因素,并非所有人都会成为自由人,没有自由即没有权利。但是这种以经验主义为前提的自由观在康德那里得到了根本性改变,康德从先验的角度来理解自由,认为自由并非是我们生存欲望的满足,而是意味着道德"自律",他是人的先天道德能力,为我们每一个人所具有。也正因为如此,每一个人在道德人格上都是平等的,在政治上我们都应该具有平等的权利。"从一种康德式的观点来看,洛克的学说不恰当地使道德个人的各种社会关系屈从于那些外在于,并最终削弱着他们的自由和平等的历史偶然性和社会偶然性。"①我们认为,康德对人的平等的权利,做了自启蒙运动以来最为彻底的论证。这不仅意味着康德以道德自由为人的平等权利做论证。而且正是康德的知识论研究为此奠定了坚实的基础。康德的《纯粹理性批判》虽然重点考察了人类的知识限度问题,但是如果从政治哲学的角度对其进行解读,其恰恰为现代政治哲学在实践理性的基础之上对人类生活进行道德与政治合法性的证明提供了理论基础,并在实质上为平等这一重要的政治价值进行了理论论证。

在《纯粹理性批判》这部伟大的著作之中,康德试图调和经验论与唯理论的争论,进而解决知识的客观性问题以回应"休谟问题"。为此,康德重点考察了人的先天认识能力问题。康德结论是,人类的理性(理论理性)可以得到客观知识,但是有自身的限度。因此,我们必须为理性划定边界。

在康德看来,我们的知识无论如何都关涉着知识的内容。为此康德在传

---

① ［美］约翰·罗尔斯:《政治自由主义》,万俊人译,译林出版社,2011年,第266页。

统逻辑的基础上创造了"先验逻辑",因其关涉知识内容而被称之为"真理的逻辑"。相对于传统逻辑只注重知识的形式而忽略知识内容的考察,"先验逻辑"主要致力于研讨人的认识之所以可能的条件。主要思路如下,在康德看来,判断是人类知识的最基本的表现形式。因此,我们能够从中演绎出我们知识的纯粹"形式"。这种知识的纯"形式"就是最基本的知识要素,包括"时间""空间"和"知性"的"范畴"。它们在我们对于世界的认知之前(逻辑的在先性)就已存在,是知识得以可能的条件。因为是纯粹"形式",它保证了我们所获得知识的必然性。但是只有纯粹"形式"还不够,知识还必须有经验"质料"对之加以充实。知识是主观与客观相互作用的结果。

在康德的《纯粹理性批判》之中,关于范畴的先验演绎构成了其认识论的基础,它构成了康德知识论之中最富有创意性的部分,也为后来他的其他著作奠定了方法论基础。但是,如果将先天范畴理解为"知性"的纯粹"形式",那么一个必然的结论就是:先验逻辑作为"真理的逻辑"仅仅具有主观逻辑的意义。由此,我们只能走向不可知论,即只能认识"现象界"而悬置"物自体"。为此,我们必须为理性划定界限。而跃出经验的边界去追求绝对的对象如宇宙整体、灵魂不朽,以及上帝的存有,必然导致"先验幻相"。按照维特根斯坦的理解,理论必然导致理论的自相关问题。以理论的方式追问存在问题的命题必然是"重言式"的,只能是自相关,因此无法真正解决形而上学的问题。但是,如果从政治哲学的角度来理解康德的《纯粹理性批判》,我们会看别样的理论景观。

从政治哲学的角度来理解康德哲学,当然是其"现象"与"物自体"的二分。因为通过《纯粹理性批判》对理性认识能力的考察,康德的结论是,作为西方理性主义象征的形而上学是无法建立在理论理性的基础之上,因而我们必须另辟蹊径,从而寻找形而上学能够成为科学的坚实基点。在康德看来,这个纯粹的理论基点就是纯粹实践理性即道德自由,在康德看来,这一点如几何学公理一样不证自明,从而为平等的价值论证奠定了基础。

如若细读《纯粹理性批判》的"先验方法论"部分,我们会得出这样一个结论:康德对理论论证采取了一独特的论证方法即理性采用自我规训的方式来实现自身的扩展。这里值得我们注意的是,在"先验方法论"这部分中,康德频繁使用政治哲学术语,比如"自然状态""法庭""共同体"等。从政治哲学的角度来看,康德这一理论贡献是巨大的。其中蕴含了现代哲学的反"本质主义""基础主义""价值多元"等"后形而上学"思维方式。因此,从政治哲学的角度理解康德哲学的《纯粹理性批判》,那么其主要的理论贡献并非只是对先天范畴的演绎,而是对"现象"与"物自体"的划分。

"现象"与"物自体"的划分,应从知识论的角度来看,一个重要的原因是康德为了解决理论理性运用知性概念把握世界整体时所产生的"先验幻相"。所以康德在《纯粹理性批判》的先验方法论部分指出,作为人类知识的终极目标的三个理念——上帝、灵魂与自由,只是我们为了达致知识完备性而悬设的调节性理念,其主要作用在于引导人类知识趋向于整全性不断前进,人类为此应该付出艰苦的努力。要言之,最高的理念只是知识要求整全性的悬设。除此之外,这三个理念并没有实质性的意义。康德告诉我们:"不要跳过自然的原因和放弃经验可能交给我们的东西,而去把我们所知道的东西从完全超出我们的一切知识之上的东西推导出来。"①在康德看来,这三个理念在知识论领域之中只是调节性的理念,但是在实践领域之中的意义极其重大,因为其关乎人之信仰问题。"现象"与"物自体"的划分的政治哲学意义在于,为作为人类实践基础的自由作了理论性的铺设,进而为"主体性成为现代的原则"奠定基础。《纯粹理性批判》意在限制理性而为信仰留出地盘。

---

① ［德］康德:《纯粹理性批判》,邓晓芒译,人民出版社,2004 年,第 607~608 页。

在《纯粹理性批判》的"先验方法论"部分,康德引用霍布斯的"自然状态"来描述人类思辨理性的实际状态。康德指出:"没有这种批判,理性就仿佛处于自然状态,而理性只有通过战争才能使它的各种主张和要求发生效力或得到保障。这个批判为我们带来了某种法治状态的和平,在这种状态中我们只应当通过诉讼程序来进行我的争执。"①在霍布斯的"自然状态"下,个人与个人之间处于一种战争状态。康德的这一引用意在说明,在人类的理论理性领域之中存在着不同的哲学、宗教、道德之争。这段引文给予我们的重要启示在于,我们必须为人类理性的讨论与运用提供重要的程序,为限制理性的思辨划定一个边界。这里蕴含的政治隐喻是,世界的哲学化的重要前提是平等这一启蒙的重要价值,理性批判对形而上学的摧毁否定了理论哲学的思辨神话,颠覆了沉思的生活是最好的生活方式的古典政治理论。理性的自我规训为"勇敢地运用理性"奠定了坚实的基础。按照西方的古典理论观点,相对于政治的生活与节制的生活,哲学的生活是最好的生活方式。哲学家敌视肉体、爱恋、死亡,因为感性、肉体是哲人认识真理的负累。换言之,真理只能是具有超感性的思辨能力的哲人才能够体察的。与此相反,不论是在理论哲学还是道德哲学之中,康德都给予了感性以足够的地位,在这个意义上康德是现实主义的。

在理论哲学之中,康德认为,知识是"知性""范畴"与感性相互作用的结果,而人类的知性主要由先天十二范畴构成,"统觉"是其统一性原理。诉诸思想史,统觉的理论来源于笛卡尔的"我思故我在"命题,在笛卡尔看来,我们的一切的表象,必须在"我思"之平面之上,否则人之表象是不可能的。康德将"我思"称为"自我意识的先验统一",它乃是意识的统一性原理,是知性的一切运用的最高原则,也是其"先验逻辑"之所以可能的前提条件。但是

---

① [德]康德:《纯粹理性批判》,邓晓芒译,人民出版社,2004 年,第 578 页。

"知性"并非知识产生的唯一条件,同时还需要时间与空间作为先天认识形式对感性杂多加以图绘。而在实践哲学之中,我们也应该避免将康德理解为严苛的道德主义者。康德也给予感性相当重要的地位。作为以自由为"先验"原理的道德本身表现为"绝对命令"这一纯粹形式。但是,作为道德哲学的终极目标的至善,乃是德行与幸福的统一。康德依旧没有完全否定感性的地位。康德强调的是幸福必须由德性来匹配,德性是幸福的充分必要条件。

回到上面的论题。康德将近代主体形而上学的逻辑支点"我思",阐释为知性的原理,其与笛卡尔的不同之处在于,他认为思辨理性是一种孤独的理性,其本身具有一种私人性,远不能成为权威,其对普遍必然之事的确定必须诉诸于时间与空间的直观性形式。因而在康德哲学之中,形而上学只能是思考的对象,形而上学不过是理性僭越了自己的界限而编织的美丽的神话而已。因此,不论是以笛卡尔开启的唯理论的"我思",还是洛克的经验论的"点状的自我"都并非是建构形而上学的原始基点,在康德看来,主体形而上学的根据是非法的。而与之相反的休谟则走向了另一个极端,那就是其无法解释蕴含在知识中的概念的必然性,进而退守常识。因此,康德认为:"前一位为狂信打开了方便之门,因为理性一旦有了自己的权利,他就不再让自己受到对节制的含混颂扬的限制;后一位一旦相信揭穿了对我们认识能力的一个如此普遍的被视为理性的幻觉,则完全屈从于怀疑论。"①

康德一反西方古典传统,从而将人理解为"有限的理性存在者"。因此,哲人作为"有限的理性存在者"并非是一种高贵的人格的范例,哲人也是人,他与其他人一起分享着同一个世界。对于生活本身的反思是每个具有理性能力的人都能够完成的任务而并非是哲学家的特权。在康德看来,理性的运用只能是一种否定性,对于超验对象我们只能思考。但是,从这种否定性的

---

① ［德］康德:《纯粹理性批判》,邓晓芒译,人民出版社,2004 年,第 86 页。

运用的另一个方面来理解,它又是积极的。"他的箴言在于,任何时候只不过是自由公民的协调一致,每个公民都必须能够不受压制地表达自己的疑虑甚至他的否决权。"①理性的判断本身带有罗尔斯所说的"判断的负担",如何通过训练使理性达成共识才是我们面临的重大问题。理性是自身建构的。在这个意义上,每个理性的存在者都应该得到尊重。我们看到,康德的理性的自我批判其实在某种程度上是对平等价值的高扬。

在《纯粹理性批判》之中,康德更是用"理性的建筑术"来比喻其哲学方法论。但是与唯理论者所要建造的形而上学的高塔理论雄心相比,康德哲学却呈现另外的一种理论景象。众所周知,在《纯粹理性批判》的"先验要素论"部分,康德主要聚焦于"先天综合判断何以可能"这一理论问题,考察了人类认识的先天要素在人类形成确定性知识中的重要作用。考察的结果是极其悲观的,那就是,理性的大厦注定要坍塌,理性主义的形而上学注定是一场梦幻。但是在康德看来,这并非是我们放弃理性的理由。我们虽然无法建立"形而上学的巴别塔",但是我们能够在经验的基础之上建立庇护所。既然形而上学无法建立在理论理性的基础之上,我们至少需要某些时间的原则来指导我们的工作。而对于这一理论任务则是通过"先验方法论"的重要任务。在"先验方法论"部分,康德频繁引用"自然状态""法庭""共同体"等政治隐喻表述其独特的理性的建筑术。如果说"先验要素论"着重分析了理性能够运用的主要材料的库存清单。那么"先验方法论"则重在论述运用这些建筑材料的指导原则。由此,康德发展了一种全新的理论证成形式。

《纯粹理性批判》的"先验方法论"的第一章为"纯粹理性的训练"。康德将"训练"理解为:"我们把使经常要从某种规则偏离开来的倾向受到限制并最终得到清楚的那种强制。"②康德认为,"训练"与"教养"不同,教养代表一

① [德]康德:《纯粹理性批判》,邓晓芒译,人民出版社,2004 年,第 570 页。

② [德]康德:《纯粹理性批判》,邓晓芒译,人民出版社,2004 年,第 551 页。

种积极的意义。比如说我们要获得某种职业技能,必须去积极地接受某种具有实质性内容的教育与培养。而"训练"则代表着一种消极的意义,其本质在于我们应该谨守某些规范。"训练"在逻辑形式与内容上表现为"否定性的判断",其作用在于防止错误。在康德看来,此种"否定性的判断"并非像一般观点所认为对我们的知识的扩展毫无作用,而是能够为我们"建立起了一个预警和自检的系统,在这个系统面前没有任何虚假而玄想的幻相能够站得住脚,而无论它有什么掩饰的理由都必然会马上暴露出来"①。"先验方法论"的目的之一,就是要解释这种理性批判的自反性的特性。因为在康德看来,我们的知识的界限是十分狭窄的,但是我们的理性的形而上学倾向于超越这样的界限。由此,一种基于"否定性的判断"的"纯粹理性训练"能够将理性保持其能力的界限之内。这也是为什么康德要如此强调其哲学方法论是理性的自我批判的原因。

为了论证此观点,康德将哲学知识与数学、几何知识进行了对比。按照一般观点,数学与几何是严格的理性科学的光辉典范。因此,如果哲学想要成为严格的科学,完全可以借助数学与几何的方法而构建未来形而上学。但是,在康德看来哲学与数学是两种完全不同的知识。"哲学的知识是出自概念的理性认识,数学知识则是出自概念构造的理性知识。"②数学不是通过对概念的明确与分析来运作的,而是通过在直观中构造概念来运作的,因此数学不能够为哲学提供可靠的支点。我们知道,"分析判断"与"综合判断"之间的区别贯穿了整部《纯粹理性批判》。在康德看来,数学、几何之公理并非是完全的分析判断,而是"先天综合判断",因此其也只是适用"现象界"。哲学采用数学与几何的方法也只是搭建一些纸牌屋而已。由此,我们必须为理性另谋出路。这一出路就是理性的自我批判。"理性必须在其一切活动中都把

---

① [德]康德:《纯粹理性批判》,邓晓芒译,人民出版社,2004 年,第 552 页。

② [德]康德:《纯粹理性批判》,邓晓芒译,人民出版社,2004 年,第 553 页。

自己置于批判之下，而且理性不能在不损害自身和不引起一种不利于它的嫌疑的情况下通过任何禁令破坏这种批判的自由。"①理性的自我批判意味着"理性的实存"。在这里，康德进一步引用政治学的隐喻。他这样讲道："它的箴言任何时候不过是自由公民的协调一致，每个自由公民都必须能够不受压制地表达自己的疑虑甚至他的否决权。"②

理性的自我批判不同于强迫他人服从某个独裁者或者征服者所强加的训练，而是一种自我强加的相互性的训练。因此，理性的训练既不诉诸于权威也不依赖于预定和谐而是来自理性自身。其实，在这里，康德实质的意思是提醒我们有多个"有限的理性存在者"。但是若如此，其结果会导致知识的不确定性。如果不存在某个思想的权威，是否意味着我们就只剩下了"游牧式的"怀疑论呢? 答案当然是否定的。在对理性的权威的解释中，康德特别地使用了政治秩序与合法性的隐喻。康德借此隐喻想要说明的是，认识的秩序与政治的秩序源自同样的背景之中。不论是在我们的认识活动之中还是在政治活动之中，我们拥有的不过是大量的、多元的行为主体而不是某种超验的形而上学。在这种情形之下，权威则意味着某种被理性建构起来的秩序，并通过这种秩序我们可以建构某种正义原则。这也就解释了为什么将理性的"私下运用"和"公共运用"区别开来。在康德看来"私下运用"则是以权威为前提的，因为其存在着某种未经批判的、未经证明的前提。

与此相对，"理性的公共运用"即坚决放弃那些强大的无根基的权威，而这种运用赞成某种自律。由此，理性的原则其实是在某种规则之下去思维，而不是去提供规则。对此，康德使用了"自然状态"与"法庭"的比喻。康德运用这样的比喻意在说明，理性的权威必须被看为一项实践的、集体性的任务。但是前提是只有我们能够找到某种策略，通过这种策略，具有理性能力

---

① [德]康德:《纯粹理性批判》，邓晓芒译，人民出版社，2004年，第569页。

② [德]康德:《纯粹理性批判》，邓晓芒译，人民出版社，2004年，第569~570页。

的人们才能够无需依赖于某种强力和权威来进行相互的作用，只有这样理性的自我批判才有可能。为此，康德将理性比喻一座"法庭"。"法庭"的比喻意味着理性并非是演算规则。"法庭"的工作是审慎、详查，进而做出判决，其工作并非是理论性的而是实践性的。康德的理性不是演算规则的"论断"显示出了康德的"反基础主义"的思维方式。由此，实践性原则必须成为指导全部判断的行为。也就是说，如果我们不采取某些准则来控制理论理性的运用，那么不论是我们的知性能力还是感性能力其实都是没有意义的。那么理性的运用的规则是什么呢？我们回到康德的"建构"隐喻。在康德看来，人的知识要素并不是自我建构的，而是诉诸某种规则。但是，没有什么统一的规则规定着我们每一个人。我们能够做到的是按照某种规划来聚合不同的思想要素。它体现在这样的一条绝对命令之中，我们所遵循的准则就是我们同时也能够视其为普遍的法则。这就解释了为什么康德认为"绝对命令"不仅是实践理性的至上原则，而且也是所有理性的至上原则。在此原则之下，理性的公民可以进行自由的争论。

综上，康德通过理性自我规训的方法，论证了平等这一启蒙的重要价值。如果我们将其兑换成政治语言，那就是理性意味着平等的权利。按照罗尔斯的理解，平等意味着每个人都有追求自己人生计划的权利，每一个人生计划则是由其所具有的善观念所规定的并且可以对之进行理性的修正，而善观念是多样性的。其原因在于："民主社会的政治文化总是具有诸宗教学说，哲学学说和道德学说相互对峙而无法调和的多样性特征。"[①]此种文化现象在短时期内是无法消除的。由此，在罗尔斯看来，价值多元、宽容是现代世界最为重要的政治价值。

行文至此，我们需要回答施特劳斯一个重要的理论问题。那就是，宽容、

---

① ［美］约翰·罗尔斯：《政治自由主义》，万俊仁译，译林出版社，2011年，第3页。

价值多元是否意味着相对主义与价值主义。在施特劳斯看来,现代政治哲学最大的问题就是对古典自然权利观念的拒斥。在古典政治哲学看来,自然权利意味着终极标准,它是衡量政治共同体合法性的存在论原则,是实定法的基础。而对古典自然权利理论的拒斥则意味着政治合法性根基的丧失,在施特劳斯看来,这是德国历史思想重大的历史成就。它的一个后果便是导致漫无节制的相对主义。"拒斥权利,就无异于说,所有权利都是实在的权利(positive right),而这就意味着,何为权利是完全取决于立法者和各国法院的。"①由此,认为现代政治共同体的合法性标准取决于我们的文明及其之上的生活方式,而它们不过取决于我们的生活习惯而已。我们再也无法在正义与非正义、合法与非法、手段与目的之间进行合理的分辨。因此,"宽容对许多人而言就成了一种价值观或者理想"。由此,在施特劳斯看来现代自由主义所追寻的价值多元与宽容终止了价值判断,从而是十足的价值虚无主义和相对主义。

施特劳斯的批判不能说是完全错误的,但起码是片面的。如何解决这一问题呢?我们认为可以从消极意义与积极意义两个维度对宽容加以区分。消极意义上的宽容可以被视为在法律边界之内的不干涉;积极意义上的宽容,按照上文所述,理性的自我规训意味着沟通、表达、倾听。《纯粹理性批判》一个非常重要的启示就是对边界的认知,让人们时刻警惕理性的僭越。施特劳斯曾言,相比于古典政治哲学而言现代政治哲学的一大困境便是我们堕入到了科学这一现代的"洞穴"之中,从而失去了对认知可能性的反思。就此而言,二者的思想并不冲突。理性的自我规训为我们展开对话从而为寻求更为积极生活奠定了实践理性的基础。它对于我们寻求好生活、好政治具有极其重大的现实意义。而这恰恰与古典理性主义所追求的目标殊途同归。对于罗

---

① [美]列奥·施特劳斯:《自然权利与历史》,彭刚译,生活·读书·新知三联书店,2006年,第2页。

尔斯而言,他的"原初状态"下的道德的个人,特别是在其后期著作《政治自由主义》之中所诉诸的"自由而平等的公民"理念,更是走向了"主体间性"。在罗尔斯看来, 最佳政治共同体是能够得到各种合乎理性的完备性学说即宗教的、哲学的和道德的学说"重叠共识"支持的政治共同体。因此,现代政治哲学在康德与罗尔斯那里并没有失去理想主义(的)维度。

二、自由:理性运用的至上性原则

众所周知,在康德哲学之中,自由的概念占有极高的地位。康德称其为批判哲学体系的"拱顶石"。在《纯粹理性批判》之中,自由虽然是作为超出人们认识能力的、不能为人们的经验科学知识所把握的"物自体"。但是自由作为理念在解决"二律背反"以消除思辨理性矛盾的方面,具有重要的意义。在《实践理性批判》之中,自由因人的道德行为而具有了明证性,从而是人的道德行为的先验原理。从而,自由作为道德的"先验原理"是建构道德形而上学的逻辑支点。但是,正如康德所说,理性无论如何只有一种理性。因此,思辨理性与实践理性的次序问题必须得到解决,否则理性就会与自身存在冲突。由此,康德强调实践理性高于理论理性。原因在于,自由作为"物自体",关于它的知识,相比较于思辨理性对其无能为力而言,在实践理性的界限内得到了扩展。实践理性优先于理论理性的重大意义在于,我们的道德推理与政治推理必须以自由为模型而非以"时间图形"为基础。进一步,作为自由之道德显现的"绝对命令"不仅是实践理性的至上原则,也是思辨理性的至上原则。总而言之,自由是理性运用的至上原则。

如前所述,自由是现代哲学的最高问题,可以说一部现代思想史就是思想家不断追寻自由的历史。在康德哲学之前,理论家们大都从自然法思想的角度来思考与论证自由的概念。自由是为自然法或者说自然权利赋予的,体现为实定法所制定的各项权利。在他们看来,实现自由就是自然权利或者说自然正当,同时也是最佳政治共同体的标志。他们虽然以自然权利理解自由的权利,却大都没有脱离经验主义的界限。在康德看来,这种自由仍然囿于理论理性层面,没有上升为实践理性的高度,因而不是真正意义上的自由。而康德的伟大之处在于将理性与自由关联了起来,认为理性的本质就是自由,其核心要义是:"人为自身立法。"与霍布斯、洛克等哲学家在经验的意义上理解自由不同,康德将人对于自由的思考推进到先验层面,从而使之具有了无比高贵的尊严。康德的"自由"观念彻底地翻转了古典自然权利的内涵:不是自然高于自由,而是自由高于自然。由此,自由取代自然成为道德与政治的最高原理。

霍布斯认为:"著作家们一般称之为自然权利的,就是每一个人按照自己愿意的方式运用自己的力量保全自己的天性——也就是保全自己的生命——的自由,因此,这种自由就是用他自己的判断和理性认为最合适的手段去做任何事情的自由。"①洛克认为:自然状态是"一种完备无缺的自由状态,他们在自然法的范围内,按照他们认为合适的办法,决定他们的行动和处理他们的财产和人身,而无须得到任何人的许可或听命于任何人的意志"②。由此看来,他们对于自由的探讨并没有脱离经验主义的维度。自由不过是"任意",其特点是自由只是实现"自我保存"的手段,其本身还不是目的。用罗尔斯的话来说,自由意味着"合理性"而非"理性的",因而体现不出人之为人的道德尊严。可以说,如果在经验的层面上理解自由,那么就没有道德可言,更产生不了好政治。在霍布斯那里,自由意味着基本生存欲望的满足,在洛克那里,自由意味着开明自利者用劳动确立所有权,二者都没有使得自由完全超越自然。所以霍布斯的政治共同体需要无上权威的主权者以调和人

① [英]霍布斯:《利维坦》,黎思复、黎廷弼译,商务印书馆,1997年,第97页。
② [法]洛克:《政府论》(下篇),吴恩裕译,商务印书馆,2007年,第3页。

们私利的争斗。在洛克那里必将否认一部分人的自由而平等的权利,因为没有"财产权"即实现自由的条件的人没有自由的权利。因此,二者的自由观念依然束缚于自然的观念。康德认为,必须将自由的概念上升至先验层面,并以实践理性的基础构建人的道德生活与政治秩序,由此才能体现人的尊严。

首先,我们来看康德在知识论领域之中对自由问题的探讨。在《纯粹理性批判》的"先验辩证论"之中,康德为解决第三个"二律背反",对自由与必然的关系进行了详细的探讨。在康德看来,理论理性在解决世界的开端这一问题上,不论是以"自然律的因果性"为原则,还是以"自由而来的因果性"为原则都会导致矛盾。康德说:"如果一切都是按照单纯的自然律而发生的,那么任何时候都只有一种特定的开始,而永远没有一个最初的开始,因而一般来说在一个溯源于另一个的诸原因方面并没有什么序列是完备的。"①因此,我们必须假定原因的一种"绝对自发性"即"先验的自由"。而如果我们以"先验自由"为世界序列的开端,那么必将"导致产生这个序列的这个自发性本身的规定性,也就是因果性将绝对地开始,以至于没有任何东西先行在前而使这一发生的行动按照常住的规律得到规定"②。在康德看来,解决此种矛盾的方法在于我们必须假定自然与自由两种因果性。一种是"自然因果性",一种是"自由因果性"。前者我们是可以通过理论理性认知的,属于"现象界"。后者只能是一种回答与解决"二律背反"时候的"先验理念"。它不在经验之中,也不能在经验中确定。它是一种理论设定,它属于"物自体"领域。康德认为,以自然原因性理解整个自然领域,必然要追溯到自然的初始原因。"但由于以这种方式在因果关系中的诸条件的任何绝对总体性都不可能被弄清楚,理性就为自己设立了能够自行开始行动的某种自发性的理念,而不允许预先准备一个另外的原因再来按照因果联系的法则去规定这个自发性行

---

① [德]康德:《纯粹理性批判》,邓晓芒译,人民出版社,2004年,第375页。
② [德]康德:《纯粹理性批判》,邓晓芒译,人民出版社,2004年,第374页。

动。"①因此,理论理性界限之内所探讨的自由不过是统合世界总和的"先验证理念"。但是,康德同时指出:"在实践理解中的自由就是任意性对于由感性冲动而来的强迫性的独立性。""因为感性并不使它的行动成为必然的,相反,人身上具有一种独立于感性冲动的强迫而自行规定的能力。"②由此,足以可见自由的理念在实践领域之中的重大意义。

其次,我们来看康德在实践理性之中对自由的讨论。如上所述,自由在《纯粹理性批判》之中是以"先验理念"的形式出现的,其主要作用是解释世界总体性理念,由此,他不过是一种理论"悬设"。但是,在实践理性领域之内,自由却是一个不证自明的事实。它乃是人之所以具有道德性的先验原理,从而也因为只有人具有真正的道德行为而具有自明性。从《道德形而上学探本》《实践理性批判》到《道德形而上学》,康德以自由为核心概念构建起了庞大的道德哲学体系。在这里,我们着重解释《实践理性批判》之中的关于自由问题的探讨。《实践理性批判》的一项重要任务就是审查理性的全部实践能力,即理性能否成为人之意志能力的先天根据,从而完全规定意志。通过对"纯粹实践理性诸原理"的分析,康德得出了"纯粹实践理性的基本法则":"要这样行动,使得你的意志的准则任何时候都能同时被看作一个普遍立法的原则。"③在康德看来,当我们运用"知性"范畴作用于实践对象时候,我们遇到了与理论理性完全不同的情况。

众所周知,理论理性是运用先天范畴,通过"时间图型"这一中介来统摄感性材料进而形成可靠的经验知识的能力。比如量的范畴对应于"时间序列",质的范畴对应于"时间内容",关系范畴的图形对应于"时间的次序",模

---

① [德]康德:《纯粹理性批判》,邓晓芒译,人民出版社,2004年,第433页。

② [德]康德:《纯粹理性批判》,邓晓芒译,人民出版社,2004年,第434页。

③ [德]康德:《实践理性批判》,邓晓芒译,人民出版社,2003年,第39页。

态的图形对应于"时间的总和"。①而时间作为人的内感官,不过是人之感性认识的纯粹形式。在这个意义上来说,理论理性并不能够超越"现象界"。而实践理性的对象是"自由所到这的可能结果的一个客体的表象"②,是对意志所导致的行为的评判。因此,实践理性的对象是,从理性本身出发进行的理论构造,而非如理论理性之通过空间、时间先验形式给予的感官材料。因此,当"判断力"运用于实践理性对象的中介就不能如理论理性那样运用"时间图形"而是自由模型。康德称之为"纯粹实践判断力模型",其表述如下:"问问你自己,你打算去做的那个行动如果按照你自己也是其一部分的自然的一条法则也应当发生的话,你是否仍能把它视为通过你的意志而可能的?"③由此,康德完成了对实践理性的分析论证。此处,我们可以看到《纯粹理性批判》限定理性的界限的动机,在实践理性之中表现为如下命题:"纯粹实践理性在其与思辨理性的结合时的优先性地位"④,即实践理性的终极目标的"至善"不是意志遵循幸福原则而获求的目标,否则只会导致实践理性范围之内的"二律背反"。而这只有将德性作为意志的先天规定性根据而追求"德福一致"才能加以避免。由此可见,在康德那里,不存在不同的理性,理论理性与实践理性不过是同一个理性在不同领域的运用。与此同时,理论理性与实践理性二者间的关系也并非是平行的,实践理性对理论理性具有绝对的优先性。如果从政治哲学的角度来理解实践理性对于理论理性的优先性,那么体现在康德强调的实践理性的至上性原则尤其体现在"理性的公共性运用"的观点上。

在康德于 1784 年发表的著名文章《答复这个问题:"什么是启蒙运

---

① [德]康德:《纯粹理性批判》,邓晓芒译,人民出版社,2004 年,第 143 页。

② [德]康德:《实践理性批判》,邓晓芒译,人民出版社,2003 年,第 78 页。

③ [德]康德:《实践理性批判》,邓晓芒译,人民出版社,2003 年,第 95 页。

④ [德]康德:《实践理性批判》,邓晓芒译,人民出版社,2003 年,第 164 页。

动？"》中，康德讲道："然而，这一启蒙运动除了自由而外并不需要任何别的东西，而且还确乎是一切可以称之为自由的东西之中最无害的东西，那就是在一切事情上都有公开运用自己理性的自由。"①此处，康德用"公开运用自己理性的自由"申明了人类言论自由的权利。为此，康德与当时普鲁士的书报检查制度发生了冲突，并由此而遭到了政府当局的严重警告。理性的公共运用与私人运用相对，其核心要义在于：理性的推理实质上要面对所有阅读的公众。如果我们做一种理论延伸，康德实质上是说：我们的公共性推理必须是针对所有的人，即对所有的人来说具有可解释性。因而他要求我们必须坚持超越一元论反思逻辑即知识论立场的宽容原则。

从政治哲学思想史上看，现代政治的根本症候——私利与公意之间的冲突——本质上可以表现为理论理性与实践理性的冲突。私利的原则所采取的是理论理性的原则，即试图从知识论的立场来解决实践问题，企图从一种普遍的自然的人性出发推导出道德与政治的最高原理。而公意原则体现了一种实践理性的原则，即强调通过多元、对话、沟通的方式解决政治难题。康德在"理性的公共运用"的意义以实践理性统领理论理性，即强调公共意志、公共推理的优先性。在康德看来，"理性的公共性"无论如何都是政治进步的最终要求。只有坚持理性的公开性运用，我们才能超越主观与客观的二元对立，进而去把握整个世界，弥合理论理性与实践理性的分裂。在《纯粹理性批判》的"先验方法论"中，康德指出了理性批判乃是为实践性批判服务的，"实践理性运用比理论理性的运用更为根本"。康德在理论理性之中限制了理性的超验运用，换言之，理性的思辨运用的幻想被戳穿之后，就其承担"真理的逻辑"使命而言不过是一种逻辑的偏执。

从思想史上看，康德的实践哲学具有伟大的革新意义。我们知道，在康

---

① ［德］康德：《历史理性批判文集》，何兆武译，商务印书馆，1990年，第25页。

德之前，包括古代哲学，实践领域的基础在宇宙的规范结构之中、在上帝的意志之中、在人的本质之中都能够找到。但是经过对人的理论理性的省察，发现这不过是人的理论理性产生的"先验幻相"。对此，康德在吸收卢梭的政治哲学的基础之上，以自由概念为核心构造伦理学与政治哲学的规范性基础。康德试图证明人类能够且必须只遵守他们自己的实践理性；他们的尊严及他们所负担的艰巨和沉重的道德使命即在于此。康德认为，那些基于自身立法所产生的规范才具有必要性与强制性，人类只服从理性的法则。

如果仅就康德的伦理学来说，康德哲学确实是西方义务主义伦理学的巅峰，但是康德因为强调道德的纯粹性而抽离了其实质性的内容，（因此）具有一种形式主义的特征。虽然康德的辩护者认为，康德的形式主义伦理学之中，"人是目的"这一绝对命令充当了道德的实质性内容，但是"善良意志"终究是"软弱的"，其不过是远在彼岸的道德理想。

如果从政治哲学的视域来看。康德的道德哲学所探讨的恰恰是：理性如果是自由的，理性的个体的共处性原则是什么？罗尔斯曾经不无道理地指出，康德道德哲学的二元论恰恰是要为其在经验性的运用提供契机。康德的道德哲学乃是对由现代哲学的根本出发点的理性的"私人性"上升为"公共性"，用公共性来重新确立理性的公共性。这使得康德所探讨的问题融入了现代西方政治哲学的主题之中。罗尔斯指出，我们应该避免将康德学说视为为了一种道德观念提供一般的形式主义的要素。[1]罗尔斯为我们理解康德的道德哲学提供了一个重要的参照点。"康德的主要目标是加深和证明卢梭的观点：即自由就是按照我们给予自己的法律而行动。这并不导致一种严厉的道德，而是导向一种互尊和自尊的伦理学。"[2]

具体言之，在现代政治哲学创始人霍布斯那里，人类历史起源的"自然

---

[1]　[美]约翰·罗尔斯：《正义论》，何怀宏译，中国社会科学出版社，2009年，第197页。

[2]　[美]约翰·罗尔斯：《正义论》，何怀宏译，中国社会科学出版社，2009年，第201页。

状态"被视作一种战争状态,其特点是每一个人都是独立的主权者,由于暴死于他人之手的恐惧使得人们必须建造强大的"利维坦"而进入"公民状态"以调和人与人之间的冲突。但是,这无法从根本上解决政治共同体的稳定性问题。此后,洛克对霍布斯的"自然状态"进行了改进,将其称之为"和平状态",并且与霍布斯所描述的"一切人对一切人的战争"的境况不同,洛克所预设的人具有一种开明自利的特征。即便如此,在康德看来依然无法为现代政治奠定道德基础。因为自利原则终究无法成为政治共同体团结的基础。洛克之后,卢梭以"公意"吸纳"个意",认为用"公意"取代"个意"方能为现代政治奠定道德基础。在卢梭看来,"公意"不是"个意"之和,而是每一个人的意志的体现,其特点是绝对的普遍性。在这个意义上它是"公民宗教"、自由的源泉。卢梭以平等的名义捍卫自由。而康德将卢梭的"公意"思想上升到先验界面,上升为实践理性。在实践理性之中,康德将"私利"分析为基本欲求,它并非是自由追寻的目标,而是为了实现自由而需要被克服的对象。从政治哲学上来看,实践理性作为理性的重要原则,应该解释为有限的理性的存在者的共享性选择,能够为理性的讨论同一种可靠的指导原则的原则。因此,康德改造了霍布斯、洛克、卢梭的自然权利理论,即不诉诸经验性的原则,而是完全从实践理性出发。人的自然权利只能在实践理性的基础之上得到界说。在理性的基础之上界定的法权学说,康德将其表述为"法权是这样一些条件的总和,在其之下,一个人的任意能够按照一条普遍的自由法则与另一方的任意保持兼容"。

在康德的政治哲学之中,康德对实现其实践理性的法权的经验条件进行了谨慎的反思。我们看到,康德哲学之中展现出了令人惊讶的经验主义维度。因此我们应该避将康德解释为严苛的道德主义者的那种观点——认为基于实践理性的自由观是寻求脱离世界的精神自律。将康德解释为严苛的道德主义者完全是不得要领的。在康德看来,任何以思辨理性的方式去寻求某种客观理念,并以之为基础构造某种规范性结构都是错误的,其后果必然导致对人的自由的侵犯。自由只能为了自由而受到限制。因此,我们必须以此原则为基础来思考伦理与政治的可能性,必须以实践理性为道德与政治奠基。综上所述,康德不但提出了一种与古代道德学说完全相反的道德观点,还提出了一种人与人如何达到共识的政治原则,而这种政治原则并不诉诸任何形而上学理念而奠定在实践理性基础之上。

三、正义：判断力的政治性原则

综观康德的整个哲学体系,仅就具体文本来看,康德的政治哲学是以法哲学和历史哲学短论的形式出现的。前者主要集中体现在他的《法的形而上学——权利的科学》,而后者体现在康德的一系列的政治论文之中。但是,因为《法的形而上学——权利的科学》只是康德的《道德形而上学》的组成部分之一,且其关于政治与历史的政治短论缺乏系统性,从而使得大多数学者认为康德的政治哲学一直都处于其整个先验哲学体系的边缘部分。为此,汉娜·阿伦特认为,我们应该从康德的《判断力批判》之中开拓出一种全新的政治哲学。阿伦特对康德美学的政治哲学解读,引发了康德美学著作与政治哲学之间关系的激烈争论。我们当然并不能够完全同意阿伦特对康德美学的政治哲学解读。我们认为,康德的政治哲学着重体现在《法的形而上学——权利的科学》和有关历史哲学的短论之中,它们才是真正承担了从"自然状态"向"公民社会"过渡的重要中介。而从"自然状态"向"公民状态"过渡则是现代政治哲学的核心论题。但是我们也应该看到,康德的《判断力批判》确实与其政治哲学有着巨大的关联。特别是康德对"审美判断力"先验原理即"共通感"的主要原则的论述,开启了后启蒙时代政治哲学的论证的全新范式。

《判断力批判》在康德哲学体系之中具有极为重要的理论地位。在这部名著之中,康德详细分析了人的"判断力"这一先天能力,并试图将其作为沟通两大领域即理论理性领域与实践理性领域的重要中介,从而弥合自然与自由之间的鸿沟。

在康德看来,人的内心的全部能力有三种,分别是"认识能力""对愉快和不愉快的情感能力"及"欲求能力"。它们分别对应于"知性""判断力"和"理性"。而这三大能力各自遵循各不相同的先验原理。分别是"统觉""共通感"及"自由"的原理。我们还应该指出的是,康德将"判断力"分为两类,一类是"规定性的判断力",另一类是"反思性的判断力"。"规定性判断力"的作用在于将我们的经验性事物统摄在规则之下,而"反思性判断"则是"规定性判断"的逆向运用,即从经验性事物出发寻找使用个体经验的规则。这种"反思性的判断"要求主体在运思的过程之中强调思想所遵循的程序,而没有确定任何具有普遍意义的客观有效性。不同于《纯粹理性批判》与《实践理性批判》之中的"规定判断力"的先天原则是从"知性"规则借来的,"反思的判断力"有自己的先天规则,那就是"目的论原则"。"反思性的判断力"并非是主体规定对象,而是要从对象反思主体。为此,康德分别探讨了"主观的合目的性"与"客观的合目的性"。据此,康德将《判断力批判》分为两个部分。一个是"审美判断力",另一个是"目的论判断力"。在这里,康德赋予了"审美判断力"以优先地位。因为根据"目的论"去思考自然秩序本身,因其与主体的关系而具有了审美的维度。而"目的论判断力"是基于"审美判断力"对人类历史的想象。从这个意义上讲,它是想象的想象。

如前所述,康德在《纯粹理性批判》所阐述的"先验方法论"阐明了我们进行理性自我批判的训练方法,而《实践理性批判》所提出的"绝对命令"阐明了我们实践理性运用的至上原则,但是其只是作为一种道德上的约束性的行为。那么接下来的问题是,在"绝对命令"这一形式原则之下,我们应当如何进行对我们的思想认识的指导呢?我们认为,《判断力批判》之中,康德对"共通感"所阐释的思维原则,为不依赖任何形而上学而进行理性的自我证成提供了思维框架。

从政治哲学的意义上来说,如果《纯粹理性批判》在知识论的层面处理了认识界限的问题。罗尔斯所说的,各种宗教、形而上学世界观及各种统合性的学说并存的"多元论"局面,从而确立平等的政治价值;《实践理性批判》确立了自由的至上价值,并将其确定为道德与政治合法性的逻辑支点;那么,《判断力批判》确定的"共通感"原理则为我们应该如何理解处理自由与平等之间的关系提供了思维原则。

对《判断力批判》进行政治哲学解读最为出色的著作家当属汉娜·阿伦特。在《康德政治哲学讲稿》中,她认为我们必须放弃康德的若干政治哲学短论,因为它们不过是这位伟大哲学家思辨能力枯竭的产物。我们应在康德的《判断力批判》之中去寻找康德的政治哲学基础。阿伦特的观点的实质是使康德先验哲学经验化,进而以一种古典共和主义的观点来理解康德的政治哲学。我们的观点是,对康德政治哲学的理解固然要对《判断力批判》作深入的阅读,也要联系康德的道德哲学与历史哲学的著作。因为,康德的政治哲学与道德哲学、历史哲学是勾连在一起的。所以,我们无论如何都不能忽视以那些短论形式存在的康德的政治哲学。我们固然不能同意阿伦特的观点,即"既然康德没有写过他的政治哲学,要发掘他在这一主题上是如何思考的,最好的方式就是求助于他的审美判断力批判"[1]。但是,《判断力批判》确实为我们讨论康德的政治哲学提供了指导线索。

我们认为,在《判断力批判》之中,康德给出了解决现代政治问题的某种解决方案。根据康德的文本,"共通感"是康德的审美判断力的先验原理。但是从政治哲学的观点看来,作为审美判断力的"共同感"恰恰能够为罗尔斯

---

[1]　[美]汉娜·阿伦特:《康德政治哲学讲稿》,曹明、苏婉儿译,上海人民出版社,2013年,第92页。

等坚持的建构主义政治哲学提供主要思想契机。康德用"共通感"所具有的"社会性"来统合思辨理性与实践理性分裂所造成的二元分裂。阿伦特对康德的"共同感"给予了极高的评价:因为"共通感"所赋予的能够赋予交流的普遍性,从而为私人开拓了公共空间,人在以"共通感"为原理的审美判断之中能够触摸到耐久的永恒的世界,在此基础之上,使人作为政治的动物成为可能。我们不能同意阿伦特对康德的审美政治解读。我们认为,康德的"共同感"其实是为我们提供了某种道德与政治的公共证明方法。

　　康德对"共通感"的定义是:"共通感"是"为了用人类的集体理性来权衡其判断的。""共通感"原理包含三个准则,第一个准则是运用自己的理性进行判断,因为这构成了康德所谓的启蒙理想。关于第一个准则,康德主张人应该运用自己的理性,不能做无声的附和者,不应该拒绝理性的训练,应该积极地寻求理性的共享模式,拒绝服从任何的权威和他人的意志。因此,勇敢地运用理性构成了启蒙本身。在康德那里,理性的本质在于自由,自由在于为自己立法。因此,理性的独立运用是第一价值。"共通感"的第二个准则是"思维者从一个普遍的立场来反思自己的判断",换言之,"把自己的立场转换到他人的立场"。这意味着努力地倾听并理解他人。由此我们可以看出,那些批判康德的道德原则是内省的和不得要领的。康德指出,思维从一个普遍的立场出发的本身的目的在于其本身是要克服某种形而上学的立场,理性只能是世俗的,理性并不受超验原则的支配,理性的合法性乃是自身证成的。判断力的第三个准则是前后一致的思考,这种前后一致的思考并非仅仅是对理性存在者一种形式逻辑的要求,这恰恰是康德所反对的。康德的"前后一致性"思考是人类理性的一种永久性的任务,其本身的含义在于在我们的立场与他人的立场之间相互印证,不断修正,并形成一套判断系统。其类似于黑格尔的"主奴辩证法",在于将个体的理性融合于普遍理性。但是康德也注意到了此种任务的艰难,康德说:这种准则是"难以达成的"就是说,我们在不断转化自己的立场,不断修正我们的判断。在我们看来,这与罗尔斯的"反思的平衡"方法极为相似。

罗尔斯指出:"在我们描述我的正义感必须考虑这样的一种可能性……如果他对于这种破坏他对最初判断的信心的背离找到一种解释,同时,向他呈现的正义观能给他可以接受的判断,在这种情况下,他特别有可能修正自己的判断。"[1]康德否定理性的先验的形而上学,并支持理性的内在性证明。也正是按照如此的思维原则,我们才能在思想交流之中达到一种像罗尔斯所说的"重叠共识"。公共领域与私人领域的和解由此成为可能。黑格尔在批判康德的知识论时候指出:"康德特别要求在求知以前先考验知识的能力,这个要求无疑是不错的,即思维的形式本身也必须当作知识的对象加以考察,但这里立刻会引起一种误解,以为在得到知识以前已经在认识,或是在没有学会游泳以前勿先下水游泳","须知考察思维形式已经是一种认识历程了"。对此我们认为,康德的知识论本身所强调的乃是理性有一种公共性,而非一种独白,在康德的理性之中始终有一种他者的在场性,而纯粹理性的批判不过是为理性的运用提供了一个合理的程序,由此,康德称纯粹理性批判是"法庭"的隐喻方能得到理解。康德在《纯粹理性批判》之中使用了太多的政治意向的词汇,比如公民、法庭、公共性、权威等。可以说,康德以怀疑论的游牧性的思想,破除了形而上学的权威,因此就需要重新建立起权威。康德的解决方案是建构主义的。思辨不过是一种私下性的权力,而康德主张理性的一种公共性的运用。

可以看到,康德哲学所否定的乃是我们通过超验的形而上学而把握真理的路径。我们将事物理解为自在的,在反思中就能够寻得事物的理性标准,那么我们就根本无法建立理性知识的大厦。但是康德并没有否定理性,

---

① 　[美]约翰·罗尔斯:《正义论》,何怀宏、何包钢、廖申白译,中国社会科学出版社,2009年,第38页。

将康德哲学定义为"游牧式"的怀疑主义是不得要领的,康德哲学本身是一种理性建构主义。任何在反思之中所发现的理性的标准,都不能构成人类知识的大厦。没有准则的思想同样会陷入迷途。二者全然不是理智的,康德的核心主张是,从道德理想向政治现实的过渡可以在没有"形而上学"的担保之后可以经过程序的设定能够使经验与超验架设桥梁。这种程序是作为我们理性运用的至上原则即"绝对命令",由此我们看到,康德实际上是主张在作为社会关系的总和的人之间的交流必然需要某种共享的模式。我们必须用理性去建构这种模式,在其中理性得以形成共识,而非是私利的博弈。唯其如此,理性的生活才是可能的,人作为政治动物才是可能的。

综上所述,本章的重要内容是阐释康德先验哲学的政治哲学隐喻。从《纯粹理性批判》对人的认识能力的审查,到《实践理性批判》对人的自由能力的反思及《判断力批判》对"共通感"的阐述。如果我们将其放在现代政治哲学的思想图谱中去思考就可以发现,它体现了康德对解决现代政治哲学问题的理论努力。

我们的观点是,在这些伟大的文本之中,康德实质上是以一种思辨的方式阐释了一种全新的现代政治哲学讨论范式即"建构主义"。将理性理解为自我建构式从而不立足于任何的超验形而上学,是康德极为重要的理论贡献。从现代政治哲学的语境上来看,如罗尔斯所说,"理性多元论"已经成为我们理性运用的"压迫性事实"的历史条件之下,理性想要树立自己的权威,必须要倾听不同的声音,唯其如此,理性才能够得到自我辩护。在康德看来,没有什么认识秩序和道德秩序是为孤独的存在者设立的。世界是多个主体共享的世界,我们不能像数学与几何学那样按照"演证"的方式去推论一个一元的伦理-政治原则,它不过是形而上学的"幻相"。因此,我们应该去倾听不同的声音,进而去寻找罗尔斯所说的"重叠共识"的基础。

第三章　康德：理想的伦理共同体

　　康德的政治哲学试图以观念论的形式重新为霍布斯、洛克所开创的政治现实主义注入理想主义维度，从而使之具有了古典政治哲学的气质。但是，康德的政治哲学又是以"自由"概念为其核心理念的。在这个意义上，康德接受了现代政治哲学的理论前提。康德以观念论的形式实现了对古典政治哲学基本观点与原则的彻底反叛：强调实践理性优先于理论理性，颠覆了"自然"与"自由"的关系，用"自由法"取代了"自然法"。如果说，在霍布斯、洛克的政治观念之中，"自然"的观念在某种程度上依然具有政治本体论的意义。那么康德哲学则是实现了"自由"对"自然"观念的反转。"自然"不再作为政治共同体的最高标准，它不过是"知性"加以整理的感性"质料"，从而不再具有古典政治哲学的本体意义。重思康德对政治现代性反思所开拓的主要理路，其哲学的"整全性"意义也开始彰显出来。那就是康德"先验"哲学背后隐含着深沉的政治关怀。

　　关于此点，雅思贝尔斯曾颇为精彩地指出："康德并未以广泛的著述探讨政治现实，这是有别于他关于理性之起源及其界限的体系。但大量的小册子与他的巨著中提示都一贯的表明，康德的兴趣并非顺便一提出而已。他的哲学始终是对人的追问,因而必定是政治的。"①但是,哈耶克指出:"德国的自由主义运动虽然受到英国和法国思想的很大影响,德国哲学的三位伟大人物和最早人物——哲学家康德……却对这些思想进行了改造。"②我们认为,从现代政治哲学的发展趋向看来,这些改造,特别是康德哲学的改造之本质意义在于化解了霍布斯与洛克所开创的现代自由主义思想传统所带来的道德与政治的冲突,进而以古代以强调"自然"观念的政治理想主义的方式对现代以强调"自由"观念的政治现实主义自由主义思想进行了反向推进,从而试图在新的基点即实践理性之上化解道德与政治之间的矛盾。康德把将其政治方案具体化以道德自由作为基础,进而建立以"自由只能被自由所限制"为第一法理的"法律联合体"。但是,由于其坚持"形式主义"与"实质内容"的绝对二分,从而导致了"道德与政治的二律背反"。由此,康德不得不将其政治理想推向彼岸世界。

一、康德的现代立场:理论理性与实践理性之关系的颠倒

后现代哲学家福柯认为,康德哲学是现代性态度的纲领。从政治哲学的角度来说,即使霍布斯、洛克将自然权利这一政治哲学的核心概念改写为人权,从而颠覆了古典政治哲学的理想主义传统,但政治共同体的建立毕竟仍旧以"自然"作为标准。而康德政治哲学的伟大贡献在于将"自由法"取代了"自然法",并使之成为政治哲学的最高原理。基于此,康德一举超越了霍布斯、洛克的政治现实主义的立场,以自由法构造良好的政治秩序。可以说,康

---

① [德]卡尔·雅斯贝尔斯:《大哲学家》(修订版),李雪涛等译,社会科学文献出版社,2010年,第451页。

② [英]弗里德里希·冯·哈耶克:《经济、科学与政治——哈耶克思想精粹》,冯克利译,江苏人民出版社,2000年,第334~335页。

德哲学的立场是一种完全相异于古代哲学的现代性立场。康德通过先验哲学的方法颠倒理论理性与实践理性之间的关系，从而把自由推进为现代哲学的最高主题。由此，自由成为现代政治哲学进行实践推理的逻辑起点。这与古典理性主义的思想完全相反。在古典理性主义看来，"理论理性"标志着沉思的生活是最优的生活方式，"实践理性"从属于"理论理性"，自然高于自由；而在康德那里，作为古典理性主义最好的生活方式的"沉思的生活"属于理论理性领域，而理论的超验运用必然导致"先验幻相"。超验的对象作为理论理性的界限，其意义在于它只是知识的理想。实践理性则能够使得人作为有限理性的存在者通达本体世界。

施特劳斯曾经把霍布斯、洛克指认为现代性的伟大开创者，认为他们改变了古代世界对人性"自然"的探讨方式。但是，在他们的政治哲学之中，作为现代哲学的最高主题的自由概念尚未取代自然概念的地位，自然仍然是他们反思政治共同体基础所诉诸的哲学前提，即使"自然状态"下的那个人性的自然有多么的不堪。而自由取代自然成为现代思想的原则只有等到高扬"人为自然立法""人为自身立法"的康德"先验"哲学的出场才彻底实现。在先验哲学之中，自然必须被超越，因为自然低于自由。由此，相对比于施特劳斯的看法，我们更愿意认同丕平的观点，那就是："马基雅维利、霍布斯、洛克，直至决定性的转折性人物卢梭，都依然诉诸于人类的'自然'。康德之后，在某种意义上这一切都是'不可能了'。"①总之，在康德哲学之中，理论理性与实践理性之间关系的颠倒所导致的一个重要的理论后果是，在其理论哲学之中自然被贬低为"现象界"；自由被抬高到"本体界"；在实践哲学之中，自然下降为"感性欲望"，而自由上升为"理性的本质"。进而在康德那里，哲学的性质由"沉思"被规定为"行动"而获得了现代世界的自我理解。导致的

---

① 参见《施特劳斯与现代性危机》中《施特劳斯的现代世界》一文，刘小枫选编，张新樟等译，华东师范大学出版社，2010年，第102页。

政治后果是,自由成为人类的"最高的自然法权",同时,也成为现代政治家们建立政治共同体所遵循的第一法理根据。

(一)从"自然"到"自由"——哲学最高问题的反向推进

自然的概念与自由的概念分别是古代政治哲学与现代政治哲学的最高概念。其重要意义在于他们分别是古代世界与现代世界人们反思"个人完美"与"城邦正义"的最高标准。康德"批判哲学"的革命性的政治意义在于,通过颠倒理论理性与实践理性之间的次序关系的方式抬高"自由"而贬低"自然",从而重新界定了"个人完美"与"城邦正义"的尺度与标准。因而在康德那里,一个高尚的道德之人并不是古代那种依靠自然而生活的哲人,而是遵循严守自由法则生活的"理性存在者";理想的共同体也并不是古代那种依"自然秩序"并诉诸于"机缘"而建立的"理想国",而是遵循作为人之"最高自然法权"之"自由"①并诉诸于宪政的"法律联合体"。②

从哲学史来看,自然的概念在古代占有极高的地位。"希腊人将自然理解为一个充满活力甚至具有理智的有机体,以其为事物自身的根据和目的。"③自然这一概念隐含着这样一个基本推理,即万事万物之运行都有其内在理据而非出于外界强迫。自然的这一内在性的理据包含了动力上的根源和自我完善的努力。实际上,从前苏格拉底的爱奥尼亚学派到毕达哥拉斯学派的自然哲学、到黄金时代的柏拉图和亚里斯多德的形而上学,再到中世纪的奥古斯丁和托马斯的基督教神学体系,古代人都在为世界的存在寻求一个最终依据或"最高原因的基本原理"。而不论这些古代哲人们的答案是数、理念、上帝还是实体。人们将所处的这个现实世界视为被给予的,而且是某

---

① [德]康德:《法的形而上学原理——权利的科学》,沈叔平译,商务印书馆,1991年,第50页。

② [德]康德:《法的形而上学原理——权利的科学》,沈叔平译,商务印书馆,1991年,第138页。

③ [英]柯林伍德:《自然的观念》,吴国盛等译,华夏出版社,1999年,第86页。

种绝对力量的作品，其生长总在趋于其最终目的。如此一来，自然便被归结为一种神性的创造，万物顺其本性而生长。人类也以此"自然"观念来界定人之美德与政治共同体的正义。因此，在古代世界，目的论一直都是思想家反思世界的主要原则。自然不仅是变化的，而且其变化是有所趋向的。目的论贯穿着整个宇宙和人生。人是城邦的动物意味城邦的生活就是人性的自然。城邦犹如形式，人如同质料，形式导引质料过优秀的生活。即使是中世纪基督教哲学，这种目的论传统依然保持生机。在阿奎纳那里，上帝的恩典并不损毁自然，而是要完善自然。只不过在他看来，人类依照自然理性无法实现使得自身完善，并达于至善，所以需要神恩的帮助。上帝之城与世俗世界不是相互对立的，而是相互补充的。

从政治哲学的思想演进来看，在古代世界，自然并非与自由相对，而是与习俗相对。自然的意义在于它是最好生活方式的反思性标准。在柏拉图看来，最好的政体是合乎自然的政体。基于此，古代哲人对问题的思考，是从事物的理想观念开始的。在他们看来，自然是具有等级秩序的整体，而人的自然构成亦具有等级秩序。在他们看来，人与动物之间的重要区分，或者说人相比于动物的卓越之处就在于人的思想。因此，沉思的生活即哲学的生活是人最应该过的生活。"因此，人分内的工作就在于有思想的生活，在于理解，在于深思熟虑的行动。善的生活就是与人的存在的自然秩序相一致的生活，是由秩序良好的或者健康的灵魂所流溢出来的生活。"[1]由此，在柏拉图看来，追求卓越，或者说优异的生活是真正的自然的生活。就人性观来看，在古典哲人看来，人天生就是社会的存在物，人性就是社会性。因此爱、友谊、亲密，以及对自己的利益的关切都是人性的自然。因此，只有在社会之中人们才能实现自身的完美。由此，由人组成的政治社会或民社会的目标当然就是

---

① [美]列奥·施特劳斯：《自然权利与历史》，彭刚译，生活·读书·新知三联书店，2006年，第128页。

实现人之完美性。但是在古代政治哲学家看来,能够实现人之完美的社会是极其罕见的,因为实现它的条件极为苛刻。在施特劳斯看来,这样的社会首先是一个封闭的小社会,在这个社会之中人与人相识并且相互信任;其次是它必须历经数代,积累了丰富的政治经验;再次是它需要政治家高超的政治智慧等优越的德性;最后是在有利于与不利环境下所形成的教养程度。①综上所述,在古典时代,政治哲学就是对最佳制度的追求,目的在于实现人自身的完美。我们必须指出的是,最佳制度虽然是极其罕见的,在现实社会中难以实现,因此它只能存在在言辞之中。但不可否认的是它却为我们反思人的政治生活提供了一个高绝的标准。

到了 17 世纪,这种目的论的自然观为机械论的自然观取代了。人们对自然的理解发生了由目的论向机械论的转变。自然不再是一个有机的生命体而成了一架机器。它由基本的物质粒子组成,按照确定的力学规律而运行。自然具有因果上的必然性却无所谓理智与目的。古典自然观念的变革,也改变了人本身的看法。拉美特里说:"人只不过是一架设计精密的机器而已。"②? 如此一来,蕴含在自然之中的神性消失了,世界作为一个有机整体的终极目的消失了,希腊意义上原初的自然———一个有生命的、具有外在形式与内在本性的自然,分裂为物质与精神的两极,自然本身失去了在古代哲学之中的那种神圣的灵光。由此,古代世界的那种以自然目的论为基础的形而上学逐渐为机械论形而上学所取代。在这样一个机械自然观一统天下的时代,现代政治哲学也由此改写了古典政治哲学反思政治问题的思考逻辑。在古典世界,政治的生活就是人之有意义生活的存在论基础。人们根本就不知道"自然状态"为何物,而现代世界的思想家必须思考人们在政治状态即"公

---

① [美]列奥·施特劳斯:《自然权利与历史》,彭刚译,生活·读书·新知三联书店,2006 年,第 132~136 页。

② [法]拉·梅特里:《人是机器》,顾寿观译,商务印书馆,1991 年,第 73 页。

民状态"之前的"自然状态"以思考政治哲学的人性原理。如何从"自然状态"过渡到"公民状态"成为政治哲学家们反思人类生活的主要思想架构。

在现代思想史上,霍布斯的政治哲学具有革命性的意义,他开启了现代政治哲学的现实主义传统。霍布斯第一个描述了现代自然观取代古典自然观的政治哲学意义。在霍布斯看来,自然除了物体及其漫无目的的运动,一无是处。在霍布斯看来,现代古典政治哲学因其标准太高而难以实现。古典政治哲学的高绝标准又是建立在宇宙目的论的基础之上。霍布斯为了机械唯物主义的宇宙观而摧毁了目的论的宇宙观。在霍布斯看来,宇宙根本就没有什么目的。而在人性方面,在霍布斯同样认为人性也没有什么更高目的可言,我们能够确定就是我们自身的最为强有力的激情。我们必须从人的最强烈的情感推导出人性的标准。为此霍布斯构造了"原初状态"这一政治哲学的反思模式。在霍布斯看来,在"自然状态"之中,人的一切情感中最强烈的乃是对死亡的恐惧,是对暴死于他人之手的恐惧。我们也可以这样说,对于死于暴力的恐惧最为深刻地表达了人所有欲求之中最强烈、最根本的欲求,即自我保存的欲求。霍布斯一反古典政治哲学传统,强调在人之外没有目的。人的目的就是自我保存,而理性不过是实现此一目的的工具而已。基于此,在"自然状态"之下,人与人之间的关系就是狼与狼之间的关系。这种状态使得每一个人的生命都受到威胁。由此,人们必须进入"公民状态"来实现我们每一个人的自我保存。所谓的"公民状态"并非是引领和创造公民有德性的生活,而是保护每一个人的权利。

洛克则随其后。在他的政治哲学之中,人的"自然状态"虽然不如霍布斯描述的残酷冷漠,但是洛克保留了霍布斯对于人性基于自我保存的基本观点。洛克说,自然在人的内心注入了对于幸福的渴望和对于痛苦的厌恶——这些才是天生的实践原则。由此,对于幸福的渴望是一种绝对的权利,洛克将这种绝对的权利延伸为财产权。在洛克看来,财产权产生于"公民状态"之前。它并非是国家的实定法的权利,而是在前"公民社会"人的自我保存推出的基本权利。因为财产权才是我们自我保存及追求幸福的最为强而有力的保障。财产权需要人的劳动来确立。在洛克看来,需要并不就使人拥有占有财产的资格。劝导和强力一样不能够带来占有财产的资格。唯一正当的办法就是通过劳动。洛克说:"劳动在万物之母的自然所已完成的作业上面加上一些东西,这样他们就成为他的私有权利了。"①人们进入"公民社会"的主要目标是保护我们每一个人的私有财产,因为唯有财产权才是自我保存与追求更大繁荣的强有力的保证。总之,从政治现实主义的逻辑是:"人类努力的起点是苦难:自然状态是一个凄惨可怜的状态。通向幸福之路就是脱离自然状态、脱离自然的运动:否定自然就是通向幸福之路。"②

霍布斯、洛克政治哲学对古典政治哲学的反叛受到了卢梭的激烈批判。卢梭以德性与自然之名攻击霍布斯、洛克政治哲学以自我保存之名而导致的政治生活的品性的下降,从而决定性地启发了康德道德哲学与政治哲学思想。在卢梭看来,以自我保存或者说以私利为基础铸就国家必然使得政治缺乏公共精神或者爱国主义——这是贸易、金钱、贪欲、奢侈的必然结果。在卢梭看来,霍布斯、洛克所描述"自然状态"根本就不是人的"自然状态"而是社会状态。卢梭认为:"对死亡的认识和恐惧,是人在脱离动物状态以后获得的最初知识之一。"③在卢梭看来,"自然状态"之人无善无恶,只是最简单的生活需要,不为过多的欲望殚精竭虑。他们具有天然的同情心。"人天生就有一种不愿意看见自己同类受苦的厌恶心理,使他不至于过于为了谋求自己的幸福而损害他人,因而可以在某种情况下克制他的强烈的自尊心,或者在

---

① [英]洛克:《政府论》下篇,叶启芳、瞿菊农译,商务印书馆,1964 年,第 18 页。
② [美]列奥·施特劳斯:《自然权利与历史》,彭刚译,生活·读书·新知三联书店,2006 年,第255页。
③ [法]卢梭:《论人与人之间不平等的起因和基础》,李平沤译,商务印书馆,2007 年,第 59 页。

自尊心产生之前克制他的自爱心。"①卢梭认为,这是人类唯一具有的"天然美德"。而一旦我们进入社会,这样的美德就败坏了,而这也意味着人们将失去"自然状态"的自由。因此在卢梭看来,我们必须将个人意志上升为"公意",方能保卫每一个人的自由。卢梭的这一政治哲学思想,决定性地启发了康德的道德哲学。

康德接受这种机械论的自然观从而认为自然的等级太低。由此,以机械的"自然"作为标准必然导致"人性"下降,因此康德贬低"自然",抬高"自由"。康德认为,"自由"才是人性的根据,它标志着人之尊严所在。施特劳斯认为:"康德的出发点可以说是科学与道德的对峙关系,即由牛顿创立的最为系统的现代物理学与由卢梭表达的最纯粹的道德良心的对立,前者意味着宇宙决定论,后者则意味着意志自由。"②自然的概念不论是在其理论哲学还是实践哲学之中,都遭到了前所未有的贬低。

我们先看康德的理论哲学。在《纯粹理性批判》之中,康德把"自然"的概念认定为"感性杂多"。自然的本身的意义在于其是认识主体加工的对象,除此,并不具有任何更高等级的意义。"自然"之所以具有规律性与秩序性,康德认为那是因为它乃是认知主体"建构"的结果,具体言之,自然所具有的客观规律是"先验统觉"依靠"先天十二范畴"整理的结果,其客观性只是主体性所赋予的。可以说,在这一思想框架之内,空间和时间便从牛顿意义上的绝对存在变成了主观的感知的先验形式。在康德的理论哲学之中,自然具有普遍必然的规律,但这一规律并非其本身所固有,相反是人给予的,是人的知性建构起来的结果。康德的名言是:"人为自然立法。"他认为我们必须"在存在于我们的感性和理智里的经验的可能性的条件中去寻求自然

---

① [法]卢梭:《论人与人之间不平等的起因和基础》,李平沤译,商务印书馆,2007年,第72页。

② [美]列奥·施特劳斯、约瑟夫·克罗波西:《政治哲学史》,李洪润等译,法律出版社,2009年,第582页。

界"①。自然是先验范畴建构的产物。康德的知识论原理是"知性不能无直观，感官不能无思维"。知识"只有从它们的相互结合中才能产生出知识来"②。他的结论是，从"质料"方面来说，自然是人的经验对象的总和；而从形式方面来说，自然是现象界普遍的合乎法则性。依此，在理论理性领域之内，康德将"自然"的概念规定为被主体所经验的"现象界"，而将经验之外的"物自体"存而不论。在康德理论哲学之中，自然只不过是认知主体的加工对象。

　　我们再来看康德理论哲学之中的自由概念。在《纯粹理性批判》的"纯粹理性的背反论"之中，康德指出了当"理性"运用于"宇宙"总体所产生的四组"二律背反"，在第三组"二律背反"之中，康德依照其"先验逻辑"探讨了自然与自由之间的对立。正题："按照自然律的因果性并不是世界的全部现象都可以导出唯一因果性。为了解释这些现象，还必要假定一种由自由而来的因果性。"反题："没有什么自由，相反，世界上一切东西都只是按照自然律而发生的。"③按照康德的理解，不论是正题还是反题，按照"知性原理"都没有产生自身的逻辑不一致性。康德认为，要化解这一冲突应该划分两种"因果性"。"我们只能就发生的事情设想两种不同的原因性，一种是按照自然的，一种是出自自由的。"④前一种因果性被称为自然的因果性，后者被称为自由的因果性。自然的因果性遵循机械因果律，自由的因果性遵循自由因果律。二者属于两个不同的领域。"自由在这里只是被作为先验理念来对待。"⑤其作用在于，它是为了化解"二律背反"而设定的。康德指出："我不得不悬置知识，以便给信仰腾出位置。"⑥康德此语一言中的地指出了其思辨理论的主要

----

① ［德］康德：《未来形而上学导论》，庞景仁译，商务印书馆，1978 年，第 92 页。

② ［德］康德：《纯粹理性批判》，邓晓芒译，人民出版社，2004 年，第 52 页。

③ ［德］康德：《纯粹理性批判》，邓晓芒译，人民出版社，2004 年，第 374 页。

④ ［德］康德：《纯粹理性批判》，邓晓芒译，人民出版社，2004 年，第 433 页。

⑤ ［德］康德：《纯粹理性批判》，邓晓芒译，人民出版社，2004 年，第 449 页。

⑥ ［德］康德：《纯粹理性批判》，邓晓芒译，人民出版社，2004 年，第 22 页。

目的,那就是为理性划界为信仰留出地盘。从而也宣告了康德"知识论"研究的目的乃是为了从思辨哲学向道德哲学过渡。康德理论哲学之目的在《纯粹理性批判》的"先验方法论"中的论述则更为明了,他指出,自由、不朽与上帝三个"先验理念"是"知识论"的终极对象,但是三者在"理论理性"领域之内的作用是调节性的, 其重要作用在于激发认识主体把知识推进到无限的努力;而在道德领域之中,他们则是积极的对象。"自由"更是人之道德的"先验"条件。

在康德的道德哲学之中。从《道德形而上学原理》《实践理性批判》,康德通过"道德律"而对"自由"实在性阐释,到后来的《道德形而上学》之中的"法权论"对"自由"作为最高"自然法权"的确立,由此,康德把自由问题推进到了现代哲学的顶点。"自然"概念在"理论理性"领域之内被划归为"现象界";而在"实践领域"之内"自然"被贬低为感性欲望。康德认为:"在世界之内,一般而言甚至在世界之外,除了一个善的意志之外,不可能设想任何东西能够被无限地视为善的。"①善良的意志无限价值乃是因其作为"理性存在者"遵循了以"自由"作为先验原理的"道德律"。康德把它分析为这样的一个"定言命令":"要依照能使自己同时成为普遍法则的那种准则而行动。"②康德认为,自由的实在性是通过一条毋庸置疑的实践规律而被证明了,这条实践规律被他称之为"道德律";自由乃是道德的先验原理,而自然则被贬低为感性欲望。在康德看来,作为意志规定性质之根据的"实践理性"必然是形式的;因为如若"将欲求能力的一个客体(质料)预设为意志的规定根据的一切实践原则,全都是经验的,并且不能充当任何实践法则"③。因此,其只能是一种主观性的准则,而并不是法则即其并不能够对每一个有理性的存在者的意

---

① [德]康德:《康德著作全集》(第4卷),李秋零等译,中国人民大学出版社,2005年,第400页。

② [德]康德:《康德著作全集》(第4卷),李秋零等译,中国人民大学出版社,2005年,第445页。

③ [德]康德:《实践理性批判》,邓晓芒译,人民出版社,2003年,第24页。

志都有效。因而,依靠"质料"的实践理性法必然不具有普遍必然性。康德说:"对幸福的欲望上并不取决于合法则的'形式',而是取决于'质料',亦即取决于我在遵守法则时是否期望快乐,和可以期望有多少快乐。"①

(二)从"沉思"到"行动"——康德对古典哲学观的改造

古代人以理性的自然概念为理据把哲学定义为理性的沉思,进而认为它是人追寻真理从而达于自我完美的最高贵的方式。与"享乐的生活""政治的生活"相比,"沉思的生活"乃是人最好的生活方式。沉思自然乃是古代哲学的自我理解形式。对于哲学的这一古代定义,一般人并无异议。但是,对康德来说,把其哲学定义为"行动"可能遭到众多学者的反对。这是因为,按照学院哲学的角度来说,"批判哲学"乃是"知识论"意义上的,康德哲学工作的终极目的乃是拯救形而上学。我们认为,从学院哲学角度来说,此种观点或可成立;但是从政治哲学的角度来说则并不具有合理性。康德改造了哲学对"沉思"的这一古典定义,确立了现代哲学的主体性原则。康德说,哲学是对"智慧的探究,但是,智慧是意志与终极目的(至善)的一致"。所以"智慧对于人来说就无非是遵循道德法则的意志的内在原则"②。

古典政治哲学认为,哲学沉思源自于人的形而上学本性。亚里士多德在《形而上学》中指出:"古往今来人们开始哲理探索,都应起于对自然万物的惊异;……他们探索哲理只是为想脱出愚蠢,显然,他们为求知而从事学术,并无任何实用的目的,这个可由事实为之证明:这类学术研究的开始,都在人生的必需品,以及使人快乐安适的种种事物获得了之后。显然,我们不为任何其他利益而寻找智慧;只因人本自由,为自己的生存而生存,不为别人

---

① [德]康德:《实践理性批判》,邓晓芒译,人民出版社,2003 年,第 31 页。

② [德]康德:《康德著作全集》(第 8 卷),李秋零等译,中国人民大学出版社,2010 年,第 424~425 页。

的生存而生存,所以我们认取哲学为唯一的自由学术而深加探索,这正是为学术自身而成立的唯一学术。"①在这段对哲学为何的最为著名的论述当中,亚里士多德将哲学定义为没有任何实用目的仅为自身而成立的唯一学术。哲学标志着人之自由的本性。如前所述,古代哲人认为理性是自然的本质,他们也把理性称为"逻各斯"。他们认为人自身最大的自然是理性。而理性的沉思乃是人自身的理性与自然之中的理性相统一的最好方式。亚里士多德认为,灵魂分为有逻各斯的和没有逻各斯的两个部分。有逻各斯的部分又分为两个部分:"一个部分思考其始因不变的那些事物,另一个部分思考可变的事物。"因此,"一个可以称为知识的部分,另一个可以称为推理的一部分"②。因此,理性沉思对古代人来说无比之重要,也是无比之高贵,在人类的各种精神活动当中沉思即理性思辨占有第一等级的位置,它体现了人之为人的重要特征,因而哲学也被认为是神圣的学术。亚里士多德认为:"于神最合适的学术正应是一门神圣的学术,任何讨论神圣事物的学术也必是神圣的;而哲学确证如此。"③在道德生活中,古人认为沉思的生活是最高、最好的生活。亚里士多德指出:"如果人可以获得的自足、闲暇、无劳顿以及享福祉的人的其他特性都可在沉思之中找到,人的最完善的幸福——就人可以享得一生而言,因为幸福之中不存在不完善的东西——就在于这种活动。"④

古希腊人认为,一切事物的运动都是向同一种东西的永恒的回归。希腊人认为,世界是人与自然统一的神性的世界。古典政治哲人色诺芬曾经记述过他的老师苏格拉底一则美丽的故事。苏格拉底参加了著名的伯罗奔尼撒战争,在部队前进的过程之中,苏格拉底突然站住陷入沉思。一站就是一天。

① [古希腊]亚里士多德:《形而上学》,吴寿彭译,商务印书馆,1951 年,第 5 页。

② [古希腊]亚里士多德:《尼各马可伦理学》,周辅成译,商务印书馆,2003 年,第 165、166、167页。

③ [古希腊]亚里士多德:《形而上学》,吴寿彭译,商务印书馆,1959 年,第 6 页。

④ [古希腊]亚里士多德:《尼各马可伦理学》,周辅成译,商务印书馆,2003 年,第 307 页。

忘记了时间,忘记了地点,忘记了自己身处的环境。这一则故事告诉我们:"思维的无归宿打破了日常生活的过程,思维是一个具有诱惑力的异乡之地。""这个异乡之地是一个前提,使他能完全战胜死亡的恐惧。"①通过上节,我们了解到,在古代世界,自然是一个极为神圣的概念,在古代人看来,人身上的最大的自然就是理性。它乃是同自然之中的"逻各斯"同一的。理性的沉思是同自然之"逻各斯"相同一的过程。理性沉思能够使得人从腐朽的状态进入不朽的状态从而参与永恒的自然秩序。因此,在古代思想家那里哲学就是一种理性的沉思活动,它本身就具有神圣的性质。哲学的本性是沉思,它是人类最为高贵的生活方式。沃格林指出:"古典哲人的伟大发现是:人不是'不朽者',而是参与朝向不朽运动的存在者。不朽化(athanatizein)——使人不朽的活动——作为哲学家的生存实质,在柏拉图和亚里士多德那里都是核心的经验。"②

与古人沉思的哲学观不同,现代哲学把"行动"作为哲学的本性。培根说:"知识就是力量。"其要义在于,哲学是人类改造世界的重要手段,现代政治哲学对哲学的理解应该是哲学应该聚焦于意志,强调实践理性的哲学。哲学的功能在于能够启蒙大众、引发革命。这与古典政治哲学对哲学的理解完全相反。施特劳斯认为:"本来,哲学乃是人类对于永恒秩序的追求,并且因此它就是人类灵感和激情的一个纯粹的源泉。自 17 世纪以来,哲学变成了一个武器,也就变成了一个工具。"③阿伦特指出,"意志"概念是近代哲学的产物,并且也只是到了近代它才被作为人所拥有的一种重要的能力。"至少在 16 世纪和 17 世纪……人们强烈地怀疑意志能力,仍然顽固地否定人不

---

① [德]吕迪格尔·萨弗拉斯基:《来自德国的大师——海德格尔和他的时代》,靳希平译,商务印书馆,2007 年,第 351 页。

② [美]沃格林口述、订正:《自传性反思》,徐志跃译,华夏出版社,2009 年,第 121 页。

③ [美]列奥·施特劳斯《自然权利与历史》,彭刚译,生活·读书·新知三联书店出版社,2003 年,第 36 页。

受神的天意或指导的保护。认为绝对的权力支配人自己的命运……直到近代的最后阶段,意志才开始代替作为人的最高心理能力的理性。"①而依据阿伦特的观点,我们认为只有到了康德哲学之后,意志才作为人的一种"先验"的力量而成为实践理性。在康德之前,意志只是在经验的层面被理解,但是按照康德的观点,这样的意志只是"病理学"上的,康德则强调纯粹意志,所谓纯粹意志就是说意志可以摆脱经验的因素,可以为自身立法。

在一般的意义上来看,康德将哲学理解为传统形而上学。但是在《纯粹理性批判》之中,康德通过对人的认知能力的省察,宣告了思辨的形而上学的死亡。理性的理念作为形而上学追求的绝对目标,已经超越了"理性的界限"。由此,我们只能在"自由"的基础之上为形而上学奠基。因此哲学必须从理论领域过渡到实践领域,因为自由作为本体概念在此领域之为"道德律"所证实。形而上学必须以"自由"为根基进行重建,由此,康德强调实践理性优先于理论理性。从政治哲学的观点看来,哲学已经不仅属于纯粹的知识论,还意味着能够以适当的方式介入到政治生活之中。这着重体现在,理性的批判功能通过"公共性运用"的方式发挥巨大的作用。这种运用指的是任何一个人作为学者从而面向全体公众表达与阐述自身的思想,其目的在于自由交流和寻求真理。理性的公共运用体现了每个人都具有世界公民身份,其标识着自由的交流与论辩,批判与自我批判从而实现启蒙的理想。由此,康德认为人的言论自由尤其应当受保护。

但是康德也充分意识到了哲学与政治之间的张力关系。康德强调了在法律的界限之内运用自己的理性的批判能力。不论如何,在康德看来,哲学应该而且能够以适当的方式介入政治生活之中。因此,康德批判哲学的实质是一种世界公民哲学,它表现了人类作为"理性存在者"作为自由和平等的

---

① [美]汉娜·阿伦特:《精神生活·意志》,姜志辉译,凤凰出版传媒集团,江苏教育出版社,2006年,第17页。

特质。

二、康德、霍布斯与实践理性

康德强调从理论理性向实践理性过渡，进而强调实践理性优先于理论理性。康德哲学这种迥异于古代政治哲学思想的转换是他接受现代西方政治哲学的思想前提的结果。从而他也接受了从"自然状态"向"公民状态"过渡的政治哲学反思模式，并在新的逻辑基点上继续推进。

对于西方现代政治思想的主要特点，我们一般将其概括为政治现实主义，其开创者是英国政治哲学家霍布斯。霍布斯现实主义政治哲学的核心观念是强调以天赋人权作为核心要义的现代自然权利理论。众所周知，在现代自然权利理论的研究与探讨当中，康德一直处在边缘地位。学术界一般认为荷兰的格劳秀斯、斯宾诺莎，英国的霍布斯、洛克，法国的伏尔泰、狄德罗、卢梭，对其有重要的贡献。由于对康德政治哲学的争论，导致其中的自然权利理论一直没有得到应有的重视。其实康德哲学的思想方法，比如实践理性优先于理论理性思想方法在霍布斯那里已经有了具体的体现。换言之，康德是在霍布斯开创的现代西方政治哲学的思想框架之下向前推进的。

霍布斯开创了作为现代政治思想基础的自然权利理论。在此基础之上，重新界定了人的道德本性即自我保存，并确立了现代政治哲学道德基础即私利原则。从而为现代政治哲学奠定了全新的逻辑起点。康德在其前辈思想家的理论基础之上进行扬弃，其要义为康德接受了霍布斯探讨自然权利的出发点，但是剥除了霍布斯政治哲学的经验成分。特别是康德使意志上升为纯粹的实践理性，并以先验的方法将其证明为道德与政治之规范性的来源，从而为以人权为核心的现代平等政治奠定了思想基调。

(一)欲望——霍布斯自然权利理论之出发点

自然权利是政治共同体建立的基础，自然权利理论是政治哲学反思政治共同体之合法性的思想前提。在西方众多思想家关于自然权利思想的论述中,霍布斯的自然权利理论特别值得我们关注。因为它实现了现代自然权利理论对古典自然权利理论的反叛,为其带来了一场革命性的变化。要言之,他将自然权利的内涵由"理性"修改成了"欲望"。从而使得政治共同体的建立完全成为人的意志构造之物,而非古典政治哲学那样的"自然"之物。其后果是霍布斯下降了人性,使得政治哲学成了政治科学。霍布斯以其特有的关于自然权利的理解开辟了现代政治哲学的现实主义传统。我们认为,笛卡尔的"我思故我在"在知识论领域确立了主体性的原则,而霍布斯则在政治哲学领域之中奠定了主体性的原则。也就是说霍布斯剥离了自然权利理性之中的思辨形而上学的传统,进而将政治哲学奠定在了实践理性的基础之上,决定性地开启了康德与罗尔斯的理性"建构主义"这一政治哲学的核心方法。

在阐述霍布斯所创立的现代自然权利之前,首先让我们对自然权利的理论内涵作一下粗略的描述。自然权利理论是西方法律与政治思想的重要议题,也是政治共同体建立之基础。自然权利一般被认为是实定法规定的人的权利的内在根据,也是可以为理性所发现的,并能够为理性所认知。自然权利本身源于古希腊的自然法理论。关于自然法,著名的自然法学家登特列夫曾给出一个经典的定义:"两千多年以来，自然法这观念一直在思想与历史上,扮演着一个突出的角色。它被认为是对与错的终极标准,是正直的生活或'合于自然的生活'之模范。它提供了人类自我反省的一个有力激素、既存制度的一块试金石、保守与革命的正当理由。"①

---

① ［意］登特列夫:《自然法——法律哲学导论》,李日章等译,新星出版社,2008年,第1页。

按照一般的观点,苏格拉底与柏拉图是古典自然权利理论创立者。其核心要义在于保持"自然"与"习俗"之分的有效性。换言之,"自然"与"习俗"的划分是古典自然权利理论的前提。在柏拉图看来,最好的政体是"合于自然的政体"。"自然"是最高的标准。那么,什么是"自然"的内涵呢? 在古典政治哲学家看来,人的自然的等级秩序为我们探寻自然的权利提供了基础。人区别于动物的地方是理性、语言等,人的分内工作就是要过一种有思想的生活。①因此,合于自然的生活就是沉思的生活。古典政治哲学将心灵秩序对象为政治秩序。由此,理性(思辨理性)才是最高的标准。最好的政治制度就是要促进伟大的思想的产生,培养人之优秀的德性。

古代哲人从最为平实的政治现象出发来探讨自然权利。在他们看来,虽然我们有不同的自然权利观念,但这并不意味不存在普遍的自然权利。古人对自然权利的存在深信不疑。认为自然与律法、自然德性与人为德性之间的差别判若云泥。因此,"苏格拉底转向研究人间事,不是基于对神圣之物或自然之物的漠视,而是试图了解一切事物的新途径"②。在苏格拉底看来,整体为部分所构成,我们只有从部分出发才能了解整体,因为整体必然表现为部分。因此,我们必须小心翼翼从"意见世界"即从部分来寻求那个最大的整体。他要求人们不断对政治生活的前提进行反思,追寻最佳政体或纯然公正的社会秩序。因此,自然权利归根结底并非是知识问题,而是哲学问题。在古典政治哲学家那里,最好的政治是"哲学王"理想,因为哲学对应的是理性的品性。但是在现实生活中,"哲学王"几乎难于实现,我们能够实现的只是次好政体。在古典政治哲学那里,理智的清明、审慎一直都是重要的政治美德。

---

① [美]列奥·施特劳斯:《自然权利与历史》,彭刚译,生活·读书·新知三联书店,2003 年,第122~128 页。

② [美]列奥·施特劳斯:《自然权利与历史》,彭刚译,生活·读书·新知三联书店,2003 年,第123 页。

但是，我们需要注意的是，古代人并不否认人的欲望的存在，"因为他天生就是社会性的。对他而言，爱、亲密、友谊，与对自己利益的关切、对何物有利于自己利益的盘算，都同样自然"①。与此同时，古人认为人的自然是有其等级秩序的，人类追寻自己的完美，最高意义上的善，必然要对其欲望有所节制。与强调对欲望的节制的古代世界不同，在现代世界特别是在霍布斯的观点当中，人本身的"自然"没有一个更高的目的，人只不过是自然因果链条上的一个简单的环节而已，人的本质规定在于自我保存，人本身是欲望的动物，这是解释人的全部意志活动的最为简单而自明的原则。因此，对于个人来讲，人本没有什么义务可讲；人有的只是自我保存的合理性要求。

但是，霍布斯的政治哲学实现了古典的自然权利与现代的自然权利理论之间存在着决定性的断裂；自然权利的根基不是理性而是欲望。施特劳斯认为，自然权利理论这一决定性的断裂导致了现代性的危机。"17和18世纪的自然法观念与中世纪及古典的自然法教诲之间有某种根本的差异，18世纪开始用来指称自然法的名称是人权，而传统的名称是自然法。首先，'法'被'权利'取代。"②"其次，'自然'被'人'取代。"③要言之，其转变的实质便是确立了政治哲学关于人权的原则。在古代世界，自然是正当的最高的标准，遵循自然的生活是建立共同体的基础，同时也是人的义务。人们并不知道权利为何物，而霍布斯的伟大之处在将自我保存的"欲望"理解为自然法的核心，进而确立了以权利为逻辑在先原则的政治科学传统。

众所周知，在知识论领域，人作为理性的主体的强势崛起取代了上帝的

---

① [美]列奥·施特劳斯：《自然权利与历史》，彭刚译，生活·读书·新知三联书店，2003年，第130页。

② 刘小枫编：《苏格拉底问题与现代性——施特劳斯讲演与论文集：卷二》，彭磊、丁耘等译，华夏出版社，2008年，第24页。

③ 刘小枫编：《苏格拉底问题与现代性——施特劳斯讲演与论文集：卷二》，彭磊、丁耘等译，华夏出版社，2008年，第24页。

位置而成为现代形而上学的根基。这一位置是通过笛卡尔将"我思"确立为知识论的第一原则而确立的。而霍布斯则是将"意志"确立为政治哲学的第一原则。由此,在霍布斯看来,自我保存的"欲望"才能为现代政治科学奠定基础。霍布斯政治哲学与众不同之处在于,其致力于使政治哲学成为科学,换言之,霍布斯要将关于政治的哲学转变为政治科学。在霍布斯看来,传统政治哲学更像是一种梦幻而非科学。①其原因在于,古典政治的一个教条即人纯然的是政治的动物,城邦的生活是人的生活的目的。在霍布斯看来,人天生并非是政治的动物和社会的动物。因此,如若使得政治哲学成为政治科学,探讨人的自然权利理论的首要之点并不能去向外寻求,而必须从主体出发,从人的意志出发,诉诸于内心的强烈情感即自我保存。道理很简单,那就是在霍布斯看来,任何关于自然权利的沉思都抵御不了怀疑论的攻击。因此,任何对自然权利的思辨都是毫无意义的。因此,政治哲学要成为科学。我们必须寻找确定性的基点。而在霍布斯看来,这一新的基点不在客体之中,而在主体之中。我们应该从人的最为强有力的欲望之中推定出所有的自然权利。霍布斯指出:"著作家们一般称为自然权利的,就是每一个人按照自己所愿意的方式运用自己的力量保全自己的天性——也就是保全自己的生命——的自由。"②因此,自然权利必须要奠定在自我保存的"欲望"之上。

古典政治哲学假定,人在本质上是城邦的动物。因为人只有在城邦之中才可以实现自身的完满,城邦的生活是人的目的所在。但是,随着近代科学的胜利所导致的机械论宇宙观对古典目的论的取代,人们在解决、探讨人类的自然权利的问题时,不再能够求助自然目的论,只能求助于自身。霍布斯的出发点是人的意志、激情、欲望即从人的主体出发。为此,霍布斯为自己设

---

① 转引自[美]列奥·施特劳斯:《自然权利与历史》,彭刚译,生活·读书·新知三联书店,2003年,第169页。

② [英]霍布斯:《利维坦》,黎思复、黎廷弼译,商务印书馆,1985年,第97页。

计的思路是：人类在进入政治共同体之前处于"自然状态"之中。在"自然状态"之中，人与人之间的关系，是"狼与狼之间的关系"。人们为了摆脱暴死的恐惧，将交出自己所有的权利而进入了"国家状态"。国家的目的不是超越一己之私利的"公共善"，而是人们为了实现人的一己私利之工具，是人造之物。它具有无上的权力，是地上的神。霍布斯这一探讨自然权利的理论，即"自然状态"与"国家状态"对立模式，影响了后来的卢梭、康德、黑格尔、罗尔斯等思想家。

霍布斯政治学说的突出贡献在于，他告诉我们，政治共同体纯粹是人们的意志力量的产物，国家是人为之产物而非自然，这完全区别于古典时代的观点即人自然而然就是城邦的动物。但是霍布斯的意志论的国家观，如果按照康德的理解，含有太多的经验成分。如果把人的意志和欲望相等同的话，人的道德尊严便会蒙羞。其政治后果是无法实现政治共同体的问题性，私利分离作用必然会破坏共同体的团结。因此，其标志着道德与政治的堕落。在康德看来，霍布斯否定了道德，使得人性下降，而在罗尔斯认为，霍布斯没有为人的义务留下任何空间。这是作为启蒙思想的康德所无法接受的。康德固然与霍布斯一样认为道德与政治奠定在古典哲学意义上的沉思之上，但是意志必须成为纯粹实践理性，才能成为政治生活的基础。

(二)从"经验实践理性"到"纯粹实践理性"

康德与霍布斯对自然权利的探讨具有相同的出发点，即都是从人的"欲求"出发。但不同的是，康德剥除了霍布斯"欲望"中的经验成分，使"欲望"理性化。康德把这种意志称之为实践理性。康德认为人有两种能力，一种是认知能力，一种是欲求能力。认知能力关乎人的思维，而欲求能力关乎人的意志。康德指出："欲求能力就是通过自己的表象而成为这些表象的对象之原因的能力。"①但是,这种欲求能力还不是康德意义上的意志。康德哲学中的意志是"如果欲求的内在规定性根据,因而喜好本身是在主体的理性中发现的,那么,这种欲求的能力就叫做意志"。"就理性能够规定任性而言,意志就是实践理性自身。"②

康德对自然权利的探讨方式与霍布斯一样,都源自于对古代哲学的反叛。在古代哲学当中,与实践哲学相比,理论哲学处于优先的地位。因此,理性沉思对于古代人特别重要,古代人把沉思的生活视为最佳的生活方式。因为理性沉思是作为对自然的"逻各斯"分有,可以使人超越死亡、达成不朽。因此,理性也被规定为人之为人的本质。而哲学作为一种生活方式,其使命就是对智慧永无止境的求索。近代哲学完全不同于古代哲学的意义,现代人把哲学理解为具有客观确定性的知识,不论是霍布斯还是康德对于哲学的理解都是如此。由此而产生的一个理论的后果是,理论理性作为沉思的理性必然从属于实践理性。康德《纯粹理性批判》的重要任务在于划定人之理论理性的界限从而为道德信仰留出地盘。康德认为,理论理性有其自身的界限,它止步于"上帝""不朽",以及"意志自由"这三个超验本体。如果理论理性超越经验对其认知,则必然导致"先验幻相"。在康德看来,理论理性的普遍必然性只是相对于"现象界"有效。但是,实践理性可以证明"自由"之实在性,实践理性可以通达作为"物自体"的"自由"之理念。因此,能够以之为基础建立具有普遍性、必然性的道德之形而上学。施特劳斯认为:"实践理性的至上性有双重结果;通过使所有人都能平等地达到最深刻的真理,即道德真理,实践理性消除了自在世界的不可知性;通过对单纯的经验世界的不断挑战,实践理性导致了人的道德和政治的阐述从过去的经验中解放。"③

---

① 李秋零主编:《康德全集》(第6卷),中国人民大学出版社,2007年,第218页。
② 李秋零主编:《康德全集》(第6卷),中国人民大学出版社,2007年,第220页。
③ [美]列奥·施特劳斯、约瑟夫·克罗波西:《政治哲学史》,李洪润等译,法律出版社,2009年,第587页。

如前所述，现代政治思想的本质特性为政治现实主义，它由霍布斯所开创。在现代西方哲学当中，霍布斯是作为一位卓越的政治哲学家而流传后世，但是在其先验哲学的贡献方面则一般被认为微乎其微。一般的观点认为，在近代哲学之认识论转向的这一重大之过程中，霍布斯哲学属于英国经验论传统。在认识论方面，霍布斯继承了培根的唯物论原则，反对天赋观念论，主张知识和观念起源于感觉。例如霍布斯认为："每一种思想都是我们身外物体的某一种性质或另一种偶性的表象或现象"①，而"所有这些现象的根源都是我们所谓的感觉。"②在霍布斯看来，我的知识的基点在主体自身。感觉是知识的来源。"感觉的原因就是对每一专司感觉的器官施加压力的外界物体或对象。"③因此，霍布斯明确地区分了意识之内的存在与意识之外的存在。知识的核心要义在于感觉的运动而与意识外存在的事物属性无关。关于推理的知识霍布斯这样讲道："当一个人进行推理时，他所做的不过是在心中将一个数目减去另一个数目求的一个余数。"因此，即使是理性认识，在霍布斯看来也是心灵的一种运作，并非事物的客观逻辑。霍布斯认识论的理论内涵确实显得极为简单；但其实将知识的基础奠定在主体的基础之上，在霍布斯的知识论那里已经有所表现了。

然而在政治哲学领域之中，霍布斯被认为是现代政治哲学的开创者与奠基人，在政治思想史上受到了极高的礼遇。霍布斯被认为是现代政治哲学或者政治科学的开创者，因为是他第一次使政治哲学或者政治科学成为可能。但是，我们的一个粗浅的认识是：霍布斯是奠定政治哲学主体性原则的开创者。其政治问题奠定在意志的基础之上。起码与笛卡尔的为知识奠定的"我思"原则具有同等重要的意义。

---

① ［英］霍布斯：《利维坦》，黎思复、黎廷弼译，商务印书馆，1985 年，第 4 页。

② ［英］霍布斯：《利维坦》，黎思复、黎廷弼译，商务印书馆，1985 年，第 4 页。

③ ［英］霍布斯：《利维坦》，黎思复、黎廷弼译，商务印书馆，1985 年，第 4 页。

从文本上来看,康德对霍布斯并没有太多论及。霍布斯与康德,一位作为政治哲学家,一位作为先验哲学家,二者似乎并无太大关联。但是,我们认为,对思想家学说之研讨,并不能只就其文本来讨论思想,更应该具有一种思想史的视野。布鲁姆在其《文本的研习》中颇有见的地指出:"不可以从表面进入作品,而必须借助于作品内在表述的历史。"①我们认为,康德哲学的理论之根源其实是缘于由霍布斯所开创的西方现代政治哲学传统。

西方现代政治思想传统被称为政治现实主义,这是相对于古典的政治理想主义而言的。我们知道自然权利是政治哲学反思政治事物所诉诸的终极标准。但是,"古典形式的自然权利理论是与一种目的论的宇宙观联系在一起的。一切自然的存在物都有其自然的命运,这就决定了什么样的运作方式对于他们是适宜的"②。对于古人来说,人自身最大的"自然"乃是理性,因此古人认为"沉思的生活"是最佳的生活。古人对自然权利之探讨的出发点是平实的政治现象,在政治现象之中试图发现人之为人的高贵特性。古人强调"人天生的就是政治的动物"。古人以"人应该如何生活"作为探讨最佳政治共同体的建立的标准。但是霍布斯认为,"人应该如何生活"是以古典目的论作为前提的。由于近代科学的崛起,特别是牛顿力学的崛起摧毁了古代的宇宙目的论,取而代之的则是机械论的宇宙观。由此,他认为古代人设计的政治方案并不成功,其原因在于古代人在探讨作为政治生活之基础的自然权利时走错了路。据此,他认为探讨自然权利必须从人实际如何生活来探讨。为此霍布斯设计了一种"自然状态"学说来考察人的本性,进而探讨人的自然权利。他把人的本性定义为"自我保存",认为它是人的最为正当的自然权利,这一观点标示着人与动物一样并没有什么高贵之处。但是,以此种人性观来理解人的道德本性与进行政治方案设计带来了极为消极的后果——

---

① [美]阿兰·布鲁姆:《巨人与侏儒》,张辉等译,华夏出版社,2007年,第354页。

② [美]列奥·施特劳斯:《自然权利与历史》,彭刚译,生活·读书·新知三联书店,2003年,第8页。

人性的下降。

　　人与动物之间并无本质的区别,这是不能为后世哲学家所接受的。康德对霍布斯的回应是通过卢梭的思想而体现的。卢梭是第一位体会到现代性是一次历险的思想家。他以敏感的思想神经捕捉到了时代的精神困惑,这便是科学与艺术的发展带来的人的道德的堕落。卢梭指出:"古代的政治家永无休止地讲求风尚与德行,而我们的政治家却只讲求生意和金钱。"①卢梭认为,霍布斯对人自然权利探讨所诉诸的"自然状态"只是文明的状态,他主张在真正的"自然状态"之中,人本非善恶,人有自保的欲求同时也有天然的"同情心"。"自然状态"在卢梭的眼中是美好的状态,因为在"自然状态"之中人的自然欲求能被天然的"同情心"所缓解。但是,当人类步入社会状态,由于同情心的泯灭,科学便站在欲望的一边,因此科学与艺术的发展造成了人的怠惰。卢梭思想的重点是,通过何种途径才能把人从私欲中解放出来,这是卢梭为自己提出的任务。"德性啊! 你就是纯朴的灵魂的崇高科学,难道非要花那么多的苦心与功夫才能认识你吗? ……不是只消反求诸己……谛听自己良知的声音……这就是真正的哲学了,让我们学会满足于这种哲学吧! "②

　　早在康德哲学的前批判时期, 康德在卢梭的影响下就已经开始关注道德问题了。在 1766 年的《一位视灵者的梦》中,康德着重考察了道德与意志之间的关系。康德指出:"在我们里面仿佛有一个外来的意志在起作用。"这种"外来的意志"能够使我们超越一己之私利。"外来的意志"是道德动机的源泉, 康德接下来指出:"由此我们看到自己在最秘密的动机中依赖于普遍意志的规则, 而且由此在所有思维着的物类的世界里产生出一种道德的统一和仅仅依据灵神规律的系统状态。"③著名思想史家施特劳斯认为,康德

---

① 　[法]卢梭:《论科学与艺术》,何兆武译,上海世纪出版集团,2007 年,第 45 页。

② 　[法]卢梭:《论科学与艺术》,何兆武译,上海世纪出版集团,2007 年,第 61 页。

③ 　李秋零主编:《康德全集》第 2 卷,中国人民大学出版社,2004 年,第 338 页。

"普遍意志"的概念直接来源于卢梭的"公意"概念,卢梭使意志"一般化",而康德则更进一步,他要使意志在理性之基础上"普遍化"。对卢梭给予自己的影响,康德本人有一段非常著名的话,康德指出:"对知识有着强烈的渴求,并在这方面有着贪婪的成就欲,同时也为在其中所取得的每次进步而感到满意。我曾经相信,只有知识才是人类的荣誉所在,因而我鄙视无知的庸人。卢梭使我有了自知之明。幻想消失了,我开始学会尊重人,而且如果我认为我所考虑的事情无助于确立一切人的权利和价值,我就会自认不如一个普通劳动者有用。"①但是,当时康德对道德问题的探讨并未找到确定的方法,而后来的《纯粹理性批判》为其道德问题的研究给予了方法论的准备。康德指出:"纯粹理性的一切哲学最大的、也许是唯一的用处的确只是消极的;因为它不是作为工具论来扩张,而是作为训练用来规定界限,而且,它的不声响的功劳在于防止谬误,而不是去揭示真理。"②甚至康德的先验哲学的建构方法也受到霍布斯所开创的西方现代政治现实主义哲学思想理论的影响,此点将在下文予以论述。其次,通过阅读思想史我们发现,现代性问题是启蒙以来所有哲学家以极大的思想精力所关注的问题,根据施特劳斯的分期,康德是"现代性三次浪潮"的第二次浪潮的代表人物,康德认为,以霍布斯、洛克开创的现代自然权利理论为思想前提设计的现代性方案会使人的道德尊严蒙羞。因此,康德给予自己的任务便是在继承卢梭伦理学的基础之上重新为现代性政治社会的道德与政治奠立一个超越一己之私利的超验基础。

但是,我们认为康德哲学的思想方式并未超出霍布斯所开创的现代哲学传统,特别是在思想方式上。康德与霍布斯的相同之处在于,他们都是在接受了现代对哲学的定义——哲学是具有普遍必然性的知识,而非是一种

---

① 转引自[美]列奥·施特劳斯、约瑟夫·克罗波西:《政治哲学史》,李洪润等译,法律出版社,2009年,第585页。

② [德]康德:《纯粹理性批判》,邓晓芒译,人民出版社,2004年,第606页。

理性沉思或者说是对于知识的一种永无止境的求索。在古代哲人那里,理性沉思是人安身立命之方式,玄思的生活可以使人达到不朽的状态,这是柏拉图与亚里士多德等古代哲人的核心观点。但是霍布斯与康德认为,哲学的根基在于实践的方面、主体的方面。霍布斯认为,政治哲学如果想成为科学,那么必然要从人的主观当下欲求出发。康德则比霍布斯更进一步,不单单是实践哲学并且包括理论科学都应该从人的主体出发。康德不但强调"人为自然立法"而且强调"人为自身立法"。他指出:"我头上的星空和我心中的道德法则。我不可以把二者当作遮蔽在黑暗中的或者在越界的东西中的,而在我的事业之外去寻求和纯然猜测它们;我看到它们在我眼前,并把它们直接与对我的实存意识连接起来。"①霍布斯与康德对理论哲学与实践哲学的探讨,都是从作为个体的人出发。笔者无意贬低康德在哲学史上的地位,康德在先验哲学上的贡献毋庸置疑。但是,笔者认为对于康德哲学的解读不能耽于一种视角,而应该把康德置于更为宏阔的思想史当中进行解读。

综上所述,这便是由霍布斯所开创的以现代自然权利为理论核心的政治现实主义传统。由此,我们只能回到霍布斯的政治思想,才能避免片面理解康德哲学。康德是在接受了霍布斯政治现实思想理论前提即现代自然权利理论的基础之上重回古典政治理想主义的方式而为现代政治重新奠定道德基础,而康德这一巨大的理论回溯所产生的巨大理论效果则是把以人权为核心的现代平等政治思想推向巅峰,从而也确立了康德现代自由主义奠基人的地位。

---

① 李秋零主编:《康德全集》(第5卷),中国人民大学出版社,2007年,第169页。

三、从"道德世界"到"政治世界"

后世学者对康德哲学的一个主要诟病是认为其陷入了空洞的"形式主义"。这个指责主要来自黑格尔对康德知识论与道德哲学批评,并极大地影响了后世学者对康德哲学看法。康德的"形式主义"延伸至其政治哲学之中,由此,它的政治哲学是先验哲学巨大理论失败的必然结果。康德"形式主义"的政治后果是将私人的自我意志置于根本地位,以至于将国家的建构理解为平衡私人利益的构成物。我们认为,黑格尔并未理解康德政治哲学本意。可以说,在康德看来国家确实对调和公民之间的目的具有调节作用。从这个意义上来说,康德是一位自由主义政治哲学家。细读康德晚年的政治哲学著作,我们会发现他对法、国家,以及国际正义等现实性问题是极为关注的。黑格尔对康德的批判是不公正的,造成康德哲学的"形式主义"与康德解决现实问题的方式有关,即康德是用"先验"方法把"自由"问题纯化为"道德"问题,从而试图超越霍布斯、洛克所开创的政治现实主义传统对自由的经验主义理解进而将其运用于政治哲学之中以期达到捍卫启蒙理想之目的。由此,我们认为:应该把康德的道德哲学与政治哲学贯穿起来从而在整体上把握其思想本意。本节我们将试图证明,从《道德形而上学原理》《实践理性批判》到晚年的《道德形而上学》等哲学著作之中有一种"形式主义"向实质内容的过渡。但是,我们认为,这是康德先验哲学经验化的一次不成功的努力;其后果是它导致了人之实践领域之内的"道德与政治的二律背反"。康德的这一理论困境也启发了罗尔斯政治哲学。依据罗尔斯的理论,解决康德"道德与二律背反"之困境的唯一出路在于放弃其"形式主义"与"实质内容"的机械性划分而对其"形式主义"进行一种"程序主义"的解释。

（一）自由——道德的先验原理

自由的概念在康德哲学之中具有极为重要的地位。在理论哲学之中，自由与灵魂不朽、上帝构成了作为有限的理性存在者的认识界限。在实践哲学之中，自由是人类伦理、政治领域的先验原理。

"自由的概念，一旦其实在性通过实践理性的一条无可置疑的规律而被证明了，它现在就构成了纯粹理性的、甚至是思辨理性的体系的整个大厦的拱顶石。"[①]对于这句话的深刻意义，我们若从传统形而上学的角度来看，康德的自由乃是重新建构传统形而上学的基础概念。因为相比于灵魂与上帝，自由作为"本体界"的概念虽然在理论理性的领域之内不可认知，但是在实践理性领域却能够通过反思人的道德行为予以确认。因此，其能够作为道德形而上学成为科学的奠基性概念。如若从反思政治现代性的视角来看，康德对自由概念的探讨乃是源自于对启蒙精神的辩护。具体言之，就是以理性之"先验"方法把自由从"经验"领域上升到"先验"领域，并以此为现代道德与政治生活奠定崇高的基础。康德认为，自由乃是一种自成因果性，其不同于自然因果性。康德之前的思想家大都把自由理解为运动的无阻碍状况。如霍布斯认为，"自由一词就本来意义来说，就是没有障碍的情况，我所谓的阻碍指的是运动的外界障碍。"[②]换言之，霍布斯的自由具体是指一个人没有外在的阻碍去做自己喜欢做的事情。洛克对自由概念的描述体现在他的"自然状态"理论之中。洛克认为："那是一种完善无缺的自由状态，他们在自然法的范围内，按照他们认为合适的办法，决定他们的行动和处理他们的财产和人身，而毋需得到任何人的许可或听命于任何人的意志。"[③]由此，我们可以看

---

① 　[德]康德：《实践理性批判》，邓晓芒译，人民出版社，2003 年，第 2 页。

② 　[英]霍布斯：《利维坦》，黎思复、黎廷弼译，商务印书馆，1985 年，第 162 页。

③ 　[英]洛克：《政府论》下篇，商务印书馆，瞿菊农、叶启芳译，1964 年，第 5 页。

出洛克对自由的论述与霍布斯并无本质上的不同，皆是从经验层面上来理解自由。但是，以此种"自由"概念作为人性的原理，自由也只不过是一种自然的因果性。因为它仍然束缚于自然必然性，从而根本无法体现人性的道德尊严。而卢梭则一反上述观点，他认为自由的精髓是"公意"。在卢梭看来，"自然状态"是纯粹的自由状态；但是，当人类进入"社会状态"人便失去了自由。因此，个人必须取法于"公意"方能再度获得自由。而康德把卢梭的"公意"思想上升为"纯粹实践理性"的先验层面。在卢梭的"公意"概念的基础之上，康德对自由进行了重新的界定，认为自由是意志通过遵循其理性法则而决定自身的能力，进而把它提高为道德的先验原理。对此，康德是通过先验批判之方法来完成的。

康德的具体方法是通过限定理论理性的界限进而用实践理性来界定自由概念。按照康德对知识的划分：一切知识划分为理论知识与实践知识。与此相应，自由概念的内涵在康德哲学当中也有两种不同的性质与含义。在康德的理论哲学当中，自由与不朽、上帝是人类认识的终极对象，其作用是"调节性"的，旨在引领理论知识趋向最大的统一性，除此之外，它们没有任何意义。而在康德的实践哲学当中，它们却是道德的"先验"原理，其作用是"规范性"的，而且是形成道德之先天综合判断命题的"模型"。在理论哲学的意义上，康德的自由概念是作为认识论反思时的必要的先验设定，我们对自由本身形成不了任何的普遍必然性知识。在实践哲学层面上，特别是在道德哲学的意义上，自由是道德的"先验"原理；对于实践层面上的自由，我们是可以通过分析人之"善良意志"得出其知识的。1787 年，康德出版的《纯粹理性批判》中的"先验辩证论"的第二卷第二章，在分析第三种"二律背反"时，康德探讨了自由与必然之间的关系。康德在正题中指出："按照自然律的因果性并不是世界的全部现象都可以由之导出的唯一因果性。为了解释这些现象，还有必要假定一种由自由而来的因果性。"①在反题中,康德写道:"没有什么自由,相反,世界上一切东西都只是按照自然律而发生的。"②这里我们需要注意的是,自由概念就其本身的性质来说只是先验性的,即它是理论理性在认知世界过程中的一种必要的假设。一方面,在经验世界之外,若我们不对其给予设定,那么按照充足理由律就无法解释经验世界的起源;另一方面,在经验世界之内,如果对其不做设定,我们就无法解释意志自由的问题。因此,在认识论的层面上,若要使理性自身不陷入矛盾,对自由的设定是一必不可少的条件。但是,在此康德提示我们要尤其注意对自由进行假定的第二方面。因为,它关涉到理性的"实践利益"即人的道德责任与宗教信仰问题。康德指出:"自由的先验理念虽然远没有构成这一称号的心理学概念的多半是经验型的全部内容,而只是构成行动的绝对自发性的内容,即行动的可归咎性的真正根据。"③康德在这里关于自由概念对于人的道德实践的意义的探讨还只是预备性质的;在更多的意义上,这里的自由概念还是作为对人认识的反思的必要假设之一。在根本性质上它们只是一种作为"物自身"的"调节性"的理念,其主要的功能是引导人们的认识向无限推进。与此同时,康德也明确指出了这三个对象对人的道德实践方面的重要意义。"即如果意志自由、如果有上帝和来世,那么应该做什么。既然这涉及我们与最高目的相关的行为,那么,明智地为我们照相的大自然在安排我们的理性时,其最后意图本来就只是放在道德上的。"④"这是康德第一次宣示先验研究在'最高目的'这一契机上必然进入道德问题的领域。"⑤在这里,康德首次明确指出,自由概念对人之道德的重要意义。

---

① [德]康德:《纯粹理性批判》,邓晓芒译,人民出版社,2004 年,第 374 页。
② [德]康德:《纯粹理性批判》,邓晓芒译,人民出版社,2004 年,第 374 页。
③ [德]康德:《纯粹理性批判》,邓晓芒译,人民出版社,2004 年,第 376~377 页。
④ [德]康德:《纯粹理性批判》,邓晓芒译,人民出版社,2004 年,第 609 页。
⑤ 张盾:《马克思的六个经典问题》,中国社会科学出版社,2009 年,第 307~308 页。

康德对道德问题的探讨是从"善良意志"开始的。康德在《道德形而上学原理》开篇指出,"在世界之中,一般地,甚至在世界之外,除了善良意志,不可能设想一个无条件善的东西。"①以此为出发点,康德依次探讨了通俗的道德哲学、道德形而上学、实践理性批判。康德对道德问题的探讨与对认识论问题的探讨相似。《纯粹理性批判》是立足于自然科学的事实而检讨人的认识能力。道德哲学是立足道德现象来考察人之实践理性能力。众所周知,在认识论的层面上,康德哲学从主体出发,实现了一场认识论上的"哥白尼式革命",提出"人为自然立法"的知识论原则;在道德哲学层面上,康德提出"人为自身立法"。深入人的主体结构来探讨人的认识能力与道德能力是康德哲学的主要特色。1785 年,康德发表《道德形而上学原理》,1788 年出版《实践理性批判》。康德完成了先验伦理学的建构。最终,把自由确定为道德的先验原理。康德认为:"在实践的理解中的自由就是任意性对于感性冲动而来的强迫性的独立性。"②

关于道德与自由的关系,康德认为:"自由诚然是道德法则的,道德法则却是自由的认识理由。因为如果道德法则不是预先在我们的理性中被明白的思想到,那么我们决不会认为我们有正当理由去认识某种像自由一样的东西(尽管这并不矛盾)。但是,假使没有自由,那么道德法则就不会在我们内心找到。"③因而,"自由即是理性在任何时候都不为感性世界的原因所决定"④,自由乃是理性的本质,其特征在于理性可以为自身立法。康德指出,自由"这个理念通过道德律而启示出来了"⑤。康德把"道德律"分析为这样一条形式化法则:"你自己所遵循的任何准则都应该同时能够成为普遍

---

① [德]康德:《道德形而上学原理》,苗力田译,上海世纪出版集团,2005 年,第 8 页。

② 转引自邓晓芒:《康德哲学诸问题》,生活·读书·新知三联书店,2006 年,第 194 页。

③ [德]康德:《实践理性批判》,邓晓芒译,人民出版社,2003 年,第 2 页。

④ [德]康德:《道德形而上学原理》,苗力田译,上海世纪出版集团,1986 年,第 107 页。

⑤ [德]康德:《实践理性批判》,邓晓芒译,人民出版社,2003 年,第 2 页。

的法律。"①康德认为，以此作为人之道德的"先验"原理，能够捍卫人作为"理性存在者"的高贵的道德德性。

(二)理想下降为现实——先验道德的经验化

在《道德形而上学奠基》《实践理性批判》之中，康德将自由作为道德的最高原理而将其推进到"先验"层面。从整个先验哲学的理论架构来看，康德的理论意图在于实现从理论理性到实践理性的过渡，使得理论理性从属于实践理性。原因在于在理论理性领域之内，知识的确定性来源于认识主体的先验构造，其确定性来自于先天范畴，以此为基础，我们无法构建科学的形而上学。在实践领域之内，自由作为道德的先验原理具有客观性。由此，至少道德形而上学是可能的。但是，正如前文所述，康德的这一理论构造不仅是构造"未来形而上学"的理论需要，还是证成自由作为其先验哲学体系的"拱顶石"地位。从政治哲学的观点来看，康德目的在于克服霍布斯、洛克所开创的现代政治哲学传统即政治现实主义所导致的道德与政治之间的紧张关系。在康德看来，现代政治哲学的理论困境在于将政治哲学的核心概念即权利概念奠定在经验主义基础之上，其不足之处在于缺乏普遍性，以其为基础构造的政治共同体不具有道德性也缺乏稳定性。康德哲学的伟大贡献在以其道德形而上学为基础为现代政治哲学的核心概念即自然权利理论给予先验构造，而从"自然状态"向"公民状态"过渡政治哲学之反思模型必须立足于纯粹实践理性的基础之上。康德认为这一过渡是人的无条件的义务。

从思想史的视角看，康德伦理学源自于卢梭的政治哲学。正是卢梭的"公意"概念决定性地启发了康德。而卢梭则试图以"公意"来超越政治经验主义，但康德看来，"公意"远没有达到超越经验的纯粹性。因此，必须将之进

①　[德]康德：《道德形而上学原理》，苗力田译，上海世纪出版集团，1986年，第87页。

行先验改造,即将"公意"上升为纯粹实践理性。由此康德为权利(正义)注入先验要素。康德的这一伟大的理论努力使得政治哲学在现代哲学的基础之上重新获得了古典政治哲学的理想主义气质。他以一种先验观念论的方式介入现代政治哲学的思考模式,即以自然权利为基础重新思考如何从"自然状态"向"公民状态"过渡这一伟大的启蒙历程。

在康德看来,权利概念包括三个方面的含义。首先,它只涉及一个人对另一个人的外在的和实践的关系。其次,它标示一个人的自由行为和别人的自由行为之间的关系。最后,在不考虑意志行为的内容的前提之下,一个人的自由与另一个人相协调。①由此,我们可以大体上得出这样一个结论,即在康德那里,自由是权利的基础,是不可剥夺的天赋人权。权利的核心要义在于其乃是自由人的主体间性关系,这种主体间性之间的关系构成了自由活动的主要边界。因此,在康德看来,权利的普遍法则为:"外在地要这样去行动:你的意志的自由行使,根据一条普遍的法则,能够和所有其他人的自由并存。②在康德那里,政治哲学的主要问题则变成了"先天综合的法(权利)的命题是如何可能的?"在霍布斯的政治哲学之中,其权利概念主要是指生存权,它不足之处在于这种生存权预设了人与人之间的冲突是其存在状态,其主要缺点在于,霍布斯的立场完全是经验主义的、心理主义的。洛克承接霍布斯这一对权利的经验主义解释,认同生存权是对人类最为重要的自然权利。洛克将生存权利分析为人的自我保存的权利。

根据施特劳斯的理解,现代自然权利对古典自然权利的颠覆是人权对自然法的取代。人权概念的核心在霍布斯、洛克看来则是奠基于自由的基础之上。在康德看来,将权利奠基于自由的基础之上本身并无问题,问题是我

---

① [德]康德:《法的形而上学原理——权利的科学》,沈叔平译,商务印书馆,1991年,第39~40页。

② [德]康德:《法的形而上学原理——权利的科学》,沈叔平译,商务印书馆,1991年,第41页。

们如何理解自由。霍布斯、洛克理解的自由仍是经验主义的自由,而不是真正意义的自由,真正意义上的自由乃是先验意义上的作为道德原理的自由,表现为"绝对命令"。因此,必须以此种先验自由作为权利概念的基础进而构造的政治哲学才能称之为真正意义上的政治科学。但是,我们应该强调的是,康德虽然认为政治哲学奠基于纯粹实践理性之上,但是我们应该避免用一种应用伦理学的视角来理解其政治哲学即政治哲学并非是康德道德哲学在政治领域的应用,政治制度也绝非是工具意义上的实现我们某种特殊生活方式的手段。为此,康德严格地区分了道德形而上学与关注人性的道德人类学。在康德看来,在道德上要求法律与正义是一种义务是无条件的。之所以如此,是因为作为康德政治哲学的核心概念,即作为一个法权问题,每一个人都有权成为自己的主人,这是在不依附于其他特定人格之任意这一对比意义上来说的。

康德晚期的政治哲学是将其先验道德哲学充实经验内容的巨大努力。康德对政治哲学的反思乃是依据其先验哲学的建筑术,以纯粹实践理性即先验自由为基础而构造关于权利的科学体系,在这一科学的体系之下,每一个人的自由与所有的人的自由和谐有序。康德这一伟大的理论努力在挽救现代性的意义上是非凡的。康德以先验的方式为现代自然权利理论注入了目的论,从这个意义上来说,他是以更为现代的方式回到了古典理性主义传统。

康德构造其政治哲学体系的核心概念是权利概念。但是,与霍布斯、洛克将权利理解为生存权不同,康德所理解的权利是一个归责概念,即作为把责任加于其他人的一种根据,其实质是义务,它是我们识别自由的路标。由此,我们可以说康德对自由权利的理解并非是"绝对命令"在政治领域的简单拓展,我们应该反对这样一种应用伦理学的观点,因为这只会将康德的政治哲学从属于道德哲学。康德政治哲学思考的出发点并非是个体主义的,而是主体间性意义上的。康德所思考的问题是每一个人的自由与所有人的自由相兼容的体系问题。为此，康德严格地区分了"法权"与"伦理"。伦理行为取决于行动所依据的准则；而法权行为只取决于个人之间互动的外在形式。伦理行为的核心要义在于，与处于道德性核心的自律相协调的唯一动机必须是道德性本身；而法权行为能够被他人给予的动机而引发。康德说："一切义务或者是权利的义务，即法律上的义务；或者是善德的义务，即伦理上的义务。法律义务是指那些有外在立法机关可能规定的义务，伦理义务是上述立法机关所不可能规定的义务。"①伦理行为的目的内在于义务之中，而法律的义务则指向行为的外部条件。因此康德政治哲学致力实现的目标，乃是人作为自由的个体所必须遵循的规范性结构，或者我们可以说其乃是自由秩序，而这种以规范性结构或者自由秩序为目标的政治哲学必然奠基于权利的基础之上。因此，这也就是为什么康德将其政治哲学称为权利的科学。

在康德看来，权利作为主体间性具有三方面的含义，在理论层面上的人与人的外在关系，在实践层面的自由行为之间的关系，以及在不考虑意志行为内容的一个人与另一个人的自由相协调的问题。"因此，可以理解权利为全部条件，根据这些条件，任何人的有意识的行为，按照一条普遍的自由法则，确实能够和其他人的有意识的行为相协调。"②在此基础之上，康德提出了权利的普遍法则："外在地要这样去行动，你的意志自由的行使，根据一条普遍法则，能够和所有其他人的自由并存。"③由此，我们可以看到，权利的普遍法则解决的每个主体的自由的兼容性问题。权利的这一普遍性的法则本身并不是一条伦理原则，它不要求我们将其理解为我们的行为动机而将其应用于对我们自由的限制，因此它只是要求我们外在行动合法性在于与每

---

① ［德］康德：《法的形而上学原理——权利的科学》，沈叔平译，商务印书馆，1991年，第10页。

② ［德］康德：《法的形而上学原理——权利的科学》，沈叔平译，商务印书馆，1991年，第40页。

③ ［德］康德：《法的形而上学原理——权利的科学》，沈叔平译，商务印书馆，1991年，第41页。

一个人的自由相协调。我们把普遍性的法则理解为一种交互性的强制性的结构。权利与强制具有同一性。强制性是对权利的普遍法则的先验的直觉描述。康德用物理学的作用力与反作用力做类比来说明权利概念。康德说："于是权利的法则可以说是权利概念的典型结构，也就是根据作用与反作用的平衡的物理法则，对于物体自由活动的可能性进行了类比的研究，然后用一种纯粹的心灵的直觉来说明它。"①法权的普遍性原则作为自由的交互强制性结构仅是一条形式原则，其并未向我们说明人们具体拥有什么权利，因此必须为其注入实质性的内容。康德的论证如下：

法权的普遍原则产生了每个人对自由的"内在法权"，这一"内在法权"引向支配着个人互动的私人法权，然后引向要求建立宪政国家的公共法权、物权法、契约法及宪政分权。

在康德看来，权利一般可划分为"自然的权利"和实在法规定的权利，前者是内在法权，又被康德称为"内在的我的和你的"。自由的内在法权是衍生出诸法权的基础，每个人享有的反对其他人的法权必须源自于自由的内在法权。"内在的我的和你的"又被康德称为天赋的权利。康德说："只有一种天赋的权利，即与生俱来的自由。"②康德从两个方面阐述了人性中的内在法权。首先，每个人都有权独立于他人，没有人生来就是主人或者奴隶，因此每个人享有法律意义上的平等的法权。其次，内在的法权还包括合法权的正派。康德将罗马法学家乌尔比安的"正派的活着"解释为不要让你自己成为他人的单纯手段。"内在的法权"支配着个人自由的互动，但是内在法权所阐释的独立性则是不完整的独立性。因为它仅仅规定了一个人对自己的人格享有权利，因此自由想要获得实在性必然要向外拓展。在康德看来，其拓展必然涉及政治生活的两大领域，一个是"私人法权"，它规范着所有权、契约

---

① ［德］康德：《法的形而上学原理——权利的科学》，沈叔平译，商务印书馆，1991年，第43页。
② ［德］康德：《法的形而上学原理——权利的科学》，沈叔平译，商务印书馆，1991年，第50页。

和身份范畴;另一个是公共法权领域,它规范着国家立法权的法律领域,包括宪法、刑法和赋予国家警察权的公共职能。所有权问题所要回答的是关于物权的问题,即一个人对物的合法性占有。契约关系回答的是缔约双方独立互动并达成合意。身份关系是契约关系的映象,它涉及的是一个人占有而非使用一个人的情况。康德将上述问题全部归结为所有权问题。康德的所有权不同于洛克的观点,将其理解为个人与个人的关系,而非个人与物之间的关系。但是在康德看来,没有公法制度的所有权的取得只能被理解为暂时的。康德讲到,把某种外在的东西作为自己的来拥有,这唯有在一种合法权的状态下,在一种公共立法的权威下,亦即公民状态下才是可能的。因此,必须从"私人法权"过渡到"公共法权"。

在康德看来,"公共法权"的最高原则是法律必须是由人民制定的,以此为基础产生了国家的一系列公共权力,并产生了限制权力所使用的方式。

霍布斯、洛克对作为政治哲学的核心问题即自然权利理论做了经验主义的理解,将自然权利改写为人权。他们完成了现代政治哲学对古典政治哲学的反转,从而也导致了现代政治与道德之间的冲突。而康德则从理性主义角度理解自然权利理论,那就是将自由的理解的先验化,其完全改变了自然权利的核心要义。将自然法(权利)转换为自由法。自由是对自然的彻底超越,是唯一的天赋人权。康德完成了这一伟大的革新,将人性自然理解为道德人格,成为自我负责的主体。为此,康德开始在人权的先验原理的基点上开始构造其法、国家和正义理论。

正如茨威格指出:"康德于1785年完成《道德形而上学原理》时,他确信自己在很短的时间里完成《道德形而上学》。"[①]但是,康德的后一著作直到1797年才得以完成,时间之长,饱含着把其道德哲学运用于政治哲学的思想

---

① Kant, *Philosophical*, *Correspondence*, University of Chicago Press, 1967.

努力。在这一部著作的第一部分,即《法的形而上学原理——权利的科学》之中,康德运用其"先验"的方法把其道德的"形式化法则"运用在对法的基本原理的演绎之中,并在其"公共权利"部分,以及在《永久和平论》之中,依据其道德之"形式化法则"对共同体进行了先验的构想。

像所有伟大的政治哲学家一样,康德对政治哲学问题的思考开始于对自然权利的思考,康德承接的是霍布斯、洛克、卢梭的伟大哲学论题。不过,与上述思想家不同,康德的自然权利理论是以先验的纯粹理性为根本依据,按照先验哲学对传统的自然权利理论进行了观念论的革新,其依据及实践理性的"先验"方法剥除了自然法的经验性成分。自然权利的先验含义就是实践理性即自由。"自由是独立于别人的强制意志,而且根据普遍的法则,他能够和所有人的自由并存,它是每个人由于他的人性,而具有的独一无二的、原生的、与生俱来的权利,当然每个人都享有天赋的平等,这是他不受别人的约束的权利,但同时这种权利并不大于人们可以彼此约束的权利,可见,这是每个人生来就有的品质,根据这种品质,通过权利的概念,他应该是他自己的主人。"①因此,自由乃是人之唯一的天赋的权利。但是,它既不是经验的,也不是立法机关赋予个体的,而是来源于人与生俱有的实践理性能力,即人自主地、独立地选择自己行为的能力。它犹如罗尔斯意义上的"正义感"是一种天然的公正能力。除此之外,这种权利也意味着主体之间的限制性关系,在这个意义上来说,权利也意味着权限。总之,在康德看来这样的权利是"内在的我的和你的"。

据此康德认为:"任何一种行为,如果它本身是正确的,或者它依据的准则是正确的,那么,这个行为根据一条普遍法则,能够在行为上和每一个人的意志自由同时并存。"②康德认为,这是权利的普遍原则,也是我们处理权

① [德]康德:《法的形而上学原理——权利的科学》,沈叔平译,商务印书馆,1991年,第50页。

② [德]康德:《法的形而上学原理——权利的科学》,沈叔平译,商务印书馆,1991年,第40页。

利关系的先验原理。康德哲学改变了现代政治哲学的基本模式,即从"自然状态"过渡到"社会状态"。在康德看来,自然状态缺少的是一种非暴力的冲突解决规范,在其中每个人都在做着他认为是好而合法的事情,它是一种规范缺失的状态。在自然状态之中,每个人都是自己的立法者。因此,在缺少公共法权的"社会状态"依然可以是一种"自然状态"。如若从实践理性的角度去思考这样一种问题模式,与"自然状态"相对立的"社会状态"应该是"文明状态"。没有公共法权维护"我的和你的"社会状态依然被认为是"自然状态"。由此,作为现代基本哲学问题的从"自然状态"过渡到"社会状态"的模式,在康德政治哲学之中则变成了如何由"个人权利的状态"过渡到"公共权利的状态"。质言之,康德的政治哲学并非是探寻从"自然状态"过渡到"社会状态"的历史事实问题,而是立足于实践理性反思政治共同体建构的合法性程序。让我们按照康德的思路阐释这一哲学思想。

康德将个人权利阐释为,在不需要公共法律的情况下,在何种意义上,外在于我的物是属于我的? 换句话说,我占有一个物体的合法性来源来自何处? 康德将外在于我之物属于我的分析为"占有"这一概念。而占有概念在康德看来可以分为感性的"占有"和理性"占有"。感性的占有受制于时间与空间,我们可以在时间或者空间上找到它。而理性的占有则是超越时间与空间的。根据康德的道德普遍性原理,我们如果将任意一物品作为我的财产是可能的这一准则普遍化为客观的法则,则会产生一个重大的矛盾,这就是准则与权利的矛盾。因为任何无主物都可以变为每一个人的财产,也就不存在一个人对其合法性占有了。因此,要使一物成为我的,我们将其仅置于我们的控制力量之下是不够的。这样的占有遵循的是一种经验性的原则。如若从理性的原则出发,对一物的占有并非是阐释的是人与物之间的关系,而是人与人之间的关系。因此,在康德看来:"把在我意志的自由行使范围内的一切对象,看作客观上是'我的或你的',乃是实践理性的一个先验假设。"①

由此,在《永久和平论》之中,康德认为正义的要求是:具有理性的感性存在者不应该生活在"自然状态"而应该进入"法治状态"。但是,这只是从实践理性的"形式化法则"推出的原则,只是形式性的;康德不是法的实证主义者。在康德看来,我们必须确立实在法以弥补自然法的立法权。而实在法也称人定法,它渊源于立法者的意志,乃是国家根据自然法的原则制定的法律。进而康德又将实在法分为公法和私法。公法是公共权利的法则,它包括那些需要外在颁布的为了形成一个法律状态社会所有的法律制度。公法还是指民族与民族之间、国家与国家之间,以及为了维护国家生存的与公民政治权利有关的法律,即现代意义上的宪法、刑法、国际法等。所谓私法是指涉及个人权利,主要是公民财产私有权的法律,如民法、商法等,它是无需普遍公布的法律制度。康德指出,在没有法律的"自然状态"下,人们受感性冲动的驱使必然会滥用自由,只有在公共强制性法律的限制下,人们才能获得真正的自由。

在1795年发表的《永久和平论》中,康德依据其法的形而上学原理推演出了其理想国家的政体。康德认为,一个合法的国家的体制应该是共和制。康德指出:"由一个民族全部合法的立法所必须依据的原始契约的观念而得出的唯一体制就是共和政体。"②为此,康德选择共和制作为国家的根本体制在于下述理由:"这首先是根据一个社会的成员的自由原则,其次是根据所有的人对于唯一共同的立法的依赖原理,第三是根据他们(作为国家公民)的平等法则而奠定的。因此它本身就权利而论,便是构成各种公民宪法的原始基础的体制。"③从这里我们可以看出,康德认为:共和制国家中,公民通过

① [德]康德:《法的形而上学原理——权利的科学》,沈叔平译,商务印书馆,1991年,第55页。

② [德]康德:《历史理性批判文集》,何兆武译,商务印书馆,1990年,第109页。

③ [德]康德:《历史理性批判文集》,何兆武译,商务印书馆,1990年,第110页。

社会契约实现了公民的自然权利即自由，而人作为公民具有法律保障下的自由与平等的权利。因此，"共和体制具有出自权利概念的纯粹来源"①。而作为康德的后学，罗尔斯依循其思想而设计国际政治理论之时，在《万民法》之中，同样诉诸了自由民之间的契约理论。可以说，其理论思路来自康德哲学。在这里我们需要指出的是，康德的政治哲学虽然来源自于卢梭的社会契约论理论，但是康德的共和制政体并不是卢梭主张的那种直接民主制的共和制，而是遵循行政权力、立法权力和行政权力相分离的政治原则；因为这可以在最大的程度上消除专断。此外，康德还主张共和国应该施行一种代议制。康德说："凡不是代议制的一切政权形式本来是无形式。"②代议制相比于直接的民主共和制的优越之处在于，其能够防止国家的统治者对"公意"的滥用。康德说，专制主义原则就是国家独断将公共意志当作私人意志来处理的国家原则。③康德怀有一种启蒙的理想和希望，人们将逐渐达到这样一种阶段即他们将能够自己创造一种完全基于权利的法治政体。④

(三)"道德与政治的二律背反"

康德的政治哲学实质是关于权利的科学、法律的哲学及历史的哲学。但是，它们是奠定在康德的道德哲学基础之上的。我们不能同意这样的一种观点，即认为康德的政治哲学是完全独立于其道德哲学的。原因在于，康德的终极意图是用道德引领政治。因此，他的权利的科学、法律的哲学，以及历史的哲学必须严格地由道德哲学推导出来。但是，正是康德将理论理性的运用严格限定在经验领域，而不能用作超验的运用。因此，他们都面临因为超验

---

① ［德］康德：《历史理性批判文集》，何兆武译，商务印书馆，1990年，第110页。
② ［德］康德：《历史理性批判文集》，何兆武译，商务印书馆，1990年，第111页。
③ ［德］康德：《历史理性批判文集》，何兆武译，商务印书馆，1990年，第108页。
④ ［德］康德：《历史理性批判文集》，何兆武译，商务印书馆，1990年，第108页。

运用的"二律背反"的困境。康德的政治哲学作为其实践哲学的重要组成部分依然面临此种困境，康德称之为"道德与政治的二律背反"。

康德确实以他的先验方法提升了政治的道德品质。但是同样真实的是，其政治在某种程度上也脱离了道德。在权利科学之中，最为重要的道德义务成为在道德上的中立的权利。权利成为人的外在自由的边界，而在边界之内行不义之事并非是不道德的，只要它能够与人的外在自由相融。在历史哲学之中，人类由"自然状态"向"法治状态"过渡是靠人的"非社会性的社会性"的天意实现的，政治起源并非完全是道德的，因此进步是康德历史哲学的重要公设。为解决这一问题，不论是在《判断力批判》之中对于"审美判断力"的模态范畴原理的"共通感"的阐述，还是《永久和平论》之中对"公共性"思想的阐明，以及《世界公民观点之下的普遍历史观念》对历史目的论的探讨，都体现了康德为解决此问题的理论努力。

康德对道德与政治之间的冲突的经典表述主要体现在其晚年的重要的政治论文——《永久和平论》之中。其附录第一部分的标题为：从永久和平的观点论道德与政治之间的分歧。①康德用两句格言，具体形象地描述了先验道德与经验政治之间的巨大张力性关系。康德说："政治的格言是聪明如蛇，道德的格言是诚实如鸽。"②这两句格言意在指出，政治与道德诉诸不同的准则，因而二者归根结底是相互冲突的。但是，在康德看来，这并非是一道无解的难题。康德贯彻了实践理性优先于理论理性的原则。那就是在任何情况之下，这个难题都能够通过前者绝对服从后者而得到解决。政治必须奠定在义务的基础之上。当政治与道德爆发冲突，道德将以独特的方式来解决这一冲突，那就是贯彻一种形式主义原则。康德指出："尽管诚实是最好的政策这个命题包含着一种理论，可惜是一种实践常常与之相矛盾的理论。然而同样的

① ［德］康德：《历史理性批判文集》，何兆武译，商务印书馆，1990 年，第 134 页。

② ［德］康德：《历史理性批判文集》，何兆武译，商务印书馆，1990 年，第 134 页。

理论命题:诚实要比任何政策更好,则是无限地高出于一切反驳之上,而且确实是一切政策必不可少的条件。"①由此,康德进一步将"政治的道德家"与"道德的政治家"相对比。前者的本质使得道德服从于政治,后者是通过对于义务的认识而采取政治行动的。我们看到,康德拒斥了以马基雅维利、霍布斯为代表的政治现实主义的观点,即使得道德臣服于政治而赞成以实践理性为基础的道德格言:"哪怕世界消灭,也要让正义实现。"②

我们认为,道德与政治的冲突在康德的"权利科学"之中有所体现。在《法的形而上学原理——权利的科学》之中,他严格地区分了法律义务与德性义务,并明确了权利优先于道德。法律的义务应用于人的外在行为,服从立法的外在制约。德性的义务则用于行为的内在准则,用于趋向某种目的的内在的意志。在康德那里,虽然法律的义务与外在自由有关,但是却优先于德性义务。换言之,我们在考虑他人的幸福之前必须先关心他人的权利。德性作为内在自由的品质是有条件的义务。而按照康德的《道德形而上学》之中的观点,尊重他人的权利则是神圣的、绝对的义务。康德的这一伟大的理论努力乃是为了克服现代政治现实主义的道德与政治之间的分裂。比如霍布斯、洛克以个人权利出发,推导政治的合法性根据是不成功的,因为其必然导致政治缺乏公共精神或者道德基础而面临不稳定的危险。因此,我们必须首先从他人的自由的边界即权利的整体即人与人之间的权利相融原则出发确定政治的合法性。但是,康德并没有从根本上解决道德与政治的二分。比如在康德看来,在允许在权利界限之内,人们有撒谎的权利,而按照康德的道德学说此种行为是绝对不允许的。导致上述问题的原因在于,康德修改了古典自然权利观念,那就是自由取代自然,自然权利变成了自由的权利,权利确实是保护自由的边界,同时也使得个人成了堡垒。但是,以权利构造

① [德]康德:《历史理性批判文集》,何兆武译,商务印书馆,1990年,第135页。
② [德]康德:《历史理性批判文集》,何兆武译,商务印书馆,1990年,第144页。

自由的体系将不会保证政治的道德性。因此，自由成了人的内在品行，而政治哲学变成对于权利秩序的追求。以此种观点看来，反对人民有革命的权利便成了理论上的必然。在康德看来，国家的合法性来源于"原始契约"。当现行的法律在很大程度上既不符合权利原则也不符合道德原则的时候，重建政治秩序就成了普遍的道德要求，但是道德又同时要求服从不正义的法律。道德不允许以暴力同不道德做斗争，它禁止用不道德的手段来达到道德目的。那么如何来解决道德与政治之间的内在冲突呢？

为此，康德从"公共权利"的先验观念论角度论述了政治与道德的内在一致，这便是康德提出的"公共性"原则。这一原则的表述是："凡是关系到别人权利的行为准则与公共性不能一致的，都是不正义的。"①它可以用来识什么东西对人是非正义的。例如他可以在国家权利和国内权利方面解决人民是否有暴力反抗暴君的权利的问题。"人民的权利受到了损害，而他（暴君）被推翻也并没有任何不正义；这一点是毫无疑问的。可是臣民方面要以这样的方式来追求自己的权利，则没有什么是在最高的程度上比这更加不义的了。并且如果他们在这场斗争中失败而且随后必定因此遭到最严厉的惩处，他们也就同样地不能尤愿不正义。"②在康德看来，这一反抗的权利会自相矛盾。如果国家的合法性来源于以公民权利为基础的社会契约，那么反抗的权利则本身是不可能的。因为这样会预设公民权利具有更高的来源，结论与前提会产生矛盾与不一致。因此，"反叛的不义，就由于如下一点可以了然了，即这条准则本身由于人们公开加以拥护就使得他自己的目标成为不可能"③。与此相反的是，最高权力对任何积极抵抗行为的禁止可以将之公诸于众，"公共性"并不会为统治者构成损害，因为最高统治者是权利的最高来源。

---

① ［德］康德：《历史理性批判文集》，何兆武译，商务印书馆，1990年，第148页。
② ［德］康德：《历史理性批判文集》，何兆武译，商务印书馆，1990年，第148~149页。
③ ［德］康德：《历史理性批判文集》，何兆武译，商务印书馆，1990年，第149页。

因此，我们可以说"公共性"是政治成为道德的政治的必要条件。其标准如同"道德法则"一样仅仅是形式上的，其论证的力量来源于逻辑上的矛盾律。不公正的法律公之于众并不一定会导致所有人的反对，因为并非所有的人都具有同等的理性的反思能力。换句话说，并非所有人都是在理性上成熟的、被启蒙了的。为此，康德提出了"公开性"这一积极原则，这一原则的积极表述是："凡是（为了不致错失自己的目的）需要有公开性的准则的，都是与权利和政治结合一致的。"①而这一积极的原则指向了人类的理性启蒙。因为只有启蒙了的理性的主体，即作为平等、自由的公民才能通过理性的"公开性"运用方能识别制度的社会正义性。由此，我们看到，康德政治哲学下的理性主体已经不是《纯粹理性批判》与《实践理性批判》之中那个反思性的主体，而是一种从事理性的公共运用的主体间性。其实，在《判断力批判》这部作为沟通自然与自由领域的伟大著作中，康德对于关于鉴赏判断的模态范畴原理即"共通感"理念的回答为已经为理性的公共运用提供了指引线索。（在第二章第三节已有论及，在此不再详述）

但是，理性的公开运用诉诸的一个前提必然是已经是摆脱了"自然状态"的"法权状态"，因此"法权状态"是实现理性公共运用的必要条件。因为"自然状态"之下，主权者因为力量强大到足以使得臣民绝对地服从，以至于可以公开其不正义的计划，那么其准则也是可以公开的。因此道德与政治的冲突这一问题再次出现。那就是实现由"自然状态"上升为"公民状态"是人类无条件的义务。因为只有在"公民状态"能够实现所有人的意志的联合，是真正的和平状态。但是实现所有人的意志的联合的前提是我们的个人意志必须上升为共同意志，而这是作为有限的理性存在者无法做到的，因此康德接受了霍布斯的观点："除非是通过强力而告开始，随后公共权利就建立

---

① ［德］康德：《历史理性批判文集》，何兆武译，商务印书馆，1990年，第154页。

在它那强制的基础之上。"①因此,政治的起源是不道德的。那么,道德如何能够与政治相统一? 康德诉诸历史哲学作为连接道德与政治的中介。但是,因为康德哲学的先验哲学的前提"现象"与"物自体"的二分,使得历史哲学本身成为了难解的理论问题。因此康德不得不对历史哲学做了"目的论"解释,而"进步"成为历史哲学的重要公设。

历史哲学理论任务在于,指出道德与政治相统一的"法治状态"是历史进步的主要方向。康德指出,如果人类在道德上不是趋于进步的,或者认为进步是不可能的,那么道德本身就会失去其崇高意义。因此,历史的任务就在于促成理性与文明的兴起。需要我们注意的是,康德所谓的历史的进步并非是源自于人的道德行为,即不是人的意识行为造成的。历史的进步是由于"天意"或者是大自然的"隐秘计划"。因此康德的历史哲学是应其道德哲学的要求而提出来的,其主要价值是实践方面的。在康德那里,历史的进步类似于《实践理性批判》之中的"公设",与之不同的是,它是为了保障"德福一致"的先验设定以消除"实践理性"之中的"二律背反"。而历史进步的"天意"则是为了统一自由与道德、美德与幸福。但是自相矛盾的是,如果历史哲学以"天意"的形式出现就不能称其为历史哲学了。历史哲学成为站在道德观点上的对人类经验事实的观察,并试图通过历史的回顾去寻找人类向和平、法治和道德进步的迹象。在康德看来,自然是利用人性自私的倾向来实现自己的"隐秘计划"的。康德认为,人区别于动物最为本质的规定是理性,它是造物主赋予人身的最大秉赋,人的"天命"在于把他发展起来。康德说:"这些自然秉赋的宗旨就在于使用人的理性, 他们将在人——作为大地之上唯一有理性的被创造物——的身上充分发展出来, 但却只能是在全物种的身上而不是在各个人的身上。"②理性之运用只能在社会中实现,因为社会中的

①　[德]康德:《历史理性批判文集》,何兆武译,商务印书馆,1990 年,第 135 页。

③　[德]康德:《历史理性批判文集》,何兆武译,商务印书馆,1990 年,第 4 页。

"对抗性"将会更加促进理性之繁荣,社会中的"虚荣心""权力欲"贪婪心驱使他们为自己争得一席之地。如此,"就出现了由野蛮进入文化的真正的第一步,而文化本来就是人类社会价值之所在;于是人类的全部才智就逐渐地发展起来了"①。在历史的过程中,秩序产生于冲突,和平产生于战争,公益产生了私利。

如果说《实践理性批判》所探讨的"物自体"领域回答了人在来世可以希望什么,康德则是以上帝的存在、灵魂的不朽予以支持和保证。同样,康德也认为这两大领域即使没有一种直接的联系,也具有一种间接的联系。而康德对法律问题、政治问题以及历史问题的讨论使得他能够证明人在尘世能够希望什么? 康德政治哲学的一个重要任务在于如何连接道德与政治的两大领域。但是,二者的中介即历史本身对康德来说是成问题的。由此,"道德与政治的二律背反"必然是康德政治哲学难以解决的理论问题。

康德对现代政治问题的解决方式是,试图按照先验的观念论的原则超越现代政治科学之经验主义所导致的道德与政治之间的冲突,从而实现道德与政治的统一。在康德看来,霍布斯、洛克对自然权利的经验主义解释不仅使得人类的政治生活失去了崇高的道德尊严,而且也使得以私利为基础的政治共同体缺乏稳定性。在康德看来,解决此问题的根本途径在于将政治奠定在纯粹实践理性即先验的道德基础之上。但是,康德的这一从先验道德向经验政治的下降必然导致"道德与政治的二律背反",这正是康德先验方法论使然。而对此问题的解决必然将使最好政治推向彼岸世界。

由此,康德哲学终究没有能够解决道德与政治之间的冲突问题,根本原因在于康德哲学的出发点就是"自然"与"自由"、"道德"与"幸福"的决然对立。而当先验的道德向经验领域拓展的时候,康德诉诸的是他独特的历史哲学。但是,历史本身对康德哲学来说就是一个悬而未决的问题。

① ［德］康德:《历史理性批判文集》,何兆武译,商务印书馆,1990 年,第 7 页。

第四章　罗尔斯:良序社会

　　罗尔斯将其政治理想描述为以"公平的正义"作为总原则来规导"社会基本解构"的社会。他将其理解为"良序社会"。罗尔斯的正义理论在以往的政治哲学理论研究成果之上,试图在经验与先验之间寻求最佳平衡。从反思现代性的视角来看,罗尔斯的政治哲学是在康德哲学的基础之上,对现代政治一次强有力的辩护,以回应激进主义、保守主义及自由主义内部的批评。罗尔斯的政治方案是,在遵循康德哲学的基本原则之下,在"建构主义"方法的基础之上对康德道德哲学进行一种"程序主义"的阐发。罗尔斯期望建立一种"康德式"的正义理论。罗尔斯的理论意图是在 20 世纪"拒斥形而上学"的思潮之下,重申实践理性,进而为自由民主制度提供道德奠基,从而捍卫其正当性与合法性。为此,罗尔斯改造了现代政治哲学之核心理论的社会契约论,并使之上升到更为抽象的层面,特别是"自然状态"理论。罗尔斯将"自然状态"理论改造为"原初状态"理论来回应康德哲学的"先验主义"之独断性,并抛弃其形而上学前提;以"善的弱理论"来超越"经验主义"之偶然性。

　　罗尔斯的主要理论意图是,通过上述理论改造寻求沟通"经验"与"先验"领域的桥梁。他认为,在"原初状态"之下,"无知之幕"背后,"自由而平等个人"通过"反思的平衡"的实践推理所形成的"正义原则"既能够具有康德"绝对命令"高贵品性与普遍必然性,又使其具有经验之适用性。罗尔斯认为,以其"正义原则"来规导的"社会基本结构"的"良序的社会"同时具有坚实的道德基础和适用于"多元主义"这个"理性事实"的稳定性。在"良序社会"之中,"正当"与"善"达到了统一。它将会成为可欲的政治共同体而并非是一种乌托邦想象。罗尔斯说:"一个社会,当它不仅被设计得旨在推进它的成员的利益,而且也有效地受着一种公开的正义观管理时,它就是一个组织良好的社会。"①总之,在罗尔斯看来,"良序社会"由于对康德哲学的"程序主义"的阐释而使之具有了作为康德之政治理想的"伦理共同体"所不具有的经验性与此岸性。

一、思想情境——实践理性的困局

如前所述,在古典政治哲学视域之中,自然高于自由,沉思优于行动、理论理性高于实践理性。在古典政治哲学那里,自然是最高标准,体现为哲学生活的卓越性。人们相信自然事物及人类生活方式存在等级之分。自苏格拉底创立政治哲学开始,人的道德生活和政治生活领域就成了哲学首要的研究对象,并以精致与准确的概念系统给予其规范性的探讨。古典政治哲学从未对自然权利观念产生怀疑。许多世纪以来,哲学以其逻辑的论证能力树立起规范性的原理。但是近代哲学,特别是"休谟问题"对实然与应然的划分对规范性问题提出了巨大挑战。"休谟问题"作为怀疑论最强形式的革命性意义在于对"因果性概念"的拆解,从而动摇了科学的基础,也使人类在价值领域失去了理性的根基。康德认同休谟的观点即形而上学在理论理性领域之

---

① [美]约翰·罗尔斯:《正义论》,何怀宏等译,中国社会科学出版社,1988年,第5页。

内无法建立科学的形而上学。但是康德认为，在实践理性的基础之上，以"自由"为基石的道德哲学是可能的。因此，"作为一种主体能力的实践理性概念，是一种现代的特产"①。它因为康德哲学卓越的理论工作而成为可能。但是，康德的"理性划界"的方式实质上是调和了问题，而非解决了问题。由此，其导致了20世纪在社会科学领域中的"事实与价值的二分"方法的普遍推广。按照韦伯的观点，社会科学必须在道德上保持中立。社会科学能够回答有关事实及其原因的问题，但是对于回答有关价值的问题它确无能为力。

　　众所周知，20世纪以来，尤其在英美分析哲学界，一个重要的理论口号是"拒斥形而上学"。其理论后果导致了如哈贝马斯所说的"先验的萎缩"。价值领域失去了真理领域对其强有力的理论支撑。人们对于道德认识论问题的研究转变为对道德语言的分析。因此，在"后形而上学"视域之下，思想家们开始思考一种无本体论的伦理学是否可能。比如杜威、拉里·普特南、理查·罗蒂等都给出了肯定的答案。而在政治哲学领域之中，罗尔斯以一种与众不同的思想进路，即"康德的建构主义"方法构造出一种独具特色的"程序正义"理论，并试图重新为"公民社会"立法，建立理性规范价值的信心。具体言之，罗尔斯是要在脱离"先验形而上学"背景之下，依靠"程序主义"方法，试图回答理性——实践理性的确定性问题，从而证明其能够实现道德判断之客观性。桑德尔指出："是否能够在没有形而上学困境的条件下建立自由主义政治学？——乃是罗尔斯的观念所提出的关键问题之一。"②从思想史来看，罗尔斯政治哲学的出场标志着西方主流哲学在经历了逻辑实证主义元伦理学阶段和后实证主义的自然主义阶段之后，恢复了对于价值的理性基础的信心，以及伦理学与本体论的关系这些实践理性的传统主题的兴趣。

---

　　①　[德]哈贝马斯：《在事实与规范之间——关于法律和民主法治国的商谈理论》，童世俊译，生活·读书·新知三联书店，2011年，第1页。

　　②　[美]桑德尔：《自由主义与正义的局限》，万俊人译，译林出版社，2001年，第18页。

学术界称这样的理论思潮为"实践理性转向"。而这一次哲学理论上的转向对于我们的意义重大。正如孙正聿教授指出："'语言学转向'是以倒退的形式而推进了哲学的自我认识。"[①]我们认为，"实践理性"转向不仅加深了孙正聿教授所说的"哲学的自我认识"；在另一层面，我们认为"实践理性转向"更是现代性批判与反思的结果。它包含着对启蒙之现代叙事之正当性的反思，而罗尔斯则是这一伟大思潮的有力推动者。

(一)功利主义与"绝对命令"的丧失

罗尔斯在《正义论》的序言中表示，他的首要目标之一在于为民主社会阐明最恰当的正义道德观。这种道德观能够更好地解释自由、平等的民主价值。在罗尔斯的《正义论》出版之前，英、美道德哲学与政治哲学领域当中占主流地位的是功利主义思想与直觉主义思想，特别是功利主义哲学思想居于主导地位。罗尔斯政治哲学的主要目的就是要取代两者，进而建构一种基于权利优先于善的全新政治哲学。

功利主义是作为现代产品的个人的伟大创造。功利主义思想的实质是在经验心理学的基础之上将人性的原理界定为对快乐的追求和痛苦的规避，从而使人抽离了其所附属的政治共同体进行抽象的理论思考。其重大的理论后果是在价值领域陷入了相对主义与实证主义而无力回答人，以及政治共同体的规范性来源。按照施特劳斯的理解，对曾经的道德理性不再确信，以及无力作出价值判断是现代性危机的主要表现。在罗尔斯看来，不论是功利主义的"最大多数人的最大幸福原理"，还是坚持"善"与"正当"概念的"不可分析性"，直觉主义的原则都不具有康德道德的"绝对命令"的建设性与普遍确定性的内涵，因而它们也就与"康德式"的"绝对命令"所坚持的

---

① 孙正聿：《哲学通论》，辽宁人民出版社，1998年，第30页。

以"正当优先于善"的现代道德与政治理想相违背,使其无法建立一种"康德式"的正义观。与康德对经验主义与理性主义的综合相类似,在罗尔斯看来,只有通过其"反思的平衡"之方法才能克服功利主义与直觉主义的主要缺陷。在《正义论》的第一章的第 5 节、第 7 节,罗尔斯集中对古典的功利主义与直觉主义进行了批判。当然,罗尔斯主要是将功利主义作为自己的理论对手。我们先来看直觉主义:

罗尔斯在《正义论》的第 7、8 节集中讨论了直觉主义理论。在罗尔斯看来,直觉主义在各种最初的道德原则之间达到一种"反思的平衡"。原因在于直觉主义并没有为我们的道德共识提供某种结构,否认建立认识的伦理学标准。

直觉主义伦理学的主要观点是,我们关于"善""义务"等伦理概念不可能通过经验与理性进行论证,它们是不证自明的,可以通过我们的直觉直接确认。在《伦理学原理》之中,摩尔认为善的概念是伦理学最为基础的概念。但是善是单一,具有不可分性,它是不可定义的。"因此,当我们说某事物是善的,如果我们用善意味的是我们断定属于某事物的特质,那么,就'定义'这个词的最为重要的含义而言,'善'是不能定义的。'定义'最为重要的含义就是:一个定义陈述了总是构成某一整体的各个部分到底是什么。在这个意义上,'善'是没有定义的,因为它是简单的,没有部分。"①但是,罗尔斯认为,这种认识论意义上的对于其正义问题的探讨并非是必要的。罗尔斯所探讨的直觉主义是一般意义上的直觉主义。

这种一般意义上的直觉主义包括两个基本特征。首先,直觉主义作为含有一组不能在追溯的最初的原则的理论,这些最初的原则有可能是相互冲突的。其次,它不包含任何衡量最初原则的明确的方法和更为优先的规则。

---

① ［英］G.E.摩尔:《伦理学原理》,陈德中译,商务印书馆,2017 年,第 10~11 页。

对此,我们如何能够凭靠自己的"深思熟虑的判断"对这些道德原则进行平衡? 具体言之,就是我们在各种冲突的道德与政治行为之正当性的判准之间只能够依凭直觉才能达到平衡。直觉主义是否认这一点的。按照直觉主义的观点,我们所遵循的道德原则并没有一个建设性的标准,因而抽象地谈论道德原则是没有意义的问题。

比如在日常的社会生活之中,关于工资问题,我们可以依靠技术、训练、表现、职责、工作危险程度对其提出公平的要求。但是,这样提出的公平问题很可能受制于传统、习惯及利益等。它们并不能为我们提出关于正义的标准问题。除此,罗尔斯认为:"我们就可以参照社会政策的某些目的来考虑正义问题,但这种办法看来还是要依靠直觉,因为它一般是采取平衡不同的经济和社会目标的形式。"①比如在就业、国民收入、分配等不同目标之间进行权衡,而这是需要直觉的。比如在效率与公平之间应该如何选择,很可能受制于我们深刻的对立的政治信念。自由主义者很可能强调效率优先的原则,而平等主义者很可能强调公平优先的原则。因此,如果将这一问题上升为哲学的一般问题,则变成了我们应该如何在这些道德原则之间进行平衡。

在罗尔斯看来,直觉主义不等于非理性主义,我们制定经济与社会政策的目标完全可以借助数学统计与几何模型的方式实现每一个目标之间的均衡。但是,在罗尔斯看来,在我们赋予原则的不同权重的过程之中,我们会无意识地引进某些进一步的标准或者受到如何最好实现某个目标的支配。这才是问题的关键。直觉主义最大问题在于承认道德原则的冲突,从而没有建设性的标准。用罗尔斯的话来说,直觉主义无法在各种相互冲突的道德原则之间解决和处理"优先性的问题"。罗尔斯认为,事实上我们在探讨正义问题的时候,任何正义观在某种程度上都依赖直觉,问题是,我们能否对诸多原

---

① [美]约翰·罗尔斯:《正义论》,何怀宏等译,中国社会科学出版社,1988年,第35页。

则排序，从而在最低限度上减少对直觉的依赖。在罗尔斯看来，"原初状态"对道德判断情景的设置，"词典式序列"的采用，以及通过对限定问题和明智判断代替道德判断的方式，我们能尽可能地在道德与政治问题上减少对直觉主义的依赖。

在"原初状态"下进行正义原则的选择本身就是他们赋予某种权重的理由。因为"无知之幕"的重要作用使得人们不能够诉诸习惯、传统、政治信念等前提的干扰。我们必须在某种更一般的意义上达成对道德原则共识。由此，它内含了选取道德原则的优先性规则。词典式序列的原则，使得我们能够在不同的道德原则的重要性之间进行排序。其要点是我们在满足了第一个原则之后才可以考虑第二个原则。在充分满足了第二个原则之后，我们才可以考虑第三个原则，以此类推。在后文，我们将看到罗尔斯对这种优先性规则在正义原则的选择之中的运用。由此，它在一定程度上使我们避免了衡量所有道德原则的麻烦。最后，限定问题和明智的判断取代道德判断的方法。大体的观点是，我们在没有任何思考线索的情况之下，几乎不能对社会正义与否做出判断。因此，在思考我们的"社会基本结构"问题上找到一个基本立足点尤其重要。而罗尔斯的公平正义观首先就是选取一个观察社会基本结构的立足点即"原初状态"，这一代表设置为我们提供了思考空间。同时，最少受惠者的提出也为社会不平等提出了基本校准。在罗尔斯看来，我们虽然不能完全避免对直觉主义的依赖，但是毕竟大大缩减了直觉主义在判断道德原则问题上的分量。

我们再来看功利主义。功利主义产生于 17、18 世纪，从 19 世纪以来，以边沁、密尔为代表古典功利主义的正义观在英美国家占据了支配性的地位，并产生了广泛而深刻的影响。功利主义思想在思想史上源远流长。该学说最早可以追溯到古希腊的伊壁鸠鲁的幸福伦理学。后经中世纪和文艺复兴，直至 18 世纪末和 19 世纪初，才最终发展成为一种严格的伦理思想体系。18 世纪是功利主义发展的特殊阶段。由于霍布斯所开创的现代西方政治哲学现实主义传统，使功利主义作为道德哲学与政治哲学理论从而登上了现代思想的舞台。到了 19 世纪，功利主义与现代最为强劲的哲学思潮即实证主义相结合，使其达到理论顶点。这一时期的重要代表人物是穆勒、边沁、密尔。特别是亨利·西季威克的《伦理学方法》为古典功利主义思想提供了经典陈述。功利主义的一个核心思想是将人的道德生活经验化，认为人作为行为主体被痛苦和快乐的感觉控制着，感官的痛苦与愉悦是我们的主人，是人的行为方式的正确与错误的标准。功利主义者以此为基本原则构建了道德科学体系，并使得它成为道德生活和政治生活的基础。

罗尔斯与功利主义的关系极为复杂，主要表现在两个方面：一方面，罗尔斯的关于正义的理论曾经受到功利主义思想的重大影响，从其正义理论之中吸收了功利主义思想之中的合理成分；另一方面是罗尔斯的正义理论要对功利主义进行扬弃。就第一个方面来说，罗尔斯深受休谟关于正义是一种协定的影响，将正义原则应用的对象规定为社会基本制度，特别正义原则是关于"社会基本结构"的规则合法性证明。而就方法论来讲，罗尔斯吸收了功利主义者西季威克的理性选择的方法，特别是理性的个体选择的见解为罗尔斯探寻"善观念"提供了许多启示。此外，还有密尔关于"低级快乐"与"高级快乐"的划分，以及密尔对代议制民主的辩护等。当然，罗尔斯的主要工作还是第二方面，那就是用"公平正义"理论超越功利主义。

罗尔斯的《正义论》中主要探讨了两种功利主义，一种是古典功利主义，一种是平均功利主义（作为一种分配正义方式，我们随后加以探讨）。我们首先来看古典功利主义。功利主义的第一原理是最大幸福原理。按照密尔的解释，其含义是行为按照其有助于促进幸福的程度是正确的；按照其有助于产生不幸福的程度是错误的。究其实质，功利主义的原理只是一种个人原理在社会领域之中的一种推广运用。在功利主义的视域之内，社会不过是个人的集合而已,个人的善是个人的幸福问题,而幸福是能够累计和计算的。在功利主义那里,善为快乐和痛苦而被重新界说。在边沁看来,任何诉诸自然法或者形而上学的道德理论在逻辑上都是错误的。因此,道德原则的基础在于人的心里而非某种超验之物。人们追求快乐及与之相关之物,避免痛苦及与之相关之物。快乐与痛苦的强度与数量是可测量和可比较的。功利主义的缺点主要包括三个方面:第一,功利主义作为一种正义原则所诉求的是一种个人主义原则,其自身的理论论证存在着根本性的矛盾。那就是功利主义作为一种个人原则对社会原则的应用,必须设定一个公正无私的观察者,他可以设想每一个人的地位,并且能够以想象的方式体验每一个人的欲望,以至于可以将所有人的欲望合并为一个人的欲望。但是,"古典功利原则是完全的利他主义伦理学"[1]。第二,功利主义会侵犯人的权利。如果我们将功利主义的原则应用于"社会基本结构",为了追求功利总和的最大化,必然要牺牲某些人的利益,甚至为了更大的利益而剥夺少数人的自由和权利。第三,以功利主义为指导原则的社会缺乏稳定性。因为为了功利的最大化,它需要少数人作出牺牲,对个人的道德水平要求极高,因此社会缺乏稳定性。

功利主义产生了一个相当棘手的后果,那就是如果仅将个人等同于个人的利益,那么个人利益与公共利益的冲突、道德与政治的冲突就是不可避免的。边沁解决这一问题的方式是使个人的最大的幸福与所有人的最大的幸福是相一致的。功利主义将幸福等量化的一个后果就是幸福概念本身变得宽泛、空疏、抽象,从而脱离了社会现实。更为重要的是,在幸福概念的等级的划分上无能为力,可以说功利主义是虚无主义的一种理论表现。功利主义的基本原则跨越不了是与应当之间的鸿沟。所有人都欲求快乐这一功利主义的形而上学断言,不过是一个偶然的事实性论断。功利主义专注于道德

---

① [美]约翰·罗尔斯:《正义论》,何怀宏等译,中国社会科学出版社,1988年,第187页。

心理学的分析从而建立一种对人之感觉的量化的计算，并以此来指导道德理论与政治理论。众所周知，功利主义者认为："最大多数人的最大幸福是正确与错误的衡量标准。"①在罗尔斯看来，这使人们容易假定最合理的正义观是功利主义的。但是罗尔斯认为：功利主义只是适用于个人的行为法则，如果用它来指导"社会的基本结构"即社会的基本政治制度与经济制度的安排，必然要求为了社会福利的总和而牺牲一部分人的利益。罗尔斯认为这是把人当作了"手段"而并不是"目的"，明显有悖于"康德式"的正义观。罗尔斯强调："古典功利主义在某种意义上没有认真对待人与人之间的区分。适用于一个人合理选择原则也被看作是社会选择的原则。"②

功利主义在其本质上是"效用主义"的（桑德尔），这是作为康德主义者的罗尔斯所不能接受的。按照康德的理解，所谓的实践理性就是在实践中运用的理性。"在这种运用中理性所关心的是意志的规定性根据，这种意志要么是一种产生出于表象相符合的对象的能力，要么毕竟是一种自己规定自己去造成这些对象，亦即规定自己原因的能力。"③康德认为，意志的这种"自己规定自己原因的能力"就是人的道德能力，它是以自由法则作为道德的先验原理的能力。在《实践理性批判》的分析论中，康德认为这种法则的表现形式："要这样行动，使得你的意志的准则任何时候都能同时被看作一个普遍立法的原则。"④要言之，康德道德哲学的主要特征就在于其"普遍性""必然性"。康德实践哲学对于罗尔斯政治哲学的重大意义在于，以"人为自身立法"的方式使人类重新确证实践理性之信心即理性之价值规范的能力。康德明确地区分了理论理性与实践理性。他认为理论理性有其自身之界限，人之

---

① ［英］边沁：《政府片论》，沈叔平等译，商务印书馆，1995年，第92页。

② ［美］约翰·罗尔斯：《正义论》，何怀宏译，中国社会科学出版社，1988年，第185页。

③ ［德］康德：《实践理性批判》，邓晓芒译，人民出版社，2003年，第16页。

④ ［德］康德：《实践理性批判》，邓晓芒译，人民出版社，2003年，第39页。

道德价值不能由理论理性来界定。通过批判人的实践理性，康德认为，人具有超越自然因果律的实践理性能力，人可以为自身立法。康德把这种实践理性能力称为"自律"，其主要表现为"绝对命令"。

康德认为"绝对命令"是人类的最高的道德原则之表现形式。从"反思现代性"的意义上来说，康德式以这种"绝对命令"的"普遍性"的道德标准克服了霍布斯所开创的以私利的"特殊性"为代表的政治现实主义。康德的伦理学的一个重要之点，在于它为人之道德奠定了形而上学的基础。但是，由于康德的道德哲学在方法论上的"先验性"导致了其伦理学的"形式主义"。正如张盾教授指出的，康德"在道德问题上则变成一种走极端的歧途。因为知识与道德的本性不同，后者关乎世道变迁中的人心变迁"①。康德的道德哲学的"形式主义"受到了黑格尔的严厉批判。黑格尔看出了康德道德哲学所要面对的问题："那时的道德哲学，一般讲来，是一种快乐主义。"而这种快乐主义道德哲学"把偶然性的特殊的东西提高到意志所追求实现的原则。对于这本身缺乏坚实据点为一切情欲和任性大开方便之门的快乐主义，康德提出实践理性去加以反对，并指出一个人人都应该遵守的有普遍性的意志原则的需要"。但是"有普遍性的意志"坚持的是"理智的抽象同一性"。它不问实践理性的内容问题，只是根据意志的普遍性法则，为义务而履行义务。因此，"康德的实践理性并未超出那理论理性的最后观点——形式主义"②。对于康德伦理学的这一缺陷，马克思在政治哲学的层面上加以批判，马克思指出："18 世纪末德国的状况完全反映在康德的《实践理性批判》中。"③康德道德哲学之所以脱离了内容而陷入了"形式主义"，完全是由于康德关于认识与绝对、现象与物自体的二分法造成的。他的"形式主义"的一个重要的理论后

---

① 张盾：《马克思的六个经典问题》，中国社会科学出版社，2009 年，第 311 页。

② ［德］黑格尔：《小逻辑》，贺麟译，商务印书馆，1980 年，第 143 页。

③ 《马克思恩格斯全集》（第 1 卷），人民出版社，1998 年，第 251~253 页。

果是:"康德伦理学不是一个规范实际生活世界的伦理学,而是一个描述理想道德境界的伦理学,其理论气质完全是柏拉图式的,其理论内涵由于超出一切现实情况而达到完美性的最高程度,成为一种纯粹的'思想的可能性'。"①

康德道德哲学的纯形式化性质及其先验化性质遭到了基于经验论传统、崇尚功利原则的英美哲学家的激烈批判。他们普遍认为,在生活世界当中并不存在纯真的道德原则,穆勒认为:"当从康德原理'引申出道德的实际义务之时',不能排除从一个意欲普遍立法的意志会产生不道德的行为法则。"②西季威克指出:"几乎所有按良心行动的人都会希望他的准则被普遍接受,但在这些人之间仍然存在根本的良心分歧,所以康德的原理无异于肯定任何人认为是正当的就是正当。"③因此,在功利主义的强力批判之下,康德式的"绝对命令"的理论丧失了其指导道德行为与政治制度的合法性的意义。其逐渐为功利主义所取代。

(二)作为伦理学认识论的道德哲学

罗尔斯的正义理论产生于英美分析哲学传统。在 20 世纪初期,英美伦理学,元伦理学是主流。元伦理学研究者认为,作为伦理学研究的核心问题即正当的问题、善的问题等在以往的伦理学研究之中并未得到根本性的解决,因此我们必须转向这一问题,而它是回答规范性问题的前提。因此由于受到分析哲学及逻辑实证主义"拒斥形而上学"的哲学观念的影响,伦理学研究转向了道德语言研究。在一定意义上来说,伦理学研究主要是转向了以道德语言研究为基础的认识论研究,并将其理解为伦理学研究的重大问题。

① 张盾:《马克思的六个经典问题》,中国社会科学出版社,2009 年,第 9 页。

② [英]穆勒:《功用主义》,唐越译,商务印书馆,1957 年,第 4 页。

③ [英]亨利·西季威克:《伦理学方法》,廖申白译,中国社会科学出版社,1993 年,第 230 页。

更为重要的是，此种元伦理学与功利主义、情感主义思想相互影响、互相融合。因其对规范性问题产生的重大影响，从而构成了现代性的极其复杂的问题之一。

麦金泰尔说道："没有哪类权威能够诉求于理性的标准来证明自身的正当性。"[①]20世纪英美分析哲学的主要的思想任务就是要消解形而上学。分析哲学家们把清除形而上学作为哲学活动的主要目标。他们认为根本就不存在作为"终极存在""终极解释"与"终极价值"相同统一的形而上学，那些指示着"终极存在""终极解释"与"终极价值"的形而上理念只不过是人类的语言的谬误性使用的结果。分析哲学家们认为，在语言的表面之下潜藏着深层次的逻辑结构，它们不过是世界的"图像"。我们因为忽视了语言的逻辑结构，从而误用了语言，产生了所有的形而上学的疑难问题。因此，分析哲学家们把哲学的任务界定为对语言的分析。"全部哲学都是一种'语言批判'。"[②]在19世纪30年代，逻辑实证主义更是把"拒斥形而上学"作为自己的理论纲领。例如其重要代表人物赖欣巴哈认为："传统哲学的本质在于，它用想象和朴素的类比法的'假解释'来满足人类要求的普遍性解释的冲动，用逻辑与诗、理性的解释与形象的比喻、普遍性与类似性搅浑在一起的模糊语言来充当对世界的科学解释。因此，他认为：哲学的任务是对科学研究的结果进行'逻辑分析'，而不是'发现规律'。"[③]

逻辑实证主义的另一个重要代表人物是卡尔纳普，他把语言的职能分为"表述职能"与"表达职能"。他认为，语言的"表述职能"是对经验事实命题的描述，它可以由经验的事实证明真伪，因而是"有意义"的；而语言的"表达职能"是表达个人的内心世界，因而是"无意义"的假问题。卡尔纳普认为形

---

① [美]A.麦金泰尔：《追寻美德——伦理理论研究》，宋继杰译，译林出版社，2003年，第33页。

② [奥]维特根斯坦：《逻辑哲学论》，贺绍甲译，商务印书馆，1996年。

③ 孙正聿：《孙正聿哲学文集》（第六卷），吉林人民出版社，2007年，第219页。

而上学只是表达了人们不切合实际的幻想,它不给予任何知识。因此,"在卡尔纳普看来,由于科学哲学是对科学命题进行逻辑分析,因而它是哲学而不是科学,又由于科学哲学所分析的是科学命题,因而它是科学的哲学而不是形而上学"①。对形而上学拒斥所产生的一个最为重要的实践后果是,作为实践理性之理论形态的道德哲学并不能为人类确立价值标准。在道德哲学领域当中,分析哲学家大都专注于从形式方面探讨道德陈述及命令的语义和逻辑关系,而不太关注紧迫的现实问题。有学者不无讽刺地把它评价为"冷冰冰的伦理学"。由此,以摩尔为代表的伦理直觉主义、以史蒂文森为代表的情感主义和以黑尔为代表的规定主义,依其各自的理论前提必将走向怀疑主义进而走向道德相对主义。

对"形而上学的拒斥"的结果是分析哲学家摩尔把逻辑分析的方法引入伦理学领域当中,由此,伦理学就分为两类:一类是关于道德知识的科学,它被称为元伦理学;另一类是道德实践的科学,它被称为规范伦理学。但是,站在元伦理学的立场上批判了规范伦理学具有非法性;因为,它一开始就建立在错误的前提基础之上,即它从根本上混淆了自然事实与伦理价值,把道德陈述看成了是经验事实的描述,因此,犯了"自然主义的谬误"。因此在摩尔看来,伦理学的根本宗旨不在于解释事实真理而在于研究道德的语言、逻辑、句法、语词等表达形式,以及分析道德概念之间的联系、澄清道德概念的意义等。正如摩尔所说,元伦理学是任何可能以科学自命的未来伦理学的绪论。摩尔对伦理学的这一理解所造成的后果是道德哲学成为了伦理学的认识论。如盖维特指出:"元伦理学不同于规范伦理学和应用伦理学之处,在于它对概念的和认识论问题的探索。这些问题是人们在考察道德论辩和探索、应用关于正当或不正当的规范理论的过程中提出来的,概念问题因道德的

---

① 孙正聿:《孙正聿哲学文集》(第六卷),吉林人民出版社,2007年,第219页。

术语和主张而生;认识论问题则源于道德确证的可能和特性。"①

英国哲学家史蒂文森将其研究锚定在道德语言的意义和伦理学的方法论上。在史蒂文森看来伦理学的核心问题是关于价值选择的问题与善的问题。而回答此问题的前提则是对伦理学的定义及伦理学关键概念的严格分析。由此我们要特别关注道德语言的复杂性与多变性。史蒂文森认为传统的规范性伦理学并非是严格意义上的科学,那种仿照自然科学的范式而建立的伦理学在方法论上犯了一个致命的错误,那就是混淆了事实与价值领域的界限。依照科学的方法无助于解决价值问题,而越过对于这一问题的反思去构建某种终极原理是造成道德领域当中各种纷争的根源。元伦理学研究的问题应该着力于正当、善等道德概念、判断、推理等道德语言问题的研究,但是与摩尔等极端主义的情感主义不一致的地方在于,史蒂文森认为规范性问题不应该得到忽略。"规范性问题是构成伦理学的最重要的问题之一,渗透于日常生活的各个领域之中。"②

在现代道德哲学之中,黑尔当属元伦理学之中的集大成者,也是现代伦理学研究之中的由元伦理学向规范伦理学过渡的重要思想家。黑尔承继了摩尔的情感主义伦理学,认为伦理学研究要处理的重要问题是对道德语言的分析。虽然如此,在他看来伦理学也不能抛弃规范性问题的研究,而且此问题是可以依凭道德论证的。相比于摩尔、史蒂文森等人的极端情感主义,黑尔的伦理学研究更加具有温良色彩。在继承摩尔的分析伦理学研究传统的基础之上,在黑尔看来,我们要准确地区分语言之中的描述性性质与规定性性质。将伦理学理论区分为描述主义和非描述主义的,描述主义包括自然主义和直觉主义,非描述主义包括情感主义和理性主义,③二者的区别在于

---

① 转引自王海明:《新伦理学》,商务印书馆,2001 年,第 2 页。

② C.L.Stevenson,Facts and Values,New Haven and London:Yale University Press ,1963.

③ R.M.Hare,Sorting out Ethics,Oxford:Oxford University Press,1997.

描述性对于事实性问题,规定性则是语言中的评价问题。黑尔接受了源自于休谟的那个情感主义问题——是与应当之间存在着不可逾越的鸿沟。在黑尔看来,我们的道德论证由一些具有严密逻辑步骤构成,道德论证必须可以追寻致终极原则,这一方面黑尔的伦理学研究具有非常强烈的理性主义色彩,相比于之前的摩尔与史蒂文森的伦理学研究更加具有现实感。但遗憾是,黑尔认为终极原则不可论证而是纯粹自我选择的问题。我们也可以说黑尔的观点又回到了康德,自我是立法者。

从现代政治哲学的角度来看,黑尔认为所谓价值问题,当然这里指的是终极价值只是一个自我选择的问题,它依然诉诸于我们的终极信念。因此,黑尔的伦理学研究并没有解决休谟的是与应该的分裂问题、康德的"现象界"与"物自体"的二元划分问题。但是按照马克思的观点,价值性判断与事实性判断并不是完全没有关系的,它源自于我们的社会生活,源自于我们的历史性实践本身。当然黑尔的论证还是极其具有启发性意义的。那就是哲学在探究各种评价之间要保持中立,道德观点所诉诸的权威只能是人本身,换言之,在黑尔对道德合法性论证的背后,还是那个我们前面所说的作为现代产品的"个人"的概念。麦金泰尔曾这样评述道:"这种观点所拥有的唯一的权威是我们作为单个行为者给予道德观点的权威,这种观点是对历史上反复出现的个人主义的终极概念化。"①而按照政治经济学批判的观点来看,这种现代性的个人观念,不过是资产阶级意识形态将资本主义生产关系永恒化之后在理论领域中的重大表现。马克思认为:"在社会中进行生产的个人,——因而,这些个人的一定社会性质的生产,当然是出发点。被斯密和李嘉图当作出发点的单个的孤立的猎人和渔夫,属于18世纪的缺乏想象力的虚构。"②在马克思看来,这种个人恰恰是历史的结果,而并非是历史的起点。

---

① [美]阿拉斯代尔·麦金泰尔:《伦理学简史》,龚群译,商务印书馆,2010年,第340页。
② 《马克思恩格斯文集》(第八卷),人民出版社,2009年,第5页。

总之，20世纪西方理论学届研究呈现与以往伦理学研究不同的理论特点。特别是在逻辑实证主义的影响之下，情感主义伦理学与功利主义伦理学相互融合之后产生了以道德语言分析为基础的道德哲学理路。进而伦理学研究转向了道德认识论的研究，而对于"规范性"的研究则是处于从属性地位。对此道德研究的理论后，现代伦理学研究的是作为道德认识论的语言分析。这正是罗尔斯政治哲学产生的重大理论背景。而实际上这是正如马克思的论点，情感主义并不意味着什么永恒的人性，不过是资本主义社会生产关系的表现而已，而并非是具有超历史的永恒必然性。

罗尔斯的政治哲学思想形成于英美分析哲学的传统之中，他与分析哲学有着深层次的理论亲缘关系。罗尔斯曾经师从著名分析哲学家马尔科姆，后者是维特根斯坦的重要弟子之一。如前所述，在罗尔斯发表《正义论》之前，分析哲学家们似乎很少关注道德的规范性问题与价值问题，按照前期维特根斯坦哲学观点，规范性问题已经超越了我们语言的界限，虽然意义重大，但是却无法用逻辑来表述，只能显示。因此，道德哲学的工作只能是对语言的逻辑分析。而罗尔斯《正义论》的发表实现了继"语言学转向"之后的又一次革命性转向，即"政治哲学转向"，关注社会生活的规范性基础问题。从理论性质上来说，不同于元伦理学，罗尔斯的政治哲学属于规范伦理学。罗尔斯的哲学思想有着更加强烈的现实关怀，更加关注现实问题，此种理论倾向不仅是体现在《正义论》的理论抱负之中，后期罗尔斯的《政治自由主义》更加具有现实感。可以并非很恰当地说，相比于《正义论》，《政治自由主义》所阐述的观念更加语境化、历史化、现实化了。

二、"公平正义"

罗尔斯政治哲学著作的一个最大的特点是，它一反分析哲学之中对道德陈述及命令的意义分析与逻辑分析,而致力规范性的道德理论研究。但是,其也并非致力于建立传统形而上学理论。因为自康德哲学之后,建构传统意义上的形而上学已经成为不可能,实践理性必须独立承担建构道德哲学的任务。因此,罗尔斯哲学理论的实质是在"后形而上学"的情境之下,我们是否能够依据理性的方法,构建社会的规范性基础。因此我们可以说,罗尔斯实现了分析哲学的重大理论问题的转向。罗尔斯所探讨的是与人之"生活世界"紧密相关的社会正义的问题,罗尔斯的理论工作使正义这一古老的哲学问题重新成为哲学的核心问题,他试图建构一种宏大实践哲学体系。可以说,罗尔斯这一宏大的理论抱负是对柏拉图《理想国》的理论回应,它使政治哲学这门古老的,在现代世界几近消亡的学问重新焕发生机。

罗尔斯将政治哲学的作用概述为四种,分别是:"解决哲学与道德之间的冲突与一致的基础、政治制度与社会制度的目标、安抚我们的挫折感和平复我们对社会及其历史的愤怒,以及探索实践上的政治的可能的界限。"①而这四种作用可以说是围绕正义这一问题而展开的。在《正义论》的开篇,其中有一段为大多数学人所无数次引用的经典名言,那就是:"正义是社会制度的首要价值,正像真理是思想体系的首要价值一样。一种理论,无论它多么精致和简洁,只要它不真实,就必须加以拒绝或修正;同样,某些法律和制度,不管它们如何有效率和有条理,只要它们不正义,就必须加以改造和废除。每个人都拥有一种基于正义的不可侵犯性,这种不可侵犯性即是以社会整体利益之名也不能逾越。"②在这里,我们应该指出的是,不同于古典政治哲学,罗尔斯使用的"正义"概念是有特定的内涵的,其所探讨的是社会正义问题;换句话说,"公平的正义"是一种制度伦理而非个人伦理即是对社会制

① [美]约翰·罗尔斯:《作为公平的正义》,姚大志译,中国社会科学出版社,2011年,第7~11页。

② [美]约翰·罗尔斯:《正义论》,何怀宏等译,中国社会科学出版社,1988年,第1页。

度而非个人行为的道德评价。《正义论》的主题是社会的基本经济制度与政治制度，罗尔斯也把它称之为"社会的基本结构"。罗尔斯指出："对我们来说，正义的主要问题是社会的基本结构，或更确切地说，是社会主要制度分配基本权利和义务，决定由社会合作产生的利益之划分的方式；所谓主要制度，我的理解是政治结构和主要的经济和社会安排。"①因此，罗尔斯的正义理论指向的是社会制度，更确切地说，是如何评价一个社会的主要社会制度。

(一)正义理论与新契约论

罗尔斯的正义理论又被称为新契约主义正义理论。在他看来，对"公平正义"的探讨，社会契约论提供了一个恰当的理论平面。罗尔斯所理解的社会契约是一种理论设计，而并非是经验事实。因此，它是思维抽象的产物。它是人们进行理性选择、建构规范性原则的理论设计，从而使人们能够公平地分配由社会合作而产生的权利与义务，它具有思想实验性质。因此罗尔斯认为，如欲建立一种"公平正义"理论，我们的最佳方案乃是回到社会契约理论之传统并使之提升为更高水平。罗尔斯说："我一直试图做的就是要进一步概括洛克、卢梭和康德所代表的社会契约论，使之上升到一种更高的抽象水平。"②罗尔斯之所以在契约论的理论层面上去探讨社会正义问题，主要有两大理由。

首先，是当时在道德领域居于主导地位的功利主义隐含着目的论的原则。其次，自启蒙以来，特别是经过康德对传统形而上学的批判，伦理学基本问题即正当与善的关系发生了颠倒。因此，我们必须从根本上转换伦理学讨论的思维范式。

---

① ［美］约翰·罗尔斯：《正义论》，何怀宏等译，中国社会科学出版社，1988年，第7页。

② ［美］约翰·罗尔斯：《正义论》，何怀宏等译，中国社会科学出版社，1988年，第2页。

按照罗尔斯的理解，功利主义所持有的关于最大的效用化原理，只是个人的道德原则在社会领域的推广和应用，后果必然是对个人权利的侵犯。从反思现代性的角度来说，按照施特劳斯的理解，在自由民主制度下，功利主义追求的幸福只是幸福的条件，因为我们对于幸福本身的理解是多元的、平等的、主观的。但是，构成追求幸福的条件则是客观的和普遍的。从而，我们模糊了、遗忘了幸福与实现幸福的条件。[①]因此，我们的道德陷入了一种无序状态，认为不存在客观的道德价值，"多数近代道德哲学的资源没有随着近代世界得到恰当的调整"[②]。

要言之，古代以目的论序列为主要特征的世界观已经被取代，它暗示了道德预设的那些能够解释客观价值的已不复存在。我们的道德语言失去了强有力的理论支撑，而沦为了仅是我们自己的个人偏好。那么一种没有目的论作为形而上学基础是否可能呢？在罗尔斯看来是可能的。但只有通过对社会契约理论进行理论重释，方可解决这一道德与政治的合法性危机。

另一方面，众所周知，主体性原则是现代哲学的最高成就，特别是以实践理性为基本原则主体能力成了人们探讨实践哲学的根本出发点，这要归功于康德对传统哲学的批判。在理论理性领域，康德在考察人的先天认知能力的基础之上确立了"人为自然立法"的认识论原则，而在实践理性领域，通过考察人的道德自律确立了"人为自身立法"。按照实践理性高于理论理性的原则，康德将"绝对命令"提升为理性的至上原则。在政治哲学的意义上来说，这是对亚里士多德概念框架的重要改变，从而个人自由与人的幸福紧密地联系在了一起。伦理学的基本问题即正当与善之间的关系发生了颠倒，即在古代世界善优先于正当，而现代世界则是正当优先于善。

---

① 刘小枫编：《苏格拉底问题与现代性——施特劳斯讲演与论文集：卷二》，彭磊、丁耘等译，华夏出版社，2008年，第25页。

② ［英］B.威廉斯：《伦理学与哲学的限度》，陈嘉映译，商务印书馆，2018年，第260页。

具体而言，古代伦理与现代伦理完全不同。这种不同之处主要在于它们对于伦理学的两个最为根本的概念即"正当"与"善"的谁为优先性有不同的回答。现代伦理坚持"正当"优先于"善"，古代伦理强调"善"优先于"正当"。而社会契约理论则是能够证明"正当"相对于"善"之优先性。而社会契约论的优势在于其可以超越任何以目的论为基础的伦理学，从而可以在没有任何形而上学的前提下建构社会正义理论。由此，在"后形而上学"的语境之下，社会契约论对于自由主义道德正当性与政治合法性具有重大意义。

西季维克在《伦理学方法》之中指出："端视正当(right)的概念还是善(good)的概念被当作是更为根本的，道德价值的本性表现为两种截然不同的形式。""善的优先性对于希腊伦理学是至关重要的，反之现代伦理学则信奉正当的优先性。"①与此相应，我们可以把正义理论概括为两个传统，一个是以亚里士多德为代表的目的论传统，他们主张"善"的优先性。在亚里士多德那里，正义的美德与其他的一切美德一样，从思想的"目的论"框架中获得其意义。一个是以康德为代表的"义务论"传统，主张"正当"优先于"善"。按康德的理解，宁可以牺牲善为代价也要倾向于正义的利益。因此在康德那里，正义是从思想的伦理义务论的框架中获得了自己的意义。康德伦理学是现代伦理学的典型。作为康德的后学，罗尔斯则是站在康德一边，坚持"正当"对"善"的优先性。如果是这样，人们在论证共同体的基础与政治的合法性上就不得不诉诸社会契约。那是因为："正是由于社会契约，个人的某种集合才得以超越假定的自然原初状态，从而进入法的状态。这种在道德领域中的审慎而断然地对伦理义务视角的选择与制度层面上的社会契约论思想之间的相遇构成了罗尔斯所表达的中心问题。"②

但是，罗尔斯并非是简单的继承，而是在传统的社会契约论的基础之上

---

① [美]查尔斯·拉莫尔：《现代性的教训》，刘擎、应奇译，东方出版社，2010年，第15页。

② [法]保罗·利科：《论公正》，程春明译，法律出版社，2007年，第42页。

进行了一次全新的改造。用罗尔斯自己的话来说,是其传统的社会契约理论由经验层面上升为较高的抽象层面。罗尔斯的社会契约论并非传统社会契约论所认为的是以经验事实为根据的实在状态,而是一种理论构造,一种思想设置,借此为人们对于正义原则的选择提供一种选择情景。换言之,罗尔斯试图创造一种源于经验又超越经验的先验程序,从而为人们理性选择正义原则奠定基础。

在罗尔斯看来,不论是古典社会契约论理论之中的霍布斯、洛克的"经验主义"的社会契约理论还是康德的"先验主义"社会契约论理论,都极易与"功利主义"政治哲学相结合从而侵犯个人的权利。一般的观点是把从霍布斯、洛克、卢梭和康德所奠定的政治思想称为"古典契约论"。契约论的主要观点是,在人类进入"国家状态"即"公民状态"之前处于"自然状态"之中。由"自然状态"进入"公民状态"是一种历史过程更是人们相互订立契约的结果。不过,在"古典契约论"思想家那里,人们订立契约由"自然状态"走向"公民状态"大都被视为历史事实。契约论在西方政治思想传统当中有着悠久的历史。但是具有完全理论形态的意义上的契约论思想到了17、18世纪才得以形成。霍布斯是近代契约论的开创者,洛克、卢梭及康德在其基础之上进行发扬。在这里需要提及的一点是,契约论的产生与个人概念产生具有莫大的关联。因为契约实质上是指个人与个人之间所订立的具有法律约束效力的协议。赵汀阳教授指出:"现代最重要的产品是个人。"①古典政治哲学认为:"人是城邦(政治)的动物。"人从属于一个共同体当中,这个共同体是其全部生活的意义之所在。正如马克思所说,资本主义"把一切封建的、宗法的和田园诗般的关系都破坏了。……一切新形成的关系等不到固定下来就陈旧了。一切等级的和固定的东西都烟消云散了,一切神圣的东西都被亵渎

---

① 赵汀阳:《坏世界研究——作为第一哲学的政治哲学》,中国人民大学出版社,2009年,第217页。

了"①。因此,与古代的观点不同,人不再从属于共同体,人是作为个人而存在的。现代的观点在以社会契约论理论来说明国家的起源时,即由"自然状态"向"公民状态"过渡时,对个人之权利的保护便成为一个合法的政治制度之必须。而我们把契约论归结为两种,一个是经验意义上的契约论,代表人物是霍布斯、洛克;一个是先验意义上的契约论,代表人物是卢梭、康德。他们的共同之处在于都是为了维护人的自由。在罗尔斯看来,西方自由主义内部长期存在着两种不同的自由主义传统,这就是本杰明·贡斯当所谓的与洛克相联系的"现代自由",与卢梭相联系的"古代自由"。前者强调个人的思想和良心自由,后者强调平等的政治自由。但是罗尔斯认为二者都有自身的理论缺陷。

首先,我们来看经验主义的社会契约理论。霍布斯认为,在"自然状态"之下,"人们不断处于暴力死亡的恐惧和危险之中,人的生活孤独、贫困、卑污、残忍而短寿"②。因此出于人类自我保存的本性,人们必须摆脱这种可怕的战争状态。为此,人们之间必需相互订立契约。"其方式就好像是人人都像每一个其他的人……但条件是你也把自己的权利拿出来授予他,并以同样的方式承认他的一切行为。……这就是伟大的利维坦的诞生。"③洛克对"自然状态"是这样来描述的:"那是一种完备无缺的自由状态,他们在自然法的范围内,按照他们认为合适的办法,决定他们的行动和处理他们的财产和人身,而无须得到任何人的许可或听命于任何人的意志。"同时,"这也是一种平等的状态,在这种状态中,一切权力和管辖权都是相互的,没有一个人享有多余别人的权力"④。洛克认为在"自然状态"下,人们很难保护自己的生

① 《马克思恩格斯选集》(第一卷),人民出版社,1995年,第274~275页。

② [英]霍布斯:《利维坦》,黎思复、黎廷弼译,商务印书馆,1985年,第95页。

③ [英]霍布斯:《利维坦》,黎思复、黎廷弼译,商务印书馆,1985年,第131~132页。

④ [英]洛克:《政府论》下篇,叶启芳、瞿菊农译,商务印书馆,1964年,第5页。

命、自由和财产安全。为此，人们才放弃在"自然状态"中所享有的平等、自由和执行权，而把它们交给社会，订立契约，确保自己的生命、自由和财产安全。霍布斯、洛克那里的自由是一种经验意义上的自由。坚持经验意义上的自由意味着每个人都可以依照自己的经验性原则去谋求私利，这样必然导致道德与政治之间的冲突。而以此为基础建立的政治共同体必然导致自身的瓦解，其成员无法同舟共济。

卢梭与康德继承并发展了霍布斯与洛克的社会契约论。他们接受了霍布斯与洛克的政治哲学的理论前提即自由是人之天赋的不可剥夺的权利。但是卢梭与康德，特别是康德哲学把霍布斯与洛克政治哲学中的经验主义提升到"先验"的"形而上学"层面。在其中"自由"不再是经验意义上的"自由"。卢梭在《社会契约论》的开篇指出："人是生而自由的，但却无往不在枷锁之中。"卢梭主要在政治的层面上对自由进行界定，卢梭认为，一个合法的政府必须取法于"公意"才是正义的，那是因为人们服从"公意"就是服从自己为自己制定的法律。卢梭指出："唯有服从人们自己为自己所规定的法律才是自由。"①而康德则在政治层面上来理解自由的概念。"康德的道德问题直接来自卢梭的政治问题"②，即人类的理性是具有实践能力即自由的能力。通过对人之道德行为的考察，康德认为，我们必须将自由设定为道德的"先验原理"，这是我们思考人类道德世界的根本出发点，是建构道德形而上学的坚实基础。在康德看来，这是我们普通人都普遍承认的道德直觉。康德的道德理论表现为三条绝对命令。对此，施特劳斯认为："康德的善良意志的标准是普遍化，就像卢梭的总意志是一般化一样。"③康德纯化了卢梭的"公意"

---

①　[法]卢梭：《社会契约论》，何兆武译，商务印书馆，1982年，第26页。

②　张盾：《道德政治的谱系——现代政治哲学中的卢梭、康德、马克思》，《中国社会科学》，2011年第3期。

③　[美]列奥·施特劳斯、约瑟夫·克吕波西：《政治哲学史》，李洪润等译，法律出版社，2009年，第589~590页。

并将其上升为实践理性。要言之,人本身就具有先天道德能力足以为自身立法。

康德将其实践理性应用于政治领域当中。在政治哲学当中,康德强调自由是人的最高的自然法权。康德所设想的共同体是一种法律的联合体。它是依照实践理性的形式化法则建立起来的。但是按照布鲁姆的看法:"康德是个半契约论者。"因为在康德那里政治从属于道德,人首先应该是一个自律的道德个体,之后才是结成社会契约的政治个体。在康德那里,作为一种"整全性"学说的"先验形而上学性"是社会契约的前提条件。但是在"后形而上学"的视域之下,面对"理性多元论"的事实,其契约论难以证明现代政治共同体的政治合法性。

综上所述,按照罗尔斯的观点,不论是以霍布斯、洛克为代表的经验主义社会契约论理论,还是以卢梭、康德为代表的先验主义社会契约论理论,它们在维护人的自由方面都存在着不足之处。这是由于二者理论本身所固有的缺陷所造成的,那就是:"起源于形而上学的道德法则是武断的,起源于经验主义的道德法则是偶然的。"①而罗尔斯的新社会契约论理论的优越之处在于,它能够兼顾经验主义社会契约论理论与先验主义社会契约论理论的优点。同时,又能避免二者的缺点。为此,罗尔斯把作为古典社会契约论理论前提的"自然状态"概念改造为"原初状态"的概念。罗尔斯认为,"原初状态"理论能够提供一种稳固的"阿基米德支点",使在"原初状态"之下所确定的正义原则既有"先验"的必然性又有"经验"的现实性。

(二)回应康德:"原初状态"

"原初状态"是罗尔斯构建其正义理论的重要概念一,是其新社会契约

①　姚大志:《现代之后——20世纪晚期西方哲学》,东方出版社,2000年,第25页。

论的基础性概念。正是以"原初状态"为基础所构筑的"正义环境",使得正义原则能够得以择出。其重大意义在于能够为作为"合理性"与"理性的"存在者提供道德立场上的"阿基米德支点"。因此,与那些伟大的先哲一样,罗尔斯力图在最根本的层面上,来确定正义问题的基点。

在罗尔斯看来,"原初状态"能够超越传统契约论的先验主义与经验主义之二分,进而沟通理论理性与实践理性两大领域。但是"原初状态"设置引起了巨大的学术争议。诺齐克认为,"原初状态"本身就意味着不公平,那是因为以其为基础而导致的正义原则强迫人们选择再分配的原则,从而损害了他们先行存在的所有权。与诺齐克不同,布鲁姆从思想史的视角给予的批评则构成了更大的挑战。在他看来,罗尔斯的"原初状态"既没有传统契约论学说中的"自然状态"取法人性欲望的坚实性,又没有给予人们选择其"公平正义"先验根据。以至于其政治哲学是建立在不确定的根基的基础之上的。另外,不论是自由至上主义者诺齐克,还是保守主义者布鲁姆的批判,在反对罗尔斯将个人的自然天赋作为公共资源这一点是一致的。

众所周知,罗尔斯的"原初状态"概念取法于现代哲学思想的核心概念即"自然状态"。"原初状态"既是对霍布斯、洛克经验主义的反驳,同时也是对卢梭、康德先验意义"自然状态"的修正。在罗尔斯那里,"原初状态"构成了沟通经验与超验两个领域的桥梁。按照罗尔斯的理解,"原初状态"发展了霍布斯、洛克、卢梭和康德奠定的自由民主社会契约传统的基本观念,其取法于上述哲学家的"自然状态"并使之上升到更为抽象的层次,从而使其成为人们进行实践推理的"代表性设置"。

按照一般的观点,"自然状态"是社会契约理论的核心内容之一,是现代政治哲学讨论政治问题的逻辑起点。可以说,现代政治哲学的一个重大论题就是解决探讨人类如何从"自然状态"过渡到"公民状态"。换言之,"自然状态"是现代政治哲学家探讨政治问题的存在论前提。现代哲学家给予"自然状态"以不同的解释，进而呈现了各不相同的政治理论。例如霍布斯认为，"自然状态"是一切人对一切人的"战争状态"，洛克的"自然状态"则是具有开明自利的个体的"和平的状态"。作为反思启蒙的重要思想家的卢梭则认为"自然状态"是具有天然"同情心"的自然人的幸福状态。康德将"自然状态"理解为实践理性的先验设定。罗尔斯的"原初状态"思想继承和发展了社会契约理论中的"自然状态"理论，但是与古典契约论思想家们把"自然状态"解释为真实的历史事实不同，罗尔斯继承了康德的"自然状态"理论思想即将其解释为一种先验的逻辑设定。①也就是说，罗尔斯是立足于实践理性的基础之上，来探讨"自然状态"的。二者的不同之处在于，罗尔斯把"自然状态"修改为一种"原初状态"来回应康德，使之在一定的程度上具有经验主义因素。桑德尔明确地指出："原初状态是罗尔斯对康德的回答，是他针对《纯粹理性批判》所代表的路线提出的另一个方案，也是罗尔斯对我们业已考量过的那些困惑的解决办法。"②

从思想史的角度来看，"自然状态"是现代政治哲学的伟大发明，在古典政治哲学看来，所谓"自然状态"与"政治状态"是合二为一的。在古代世界当中，人就是城邦的动物，政治的生活直接构成了古典政治哲学的存在论前提。而根据施特劳斯的思想史研究结果，自然状态这一概念则是源自于基督教的宗教教义。但按照基督教看来，所谓"自然状态"并非是后来政治现实主义所显示的那种战争状态，而是幸福状态，是因为人性的堕落，上帝才结束

---

① 康德曾经明确地指出："与'自然状态'相对的是'文明状态'而不是'社会状态'，在自然状态中很可能有某种社会状态，但是，在那里没有一个用公共法律来维护'我的和你的''文明'结构。"由此我们可以看到康德之本意是"自然状态"并不是一种时间意义上的状态，其意义是"先验"意义上的。(参见康德：《法的形而上学原理——权利科学》，沈叔平译，商务印书馆，1991年，第51页。)同样，罗尔斯在为了避免误解而在其后期的思想之中将"原初状态"理解为一种"代表设置"。罗尔斯说："作为一种代表设置，原初状态的理念是作为公共反思和自我澄清的手段而发挥作用的。"(参见罗尔斯：《政治自由主义》，万俊人译，译林出版社，2011年，第23页)

② ［美］桑德尔：《自由主义与正义的局限》，万俊人译，译林出版社，2001年，第30~31页。

了人的"自然状态",背负原罪的痛苦。霍布斯、洛克接受了这一理论,但是对"自然状态"下的人性做了现实主义的理解,即承认人的本性是自私的。但是霍布斯、洛克的政治现实主义必然导致政治与道德的冲突,理想的共同体受困于"囚徒困境"而必然不具有稳定性。继而卢梭对"自然状态"进行了理论修正,将人性的自然理解为天然的同情心,从而依靠法制的进步建立起道德的政治共同体。而到了康德的时代,按照康德先验哲学的理解,以经验主义或者以理论理性方式去建构一种"自然状态"理论并不具有合法性。因为"自然状态"要回答的是实践领域的问题。康德转换了理论与实践的视角,如果从实践理性的角度去理解"自然状态"理论,那么"自然状态"则是自由人的一种"法权状态"。或者我们可以说康德是在先验道德的视域下思考自然状态的。罗尔斯继承了康德对"自然状态"的先验理解,在他看来,"原初状态"是一种"假设状态"而非是一种历史事实,其本质是一种逻辑设定,或者用罗尔斯的话来说,其乃是一种"代表设置"。[1]它的主要作用在于,它是人们为了反思社会正义标准与形成正义判断的先验条件。对于"原初状态"设置的特点,罗尔斯这样描述道:"它是一种其间所达到的任何契约都是公平的状态,是一种各方在其中都是作为道德人的平等代表、选择的结果不受偶然因素或社会力量的相对平衡所决定的状态。这样,作为公平的正义从一开始就能使用纯粹程序正义的观念。"[2]因此,我们可以说,"原初状态"能够提供某种思想情景,能够为"自由而平等的道德的个人"选择罗尔斯的"两个正义原则"提供一种普遍必然的道德理由。

在这里,关键的问题是"原初状态"理论能够把"作为公平的正义"规定为纯粹的"程序正义"。"纯粹程序正义"是相对于完善的程序正义和不完善的程序正义来说的。完善的程序正义是指公平的分配有一个独立的标准,这

---

① [美]约翰·罗尔斯:《政治自由主义》,万俊人译,译林出版社,2011年,第23页。

② [美]约翰·罗尔斯:《正义论》,何怀宏等译,中国社会科学出版社,1988年,第120页。

个标准是先于随后要进行的可以保证达到预期结果的程序而独立存在的。不完善的程序正义是指有判断正确结果的独立标准，却没有保证可以达到它的程序。但是不论是完善的正义还是不完善的正义，都预设了正义的标准。那么纯粹的程序正义是指："不存在对正当结果的独立标准，而是存在一种正确的或公平的程序，这种程序若被人们恰当地遵守，其结果也会是正确的或公平的，无论它们可能会是一些什么样的结果。"①要言之，这种纯粹"程序正义"的重大意义在于，通过它，实践理性不需要与理论理性挂钩，即"完善性学说"而自身给予自身以标准。而这在"后形而上学"思想境遇之下对于确定人之道德的正当性与政治合法性意义重大。因此为达到一种"纯粹的程序正义"，罗尔斯设置了一系列的限制性的条件，而"原初状态"就是这些限制性条件的总体。在这些限制的条件之下，正义原则乃是具有两种道德能力即"正义感"与"善观念"与具有理性能力属性"自由而平等的道德的个人"之博弈的结果。下面我们来看正义环境的内容。

首先来看"主观环境"。罗尔斯把"原初状态"的个人规定为自由和理性的。在这里，罗尔斯继承了康德道德哲学之中关于人性的设定，此点将在第四章第一节论述。但是，罗尔斯认为自由而理性的个体在主观心理上是"相互冷淡"的。"相互冷淡"指的是在"原初状态"之中，每个人并不觊觎他人的利益，也没有忌妒之心，个人只是专注于自己的利益。在这里，罗尔斯的意思并非是说"原初状态"下的个人都是冷冰冰的利己主义者，而是能够选择这一原则的一个相当弱化的理论前提，因此"在原初状态中假定相互冷淡是为了确保正义原则不致依赖太多的假设"②。其次是"客观环境"。罗尔斯把这种"客观环境"称之为"中等程度的匮乏"③。这种"客观环境"被罗尔斯称为"正

① [美]约翰·罗尔斯：《正义论》，何怀宏等译，中国社会科学出版社，1988年，第80页。

② [美]约翰·罗尔斯：《正义论》，何怀宏等译，中国社会科学出版社，1988年，第129页。

③ [美]约翰·罗尔斯：《正义论》，何怀宏等译，中国社会科学出版社，1988年，第127页。

义环境"。这是因为,罗尔斯把社会界定为一种社会合作系统。如若资源极度丰富,那么合作必将成为多余,分配问题必定是没有意义的问题;如若极度匮乏,那么合作必然不可能,因为个人会为了争夺资源而陷入一种极度非理性的战争状态。而在这两种情况下都没有形成利益冲突,从而产生由社会合作产生的利益分配的问题。

在罗尔斯看来,"原初状态"之下人们的状况反映了某些限制性条件,他们可以选择的对象和他们对环境的知识都受到各种约束。罗尔斯把这些约束称作"正当概念的形式约束"。这种形式约束旨在弱化理论前提的基础之上而引出正义原则。因为它们不仅对正义原则的选择有效,而且对所有伦理原则有效。这些形式的限制条件的恰当性源自正义原则调整人们对制度和互相提出的要求的任务。如果正义原则要发挥它们的作用,即要分配基本的权利义务和决定利益的划分,自然就需要这些条件。其中每一个条件都是基本的,它们能够被传统的正义观满足。①罗尔斯认为这样的限制条件共有五个,分别是:原则必须是一般的、普遍的、公开的、有次序性的、终极的。在罗尔斯看来,正义环境蕴含着人们选择正义原则的形式限制。但是,在罗尔斯看来,为了彻底地贯彻"原初状态"的思想我们还必须引入"无知之幕"的假设。

罗尔斯的"作为公平的正义"的一个重要的方面就是,社会正义应该首先排除在自然与社会方面对人自身发展的影响。因为在罗尔斯看来,造成非正义的原因有两个,一个是自然方面的,一个是社会方面的。不论是基于自然天赋的不平等,还是基于后天的社会优势而形成不平等,在罗尔斯看来都是不能够接受的。因为罗尔斯承续了康德的思想,他是一个平等主义者。因此他认为,人的任何基于自然的和社会的偶然因素的所得在道德上都是不

---

① [美]约翰·罗尔斯:《正义论》,何怀宏等译,中国社会科学出版社,1988年,第129~130页。

应得的。他指出："我们必须以某种方法排除使人们陷入争论的各种偶然因素的影响,引导人们利用社会和自然环境以适于他们自己的利益。因而为达到此目的,我假设各方是处在一种无知之幕的背后。"①"无知之幕"的作用在于它可以屏蔽某些事实,使个人在做出选择之时不受它们的影响从而不借助自然与社会的先在优势而造成的社会的非正义性制度选择。罗尔斯把这些事实主要归结为三个方面。首先是社会地位、阶级出身、天生资质,以及理智和力量等。其次是个人的善观念、生活计划的特殊性、道德心理学特征等。最后是社会的经济或政治的状况、文化和文明水平等。②但是,在"无知之幕"背后的人也并非一无所知。罗尔斯认为,"无知之幕"背后人们知道有关社会的一般事实,理解政治事物和经济理论的原则,知道社会组织的基础和人的心理法则。这样可以保证人们在选择正义原则的时候,每个人都是理性的和合理的。在这里,罗尔斯的一个重要的思想就是消除"自然的"和"社会的"偶然因素影响,以防止人们在进行程序选择的时候依凭其产生的优势。总之,"无知之幕"的设计能够使得所有的人都处在自由而平等的地位,我们在正义选择的问题上具有一个理性的逻辑起点,进而在人们选择正义原则的时候能够做到最大限度的公平。在设置了种种的限制条件之后,罗尔斯认为在"原初状态"之下,相比于其他的思想史中的正义原则,人们必定会选择他的正义原则。

对于罗尔斯的"原初状态"理论,布鲁姆曾给予了非常严厉的批判,认为"原初状态"不过是建立在一种主观臆断的基础之上的,相对于霍布斯、洛克的"自然状态"理论缺乏坚实的经验根基。比如怕、骄傲、畏死并非是某种抽象与臆想,而是伴随着人的一生的强有力的经验和激情。"而罗尔斯的原初状态不及自然状态学说。事实上,除了原初状态没有任何地方与真实的人生

---

① [美]约翰·罗尔斯:《正义论》,何怀宏等译,中国社会科学出版社,1988年,第136页。

② [美]约翰·罗尔斯:《正义论》,何怀宏等译,中国社会科学出版社,1988年,第136页。

经验相对应……罗尔斯对于进入公民社会的理由非常模糊，他没有致力于任何人性的观点，因此在服从法律的意义上归附于一个社会，对于人的自我实现是否真的重要就是悬而未决的。"①我们认为此种观点是对罗尔斯的极大误解。罗尔斯的"原初状态"，恰恰是在最大的程度上还原了真实的个人。因为罗尔斯看的人性观念，恰恰是取自于民主文化传统。而霍布斯、洛克"自然状态"下的个人不是真正本真意义上的人，按照马克思的理解，他们不过是私有制度下所塑造的人的形象。而布鲁姆的另一个反驳，即其没有提供人们进入公民社会的理由也是不能成立的。罗尔斯与施特劳斯学派的观点是具有内在的一致性，那就是政治共同体是人的存在论前提，"原初状态"因为"原初状态"作为一种代表设置本身是连接自由而平等的个人与正义原则的模型。罗尔斯继承了康德哲学关于道德人的基本假设，而康德道德学说的基础是人性的道德经验，这是我们的"理性的事实"。

(三)正义原则之选择

在设置了"正义环境"之后，罗尔斯以一种对康德道德哲学的"程序主义"解读，使"绝对命令"经验化的方式推理出他的正义原则。这种"程序主义"的方式之优点在于：一方面，正义原则并非是以某种具有形而上学完善论为基础从而克服了传统哲学的目的论；另一方面，正义原则是人的理性选择的结果，从而在一定程度上具有确定性从而可以抵御怀疑主义的攻击。

罗尔斯认为，相对于历史上所出现的各种正义原则，人们在"原初状态"之下与"无知之幕"背后作为"自由而平等的道德的个人"通过"反思的平衡"并运用"最大最小值"原理必然会选择他的正义原则。在此，我们需要指出的是，罗尔斯对正义观念的证明是建立在理性的选择上的，其证明方式是，摆

---

① ［美］阿兰·布鲁姆：《巨人与侏儒》，张辉等译，华夏出版社，2007年，第317页。

出各种正义观让人进行理性的选择。科亨曾经对罗尔斯的正义原则提出这样的一种评价，那就是罗尔斯的《正义论》通篇并未给予正义原则一个明确的定义。这种观点可能误解了罗尔斯。罗尔斯的理论应该是对于正义原则的证明，按照康德的思路是一种理性的自我证明，唯其如此方能展现作为理性本质的自由的理念。可以说，罗尔斯的正义理论并非是诉诸外在的价值标准，价值标准本身就蕴含在"程序主义"之中。

罗尔斯的正义原则有两个："第一个正义原则：每个人对与所有人所拥有的最广泛平等的基本自由体系相容的类似自由体系都应有一种平等的权利。第二个正义原则：社会的和经济的不平等应这样安排，使它们：①在与正义的储存原则一致的境况下，适合于最少受惠者的最大利益；②依系于在机会公平平等的条件下职务和地位向所有人开放。"①第一个原则被罗尔斯称为权利原则，主要适用于社会的政治领域；第二个正义原则的第一个原则被他称为"差别原则"；第二个称为"机会均等原则"。它们主要适用于社会的经济领域。但是在罗尔斯看来，在"原初状态"之下，人们选择这些原则的时候有可能会发生冲突，比如某些功利主义者会因为社会经济利益而侵犯自由权利。因此，他认为人们在选择这些原则的时候应该遵循先后次序。这就是被他所称为的词典序列式的优先规则。罗尔斯提出了两个"优先性规则"。"这两个原则是按照先后次序安排的。②"第一个原则优先于第二个原则。它体现了自由的优先性。在第二个原则之中，机会均等的原则优先于差别原则。罗尔斯认为，这些优先规则规定正义原则按照一种辞典式序列安排，即只有首先满足了在先的原则，才能考虑后面的原则。在这里，罗尔斯继承了康德哲学的精神。这种基于"平等自由"的优先性乃是一种逻辑上的优先性。

罗尔斯首先从人的道德直觉角度来论证他的两个正义原则较之功利主

①　［美］约翰·罗尔斯：《正义论》，何怀宏等译，中国社会科学出版社，1988年，第302页。

②　［美］约翰·罗尔斯：《正义论》，何怀宏等译，中国社会科学出版社，1988年，第60页。

义的优先性。他指出："作为公平的正义的一般观念要求平等地分配所有的基本善，除非一种不平等的分配有利于每一个人。从一开始，对这些善的交换没有做出任何限制，因此一种较少的自由能够从较多的社会和经济利益得到补偿。这样，无论从哪一个人的立场看待这一状况，他都没有办法能专为自己赢得利益，但是同时也没有任何根据使他接受特殊的不利。由于他期望在社会利益的分配中得到比平等的份额更多的一份是不合理的，那么他要做的事情显然就是把要求一种平等分配的原则接受为正义的第一个原则。的确，这一原则的合理性会使每个人都能够直接觉察到。"①这里需要我们指出的是，罗尔斯认识到任何的正义观都依赖于某种直觉；但是，罗尔斯更是秉承了康德的理性主义传统。他认为对两个正义原则及其优先性规则的证明仅诉诸于道德直觉是不够的。"对原则的衡量是正义观的一个基本的而不是次要的部分。如果我们不能解释这些衡量是如何合理的伦理标准决定的，我们就不可能再进行理性的讨论。"②

在从道德直觉的角度对两个正义原则进行论证之后，为了从理性的角度来对其加以证明，罗尔斯引入了"最大最小值"③的原则。他认为"最大最小值"符合人们在"原初状态"下的理性推断。罗尔斯指出："能够从原初状态的地位来发现支持它们的决定性论据，这就是把两个正义原则设想为对社会正义问题的最大最小值解决办法。两个正义原则与用于不确定条件下选择的最大最小值规则之间有某些相似之处。最大最小值规则要求按选择对象可能产生的最坏结果来排列选择对象的次序，然后我们将采用这样一个选

---

① ［美］约翰·罗尔斯：《正义论》，何怀宏等译，中国社会科学出版社，1988 年，第 149~150 页。

② ［美］约翰·罗尔斯：《正义论》，何怀宏等译，中国社会科学出版社，1988 年，第 41 页。

③ "最大最小值"理论在罗尔斯的《正义论》之中占有极为重要的地位，罗尔斯以其来担保人们选择正义原则。其核心的意义是：在最不利的环境之下最大限度地实现自己最大的利益，在罗尔斯看来这体现了正义理论的理性主义精神，它能够引导各方对正义原则的推理。（参见［美］约翰·罗尔斯：《正义论》，何怀宏等译，中国社会科学出版社，1988 年，第 151~159 页。）

择对象，它的最坏结果优于其他对象的最坏结果。处在原初状态中的各方，由于信息缺少，为了保护自己免受不利偶然情况的侵害，他们就会选择两个正义原则，以保证自己在最坏的情况下获得最好的结果。"[①]因此，罗尔斯的"最大最小值"原则体现了他的两个正义原则表达的关于正义的一般观念，即"所有的社会基本善——自由和机会、收入和财富及自尊的基础——都应被平等地分配，除非对一些或所有社会基本善的一种不平等的分配有利于最不利者"[②]。

我们可以说，对于古典功利主义者而言，对于获取社会的"基本善"或者说社会的"基本品益"的追求往往采用的是最大平均总和函数，也就是"最大幸福原理"，它作为功利主义之道德的基本原理的基本信条是：合乎道德的行为或制度应当能够促进"最大多数人的最大幸福"。但是罗尔斯认为，功利主义的这条基本原理只适应于个人的道德行为而不适合于规导"社会的基本结构"。如果把其应用于"社会基本结构"则必然导致对某些人的基本权利的侵犯，因为它主张为了达到社会福利的最大总和而牺牲某些个人权利是合法的。在功利主义社会之中，对人之道德水准要求较高，它需要人的必要的慷慨与仁义。罗尔斯认为，这一原理不符合自由主义维护自由价值的主旨，真正的自由主义应该维护每个人的自由。我们可以看到，罗尔斯的优先性规则的本质内涵是自由只能为了自由而受到限制；这一思想完全承袭了康德政治哲学思想。在《道德形而上学》中，康德确定了"法权的普遍原则"，"任何一个行动，如果它，或者按照其准则每一个人的任性的自由，都能够与任何人根据一个普遍法则的自由共存，就是正当的"[③]。可见，罗尔斯正义原则的第一条原则即"每个人对与所有人所拥有的最广泛平等的基本自由体

---

① ［美］约翰·罗尔斯：《正义论》，何怀宏等译，中国社会科学出版社，1988年，第151~152页。

② ［美］约翰·罗尔斯：《正义论》，何怀宏等译，中国社会科学出版社，1988年，第303页。

③ 李秋零主编：《康德全集》（第6卷），中国人民大学出版社，2007年，第238页。

系相容的类似自由体系都应有一种平等的权利",及其优先性的规定承袭了康德的法权的普遍原则。

但是,我们需要注意的是:两个正义原则都是为了解决平等问题。一个是解决政治的不平等,另一个是解决经济的不平等。罗尔斯对平等问题的解决不同于以往自由主义政治哲学家们对平等问题的解决。一般的观点认为,西方自由主义有两个伟大传统,一个是霍布斯、洛克所代表的被贡斯当称之为"现代人的自由"的传统;另一个是卢梭、康德所代表的被贡斯当称之为"古代人的自由"。前者强调伯林所说的"消极自由",即免于……的自由;后者强调伯林所说的"积极自由",即去做……的自由。罗尔斯认为自由与平等是自由主义政治哲学所持有的两项最为重要的政治价值。罗尔斯认为:"这两种自由都深深地植根于人类的渴望之中,我们决不可为了政治自由和平等地参与政治事务的自由而牺牲思想和良心的自由、个人和公民的自由。"①因此,自由与平等两个价值不可偏废。罗尔斯思考的是如何能够使自由与平等达到最佳的平衡点。罗尔斯认为,绝对的平等是不可能的,这主要有两个方面的原因,一个是自然方面的原因,每个人的自然天赋不同;另一个是社会方面的原因,如家庭环境、社会环境等。在罗尔斯看来,传统的平等理论是有缺陷的。"即使它完善地排除了社会偶然因素的影响,它还是允许财富和收入的分配受能力和天赋的自然分配决定。"②为此,罗尔斯提出了他的"差别原则",要言之,不平等应该是能够使全体社会成员都能受益的不平等。不难看出,罗尔斯的理论所追求乃是一种"结果的平等",也就是通过社会分配的公平而实现人们在社会生活中所占有社会资源的平等。罗尔斯认为,由于自然天赋和社会偶然因素所造成的不平等是不符合道义的。应该把个人天赋看作是社会的共有财产。罗尔斯的主要理论意图是,将他的两个正义原则

---

① [美]约翰·罗尔斯:《正义论》,何怀宏等译,中国社会科学出版社,1988年,第199页。

② [美]约翰·罗尔斯:《正义论》,何怀宏等译,中国社会科学出版社,1988年,第74页。

应用于"社会的基本结构"，从而达到社会上所有人的自由与平等，使这两项重要的价值都能够在社会的基本制度层面得到体现。这与卢梭所坚持的绝对的平等主义思想并不相同。罗尔斯把自己的理论纲领称为"作为公平的正义"，这一纲领尤其在"差别原则"中得到体现。罗尔斯认为，人们在选择正义原则的时候遵循两个优先性规则依赖于在罗尔斯在改造社会契约论的基础之上设定了"原初状态"：它是人们选择正义原则的"正义环境"。罗尔斯设定"原初状态"的目标是为了使人在"原初状态"之下所选择的原则就是正义原则。那么，罗尔斯是如何做到这一点的呢？简单说，罗尔斯设定了多种限制条件，这些设定能够保证人们在"原初状态"之下选择正义原则的时候人的推理的合理性，从而保证正义原则的择出。

罗尔斯的正义原则遭受了以诺齐克为代表的自由至上主义与以桑德尔为代表的社群主义的批判。但是这些挑战来自于自由主义内部，他们共享了罗尔斯的理论前提，比如自由、平等等政治价值，其论争本身属于自由主义思想的内部之争。我们认为，罗尔斯所面对的更大的挑战来自于保守主义的批判。因为其对罗尔斯的政治哲学思想的前提发起了最为严峻的挑战。例如布鲁姆对罗尔斯的批判最为尖刻。他对自由与平等价值提出了理论质疑。布鲁姆认为，罗尔斯正义观的一个非常重要的理论前设是个人的自然天赋是公共财产。而作为正义原则的核心的差别原则的实质是"最少得利人的欲望是仍是决定性的"①。在布鲁姆看来，在此正义原则之下并不能产生好社会，它会降低社会的基本品性，使人失去高贵的精神。罗尔斯并未思考过如托克维尔对现代民主制的深刻忧虑，以及尼采对现代性的严厉批评。

我们认为布鲁姆对罗尔斯的批判是带有偏见的。确实，按照罗尔斯的正义理论，他确实是将个人天赋视作公共财产。一个重大问题是，罗尔斯虽然

---

① ［美］阿兰·布鲁姆：《巨人与侏儒》，张辉等译，华夏出版社，2007年，第323页。

将个人天赋视为公共财产。但是罗尔斯的正义理论还有一条非常重要的理论前设,那就是个人确实是罗尔斯理论的根本出发点,个人所组成的社会是作为公平合作系统的社会。它是人们生入其中,死出其外的封闭社会。可以说,与许多自由主义的思想以个人为出发点不同,罗尔斯的观点更加接近马克思,也更接近古典政治哲学的观点。依照马克思的观点,我们的思路可能会更加清晰,在马克思看来,个人是社会的个人,社会的个人以社会为中介创造历史。我们不可否认个人天赋具有一种与生俱来的差异,但是个人天赋的发挥也只能是以所有人创造的社会历史实践为中介的。历史性的社会实践构成了人之存在的先验条件。由此,在这个意义上,如布鲁姆认为的,个人将自然天赋看作私人财产,恰恰是一种非历史的观点。其也确乎忘记了哲学人确乎不能离开城邦遗世独立。

三、"公平正义"之"康德式"解释

罗尔斯将其正义理论表述为具有重要的"康德主义"的特征,以显示其与康德哲学思想的重要理论渊源。《正义论》第 40 节的题目为"对作为公平正义的康德式解释",罗尔斯后来称作"康德式建构主义"。其实质的含义是,正义原则是"自由而平等的人"在规定的条件即"原初状态"之下而选择的,并被每一个人所证明和接受。可以说,康德哲学特别是康德的道德哲学决定性地启发了罗尔斯的政治研究方案。《正义论》发表之后,罗尔斯分别于 1975 年发表《一个康德式的平等观念》、1980 年发表《道德理论中的康德式的建构主义》及 1989 年发表《康德道德哲学诸问题》三篇重要文章,着重阐释了康德哲学理论对其哲学理论的重大影响。它标志着罗尔斯对康德哲学理解的与众不同。

有些观点把康德哲学理解为空洞的、形式的、不关注现实的;从而忽视康德关于"法的形而上学"的重要论述,特别是康德以理性自由的观念为基础的对私有财产权的重要论述。与此相反,罗尔斯则高度关注康德先验哲学的现实感。罗尔斯认为,在康德先验哲学背后具有经验的政治内容,罗尔斯指出:"我认为,人们强调一般性和普遍性在康德伦理学中的地位是一个错误。道德原则是一般和普遍的观点很难说是康德的新观点。"①"康德观点的真正力量在别的地方。"②罗尔斯认为,康德哲学的理论意图在其政治哲学领域当中。"原初状态可以被看成对康德的自律和绝对命令的一个程序性解释。"③这是罗尔斯表明其政治哲学与康德道德哲学之间紧密关系的关键性话语。在《正义论》的注释中,罗尔斯指出:"如果不想曲解康德学说的话,就不能忽略《判断力批判》《理性范围内的宗教》以及他的政治著作。"④罗尔斯的意思是,康德的道德理论的重要意义在于道德理论为其政治理论提供了一种最为重要的方法论。罗尔斯政治哲学的一个最为重要的任务就是依照康德道德哲学并给予"程序主义"解释来构造经验的政治共同体。

(一)"自由、平等的理性存在物"之为"本体界"的人

将"公平的正义"做"康德式"的解释的第一步就是廓清人的观念,而这是构成罗尔斯建构正义理论的根本性的前提性问题。在这一问题上,罗尔斯取法于康德的道德哲学关于"理性的自我"的观念。罗尔斯认为:"从本质上讲,康德式建构主义的独特之处在于:它设定了一个独特的人的观念作为合理建构程序的基本要素,这个程序的结果决定着首要正义原则。"⑤罗尔斯将人的观念规定为:"自由、平等的理性存在物。"用两个关键性的概念刻画人

---

① [美]约翰·罗尔斯:《正义论》,何怀宏等译,中国社会科学出版社,1988年,第250页。
② [美]约翰·罗尔斯:《正义论》,何怀宏等译,中国社会科学出版社,1988年,第250页。
③ [美]约翰·罗尔斯:《正义论》,何怀宏等译,中国社会科学出版社,1988年,第256页。
④ [美]约翰·罗尔斯:《正义论》,何怀宏等译,中国社会科学出版社,1988年,第250页。
⑤ 《罗尔斯论文全集》上册,陈肖生等译,吉林出版集团有限责任公司,2013年,第342页。

的特性即"理性的"和"合理的"。这两个关键性特征对应于人的两种能力,一个是"正义感"能力,一个是"善观念"的能力。"正义感"能力是践行道德规则的能力,"善观念"能力是人们运用合理的手段追寻目标的能力。但是罗尔斯关于人的观念的论述,遭受了严厉的批评。特别是与合理性相关的个人主义的问题。例如罗尔斯的将人欲求某种基本善来作为规定理性的人的一个部分。罗尔斯无法平衡理论理性与实践理性之间的关系。审慎的理性与康德的实践理性相距甚远。罗尔斯面临更为严苛的挑战则是来自布鲁姆。布鲁姆认为,罗尔斯的"作为公平的正义"标准来自最少得利者的欲望,其背后的激励机制会使社会面临平庸化的危险。①因此布鲁姆认为,罗尔斯的"作为公平的正义"并不能导致好政治。

众所周知,康德的三大批判所要处理的三个问题是:我能够认识什么?我应该做什么?我可以希望什么?康德认为,其实这三个问题可以归结为一个问题,那就是人是什么这一古老的哲学命题。前三个问题分别属于形而上学问题、伦理学问题及神学问题。而关于人的问题则是由人类学回答的问题。②可以说,在康德哲学之中一直存在一个"人性论"的维度。当然康德对人性的探讨不同于前康德哲学经验主义的将人理解为感性、欲望,同时也不同于唯理论将人性理解为追求理性目的的理性存在者。因为在康德看来,二者追求的目的都是外在于理性的,而理性的目的则在于理性自身。对于人来说,以实践理性为根基的自由意志是人性的本质性要素。

康德关于人性的探讨立足于自由意志的观念,在康德看来,我们应该为自己的所有行为负有道德责任,因为从实践理性的角度来看,我们生活在一个本体的世界里。人是一个本体的自我,这个本体的自我能够以"绝对命令"

---

① [美]阿兰·布鲁姆:《巨人与侏儒》,张辉等译,华夏出版社,2007年,第322页。

② [德]康德:《逻辑学讲义》,杨一之译,商务印书馆,2010年,第23页。

的方式为人自身立法，并不受来自欲望和引诱。

从先验的哲学的角度来看，康德考察的是人的三种能力：认知能力、欲求能力、审美能力。其中欲求能力居于主导地位，理论理性从属于实践理性。现象与物自体的划分是康德哲学的理论前提，不论是在理论哲学当中还是在道德哲学当中都占有极为重要的地位。在认识论领域，现象是人的"知性"能力所能够应用的领域，而本体则标示着人的认识的界限。现象与物自体的划分规定了人能够认识什么和不能认识什么。在道德哲学领域，现象与物自体的划分能够帮助我们认识到什么是应该做的，什么是不应该做的。由此，在康德笔下的人是双重意义的人，一面属于现象界，一面属于本体界。在认识领域当中，康德把人的认识能力划分为知性与感性，他们是人知识中的两个要素。人是一种时空的存在物，时间和空间是人的感性直观的形式。康德的《纯粹理性批判》的一个最为重要的意图是审查人的认识能力以划定其界限。康德阐述了把一切对象区分为现象和本体的理由，那就是人作为有限的理性的存在物受限于先天认识原则只能形成对于世界现象的认知。康德把人的认识能力划分为知性与感性，知性与感性又是人类一切知识的两种要素。在康德理论哲学领域当中，康德把所有的一般对象划分为"现象"与"物自体"的理由是为了划定人的认识能力的界限而为信仰留出地盘，也是理性在理论哲学当中一以贯之的必然要求。

康德关于人性的原则体现在其道德哲学之中，康德将人定义为作为目的本身的理性。在康德看来，立足于理论理性无法解决人性的问题。自由与必然的问题在理论理性之中无法得到解决，只能导致"二律背反"。自由意志的问题无法在理论理性的领域得到回答，因为其隶属于本体界。因此，我们只能从实践理性出发，或者从本体的自我出发。本体在康德那里意味着理性，其特性是理性以自身作为目的。人的自由意志恰恰是理性的重要材料。康德把"自由"理解为"自律"，其可以为自身立法，表现为康德的"绝对命令"。罗尔斯认为："我相信康德认为：人是一种自由,平等的理性存在物,当他的行为原则是作为对他的这一本性的可能是最准确的表现而被他这样选择时,他是自律地行动的。"①在康德看来,纯粹实践理性的对象概念,应该是一个自由行为所导致的结果在心灵之中产生的显像,而实践知识或者说道德知识就在于:自由的行为与所导致的结果进行评判,进而考察意志的规定性的根据。当意志的规定性根据来源于意志本身的时候,其行为被称为善,而当意志的规定性的根据来源于意志之外, 或者以意志的行为的客观结果为根据,此行为恶,因为,以此为基础的道德知识被偷偷地塞进了经验的原则,因此不能够成为严格的道德知识了,在康德看来,理性原则本身就是意志的规定性的根据,这样的法则直接规定着意志。由此,康德的"本体界"的人是自由这一先验理念的载体,它通过道德意识而显示自身。

我们再来看罗尔斯对人性观念的理解,罗尔斯对人的理解取法于康德哲学,主要是康德的《道德形而上学原理》与实践理性批判。在康德那里,道德原则是理性选择的重要目标,是自由意志的表现,康德称之为"自律"。在罗尔斯看来,"原初状态"下所描述的关于人的观念就是康德本体的自我的观念。对原初境况的描述类似于本体自我的观点,这种本体的自我是指自由而平等的理性存在物。在罗尔斯看来,在对"原初状态"进行了多重的形式条件进行限制之后,正义原则是自由而理性存在物的最为充分的可能的表达。他们不仅是关注能够有益其人生计划的基本善, 拥有充分的自由去选择他们所希望的任何原则, 而且他们的选择的自由还表达了其作为理智王国成员的欲望。因此,"原初状态"下的人是在按照康德意义上的"自律"而行动,与康德的本体的自我相类似。

而罗尔斯的这一类别遭遇了严重的挑战。因为按照罗尔斯对 "原初状

---

① ［美］约翰·罗尔斯:《正义论》,何怀宏等译,中国社会科学出版社,1988 年,第 251 页。

态"的解释,正义原则的达成并非康德意义上的本体的自由基于"绝对命令"自律的选择,而是基于效率的考虑。由于"无知之幕"确实将我们与自身的偏好与个人的利益切断开来,但是我们的反思仍然是与一般的人的需要和利益联系在一起的,人显然还是具有"他律"的。"原初状态"下的各方是最大限度计算的理性的主体而非是自由、自律的主体,"原初状态"下的理性的主体并非康德意义上的纯粹理性,而是一种审慎的理性,其中隐藏着博弈论的因素。虽然罗尔斯在《正义论》之中对理性与合理性有着非常明确的划分。不过此种批评并没有完全切中罗尔斯正义理论的要害。首先,罗尔斯"原初状态"下的个人的价值追求是所有公民都勤奋努力的社会,每一个人都追求自己的人生计划,我们并不是从一种完全的利己主义出发的。更进一步,在罗尔斯的差异原则那里所体现的是公平的正义,其考虑的是所有公民特别是境遇最差者的利益。因此,与康德一样,罗尔斯主张在道德上我们有责任来促进他人尤其是最需要帮助的人的幸福。另外一个方面是关于幸福。罗尔斯追求的社会所关注的并非是幸福的满足,这一点体现在其强烈地反功利主义的立场。罗尔斯认为,善只是我们获得个人生活计划的手段,而追求个人计划的成功才是我们人生的目的。罗尔斯的"作为公平的正义"的目标是在最为根本性的层面上使人具有自由选择的基础,这一点体现在基本自由权及其优先性上。还有更为重要的一点就是,罗尔斯为社会制度赋予了比康德哲学那里更为重大的意义。康德的实践哲学包括道德哲学与政治哲学两个部分。康德的《道德形而上学》划分为权利学说与德性学说,前者关注外在自由,后者关注内在自由,康德将动机问题排除在了权利哲学之外。相反罗尔斯认为,制度虽然对形成好社会意义重大,但是并非是唯一的重要条件。以武力或者依靠国家的暴力机器来维护政治秩序并不能维护政治共同体的稳定性,还需要公民形成良好的政治美德。我们可以在这个意义上来说,罗尔斯比康德更康德。

关于罗尔斯意义上的人的观念，布鲁姆曾给予严苛的批评，认为罗尔斯根本没有重视托克维尔对现代社会的平庸化的批判，以及尼采的民主社会中的人的高贵精神的失落和对少数人自然天赋作为公共财产的分配。我们认为，布鲁姆的观点是带有保守主义的偏见，当然我们不怀疑布鲁姆对现代性危机的深刻论述。托克维尔的主要观点是，资产级阶的平等观念制造了分离、独立、相似的个体并强化了个人的自我意识，它对公共领域具有强大的腐蚀性作用。更为严重的是，那些在民主社会中占据有影响地位的人可以借助人权这一重要的意识形态资源造就一种对人的压迫性的权力。其实罗尔斯比托克维尔更清楚地看到了这种危险。在罗尔斯看来，理性社会所面临的一重大挑战就是那些在自然与社会中占有先天资源优势的人会利用规则冲淡和影响社会中的平等主义要素，而罗尔斯要求政治制度的设计要优先考虑社会经济地位最低的人。在这个问题上罗尔斯再一次地回到实践理性，认为人的正义感能力是人们能够恪守"作为公平的正义"。关于尼采的问题，罗尔斯用"理性的善的观念"回应。罗尔斯指出，"自尊"作为一种"理性的善的观念"重要的组成部分，他保证我们的事情是值得做的，没有它我们会沦为犬儒主义或冷淡主义。

综上所述，罗尔斯关于人的观念是取法于康德的本体的自我。他描述了自由、平等的理性的个人的基本特征，是康德道德哲学"程序主义"的最为重要的理论前设。

(二)"正义原则"之于"绝对命令"：康德道德哲学的程序主义解释

康德道德哲学的核心概念是其"绝对命令"观念。在《实践理性批判》之中，以自由为最高原理，他分析出"绝对命令"作为实践理性的三种形式，体现为三条形式化规则。但是按照一般的观点，康德为了"绝对命令"而抽离了其内容。因而受到后学的激烈批判，认为其为了形式而牺牲了内容而造成了空洞性。在罗尔斯看来，我们可以给予绝对命令一种程序主义的解释，其优势在于，在不牺牲"绝对命令"的纯粹形式进而充实其内容。从而超越"绝对命令"的形式主义，沟通康德意义上的本体界与现象界。(第二章判断力批判提供的政治原则)换言之，"绝对命令"使我们把道德法则体验为道德约束，唤起我们的道德意识的表象，是道德法则的形式化。道德法则也因其纯粹性居于本体界。在罗尔斯看来，将绝对命令程序化是："通过把人类生活的正常情况以及我们在作为自然秩序中占据一个特殊位置的、具有各种需要的有限存在者这个情况加以考虑，从而调整定言命令以使之能够应用到我们的环境中。"①从而使"绝对命令"应用于现象界。罗尔斯认为"原初状态"中各方的慎思是与一个具有"善良意志"的个人的慎思一致的。而在"原初状态"下推导出的正义原则就是康德意义上的"绝对命令"。罗尔斯指出："正义原则也是康德意义上的绝对命令。因为康德把一个绝对命令理解为一个行动原则，这个行动原则是根据一个人作为自由、平等的理性存在物的本质而被运用到他身上的。"②

康德意义上的"善良意志"以"绝对命令"来检视自己的行为是否具有道德性。康德绝对命令的表述是："要只按照你同时认为也能成为普遍规律的准则去行动。"③康德的"绝对命令"是人之先验的道德原理之表现形式；它在性质上之所以是绝对的，这乃是因为它出自先验的纯粹理性，只体现为善良意志，与任何利益打算无关，因而它是无条件的、绝对的。康德把它表述为："要只按照你同时认为也能成为普遍规律的准则去行动。"④但是康德之后的理论家们普遍认为，康德的"绝对命令"只是提出了道德的普遍性原则，并无

---

① 《罗尔斯论文全集》下册，陈肖生等译，吉林出版集团有限责任公司，2013年，第564~565页。

② [美]约翰·罗尔斯：《正义论》，何怀宏等译，中国社会科学出版社，1988年，第252页。

③ [德]康德：《道德形而上学原理》，苗力田译，上海世纪出版集团，2005年，第39页。

④ [德]康德：《道德形而上学原理》，苗力田译，上海世纪出版集团，2005年，第39页。

实质性内容,完全是空洞的。康德的绝对命令为后世哲学家们所诟病的主要原因在于,其只强调人之道德行为的"形式"因素而丝毫不涉及"质料"内容并陷入了高度形式主义。康德的道德永远居于彼岸世界。因而完全服从绝对命令的道德人只不过是人的崇高理想形象而已。批判康德道德哲学的"形式主义"方面最为激烈的当属黑格尔。从《精神现象学》到《逻辑学》,黑格尔都给予康德的"形式主义"以严厉的批判。黑格尔认为,康德的自我立法的理性排除了一切特殊的内容,剩下的就只有普遍的纯粹形式。道德律是"这样的一种规律只停留于应该,而并没有现实;它们不是规律,而仅仅是诫命或戒律"①。康德虽然承认人的实践理性能力,这固然是其道德哲学的优点,"然而对于意志或实践理性的内容的问题却仍然没有加以解答"。"只是根据意志须自身一致的原则,或只是提出为义务而履行义务的要求,是不够的。"因此,"康德的实践理性并未超出那个理论理性的最后观点——形式主义"②。穆勒认为,由于"绝对命令"只持守于普遍的形式主义原则,因此当从其原理"引申出道德的实际义务之时",不能排除从一个意欲普遍立法的意志会产生不道德的行为法则。③因为,一个恶棍也可以把自己的原则作为普遍的道德原则来遵守。康德的"绝对命令"为人的道德立法方面并不能为人所信服。

与上述思想家不同,罗尔斯认为康德哲学在根本上是极为关注现实的,"人们强调一般性和普遍性在康德伦理学中的地位是一个错误。道德原则是一般和普遍的观点很难说是康德的新观点"④。康德的道德哲学是有实际内容的。康德的道德哲学起源于卢梭的政治问题。罗尔斯一言中的地指出:"康德的主要目标是加深和证明卢梭的观点:即自由就是按照我们给予自己的

---

① [德]黑格尔:《精神现象学》上卷,贺麟、王玖兴译,商务印书馆,1983 年,第 283 页。

② [德]黑格尔:《小逻辑》,贺麟译,商务印书馆,1980 年,第 143、144 页。

③ [英]约翰·穆勒:《功用主义》,唐钺译,商务印书馆,1957 年,第 4 页。

④ [美]约翰·罗尔斯:《正义论》,何怀宏等译,中国社会科学出版社,1988 年,第 250 页。

法律而行动。这并不导致一种严厉的道德,而是导向一种互尊的伦理学。"①
"绝对命令"实际上是指,在人们对于那些要实质的行动内容导向道德问题
时人们将会如何进行道德思考。我们完全可以对之进行程序主义解释。

　　"绝对命令"指的是一种不受限制地适用于义务,在其约束力中不依赖
于任何经验。"绝对命令"是道德的最高原理的表现形式。在《道德形而上学
基础》中,康德从一般"有理性者"和自然物的区别出发来自上而下地论证人
之道德的最高原理。康德指出:"在自然界中每一物件都是按规律起作用。唯
独有理性的东西有能力按照对规律的观念,也就是按照原则而行动,或者
说,具有意志。既然使规律见之于行动必然需要理性,所以意志也就是实践
理性。"②但是,人作为"有限的理性存在者"除了受实践理性的规定外,还受
到经验或感性偏爱的影响,这种影响对意志来说就成为偏离法则表象的、偶
然的外在因素。而实践理性的规定对它就成了命令。命令分为有条件的假言
命令与无条件的定言命令。前者只是为达到某个具体目的的技术性的明智
的劝告,后者才是道德上的"绝对命令"。康德认为:"定言命令只有一条,这
就是:要只按照你同时认为也能成为普遍规律的准则去行动。"③接下来,康
德以这条唯一的"绝对命令"推导出了三条派生的命令形式。第一条派生的
命令形式是:"你的行动,应该把行为准则通过你的意志变为普遍的自然规
律。"④第二条派生的命令形式是:"你的行动,要把你自己人身中的人性,和
其他人身中的人性,在任何时候都同样看作是目的,永远不能只看作是手
段。"⑤第三条派生命令的形式是:"每个有理性东西的意志的观念都是普遍

① [美]约翰·罗尔斯:《正义论》,何怀宏等译,中国社会科学出版社,1988年,第255页。
② [德]康德:《道德形而上学原理》,苗力田译,上海世纪出版集团,2005年,第30页。
③ [德]康德:《道德形而上学原理》,苗力田译,上海世纪出版集团,2005年,第39页。
④ [德]康德:《道德形而上学原理》,苗力田译,上海世纪出版集团,2005年,第40页。
⑤ [德]康德:《道德形而上学原理》,苗力田译,上海世纪出版集团,2005年,第48页。

立法的意志观念。"①康德的道德的绝对命令的重大意义在于,使人作为行动的主体具有了人格的尊严,并激发起敬重的道德情感。康德认为:"道德原则的三种形式,归根到底,是同一规律的不同公式,其中每一个又包含着其他两者。他们之间虽然有着区别,不过这种区别与其说是客观实践的,还不如说是主观的,其目的在于通过某种类比使观念与直观相接近,由此并与情感相近。"②康德的这三条派生的绝对命令旨在证明人之先验的自由的实在性。但是,康德的"绝对命令"是内省的原则,是纯粹形式的。例如我们应当帮助那些需要被帮助的人,但是很可能出现这种情况,那就是帮助他人会扰乱我们自己的生活计划。因此,必须对"绝对命令"予以"程序主义"解释以获得实在的内容。

"绝对命令"可以化解为三个程序性步骤:第一步,表达出行为之准则,该准则乃是主体意图实行的行为的基础。第二步,在此基础之上进行思维实验,假设这一准则被提升到一个人人遵循的、普遍有效的法则,然后考虑这一法则在实际社会中的后果。第三步,检验提出这一准则的主体自身能否接受该实际可能的后果。

对此,罗尔斯指出:"康德道德建构主义的一个本质特点是,赋予正义职责和道义职责以内容的特殊绝对命令被看作是由一个建构程序(绝对命令程序)规定的,其形式和结构既反映了我们的实践理性的两种能力,也反映了我们作为自由而平等的道德人的境况。"③康德的"程序主义"决定性地启发了罗尔斯的政治哲学建构方法。罗尔斯认为可以将"绝对命令"演化为四个步骤程序原则。"(1)为了实现 Y,我将在环境 C 下做 X。(在这里,X 是一个行动,Y 是一种事态。)第二步,把第一步得的原则一般化:(2)每一个人在环

---

① [德]康德:《道德形而上学原理》,苗力田译,上海世纪出版集团,2005 年,第 51 页。

② [德]康德:《道德形而上学原理》,苗力田译,上海世纪出版集团,2005 年,第 56 页。

③ [美]约翰·罗尔斯:《道德哲学史讲义》,张国清译,上海三联出版社,2003 年,第 322 页。

境 C 下为了实现 Y 将去做 X。在第三步。我们将(2)中的一般命令转变成一种自然法,得到:(3),每一个人在环境 C 下,为了实现 Y 总是去做 X(仿佛这是一种自然法要求的)。(4)是我们将在第(3)步得到的自然法,与(我们所理解的)各种各样的自然法结合起来,然后尽我们所能地去估算一下。一旦新结合起来的自然法,有机会发挥它的影响的话,所得到的自然秩序将会是什么?"[1]在罗尔斯看来,依据"绝对命令",任何准则都能够在上述四个步骤的程序得到检测。它是行动者在他们的道德思考中所使用的道德推理的方式。但是必须加以限定, 比如说四个步骤体现了从具体的环境出发的个人的道德判断,到一般性的道德判断,在上升到自然法,以及自然秩序的高度。此外,罗尔斯认为,要引入康德《道德形而上学》的"人类真正需要的观念",人性的原则,以及我们在道德推理时的信息限制。比如他认为,康德在对社会世界进行评估时,服从了信息上的两个限制。第一个限制是我们将忽略人的一些较为特殊的特征。第二个限制是当我们问我们是否愿意我们的准则相里的那个世界,是我们假定我们在退市,仿佛不知道我们在这个世界上的位置。不仅要以真正的人类需要为基础,而且还要从一个恰当的普遍的观点出发。不会恰当,就是说普遍观点要满足上述那个对于特殊信息的限制,我们必须将自己看作是在为一在时间上持久的社会世界提出公共道德法则。[2]

总之,罗尔斯的研究之所以是康德主义的,是因为罗尔斯与康德一样,想为诸道德原则提供合理的基础, 而这些道德原则的合理性并不依赖于那变幻不定的人性——也就是说,不依赖于人的欲望、激情或本能等。它体现了纯粹实践理性对于经验实践理性的优先性地位。

---

① 《罗尔斯论文全集》下册,陈肖生等译,吉林出版集团有限责任公司,2013 年,第 566 页。
② 《罗尔斯论文全集》下册,陈肖生等译,吉林出版集团有限责任公司,2013 年,第 569 页。

（三）"良序社会"之于"目的王国"

"目的王国"是康德以实践理性为基础的康德"道德律"的先天构造的对象，而且是阐释实践理性优先于理论理性进而实现二者统一的核心理念。而从政治哲学的视域来看，理想的共同体应该是以实践理性为基础的"目的王国"，而且在合理的有利的条件之下实现这个王国是合乎理性的，是我们的义务。罗尔斯在其《道德哲学史讲演录》对"目的王国"进行了政治学解读，他认为"目的王国"是"在共同的法则之下的理性人的系统联合体"①。但是在罗尔斯看来，康德这一以道德律为基础的先验构造的理性概念，并未很好地处理道德与幸福的关系问题。罗尔斯说："我不认为道德律的内容（如定言命令程序所规定的）发出了这样的命令，即目的王国里，人们这样来行动以使得快乐与德性严格地成比例。让人吃惊的是康德从未试图说明这一点。"②而对于德福一致，康德只是将其推向了彼岸世界。康德将其道"目的王国"这一本质内涵意味着，在"目的王国"之中，每一个人作为道德的行为主体遵循以"绝对命令"为其表现形式的道德法则，并且以每个人的人性为鹄的，从而使人居于本体世界。可以说，"目的王国"是人的世界的最高的道德范本，但是同时，康德对"目的王国"的高绝标准也使其居于必然世界。其只能够成为人们道德信仰。但是在罗尔斯看来，康德的道德政治理想并非遥不可及，我们可以通过对康德哲学的改造，特别是在"原初状态"之下的"思想实验"而得出的正义原则，并以其规导社会的基本结构，我们可以使康德的"目的王国"具有可欲性。罗尔斯将其称之为"良序社会"。

作为康德的"绝对命令"的重要组成部分，"目的王国"概念是康德第一"绝对命令"与第二"绝对命令"在逻辑上的合题，如果说第一命令是从主体

---

① ［美］约翰·罗尔斯：《道德哲学史讲演录》，张国清译，上海三联书店，2003 年，第 283 页。

② ［美］约翰·罗尔斯：《道德哲学史讲演录》，张国清译，上海三联书店，2003 年，第 275 页。

的角度来探讨道德原理,"人性"的原则从课体的角度,"目的王国"概念则是从主客统一的角度为人类提供了一种形而上学的视角来反思我们的先验的自由理念。罗尔斯认为,康德的"目的王国"是"在共同法则之下的理性人的系统联合体"①。

在康德哲学当中,"目的王国"是现实世界的最高的道德范本,它是以人的 "善良意志" 为根本出发点而依据实践理性的形式化法则即康德的三个 "绝对命令"而推出的人类理想世界的极限形态。我们也可以把康德的"目的王国"称之为"道德王国"。康德对"目的王国"这一概念的详细论述出现在《道德形上学原理》一书之中。在这本著作中,康德指出,"一切有理性东西都把自己的意志普遍立法概念当作立足点, 从这样的立足点来评价自身及其行为,就导致一个与此相关的、富有成果的概念,即目的王国的概念"②。康德对道德哲学的探讨是"善良意志"也就是纯粹意志,其本质就是具有实践理性能力,它能够为自身立法。这种为自身立法是通过"绝对命令"的形式表现出来的,关于"绝对命令"我们已经在上一小节给予论述,在此不再赘言。由于"善良意志"具有自我立法的实践能力,它没有外在的目的,毋宁说它本身就是目的。其本身就具有神圣的性质。因此康德认为,在"目的王国"之中,每一个"善良意志"都是绝对的立法者,它们本身就是目的。"每个有理性的东西都须服从这样的规律, 不论是谁在任何时候都不应该把自己和他人仅仅当作工具,而应该永远看作自身就是目的。"③在"目的王国"之中,每个"善良意志"自给自足,这种自给自足是指每个"善良意志"遵循实践理性的原理。因此 "每个有理性的东西都是目的王国的成员, 虽然在这里他是普遍立法者,同时自身也服从这些法律、规律。他是这一王国的首脑,在他立法时是不

① [美]约翰·罗尔斯:《道德哲学史讲演录》,张国清译,上海三联书店,2003 年,第 283 页。

② [德]康德:《道德形而上学原理》,苗力田译,上海世纪出版集团,2005 年,第 53 页。

③ [德]康德:《道德形而上学原理》,苗力田译,上海世纪出版集团,2005 年,第 53 页。

服从异己意志的"①。

罗尔斯认为,由他的两个"正义原则"所规导的被他称之为"良序社会"相似于康德的以最高道德原则即"绝对命令"为最高原理的理想世界。但是与"组织良好的社会"所不同的是,康德的"目的王国"是建立在纯粹实践理性的基础之上的。它是人类依靠实践理性对人类之最好的政体先验构造,因而具有理念性质,在"目的王国"中个人的一切感性欲望,都是应该被弃绝的。因此,康德的"目的王国"是一个高绝的标准,我们亦可以说是高度的理想化的以至于"目的王国"只是一个乌托邦或者说是一种道德理念,其并没有现实性。因此,在康德的道德哲学中,"目的王国"的实现不仅需要人类理性的不断启蒙,还是人类不断历史化与文化化的过程。即便如此,在康德看来这也是"反思判断力"的结果,历史本身的目的是不可知的。因此"目的王国"的实现还需要实践理性的公设来保证。在罗尔斯看来,康德的"目的王国"作为康德哲学的理性理念并非遥不可及,通过对其适当的改造便可以实现这一理念。那就是经过"有限的理性存在者"所一致同意的"公共的正义观"能够有效调节的社会。"它是这样的社会,其中每一个人都接受并知道其他人也接受同样的正义原则,同时,基本的社会制度满足着并且人们知道它满足着这些正义原则。"②罗尔斯认为,"良序社会"是康德"目的王国"理念的现实化。但是,按照罗尔斯的观点:"组织良好的社会"较之康德的"目的王国"的高绝理想性与先验性相比更加具有现实性与经验的性质。罗尔斯的"良序社会"的一个关键点在于"正义观念"的"公共性质。在罗尔斯看来,一种正义观的达成必然是基于对人及其社会之中的真实地位而被同意。由此,这样的一种正义观也是建立在我们充分考量的社会事实的基础之上所接受的原则。因此,"我们不需要借助神学的或者形而上学的学说来支持正义观

---

① [德]康德:《道德形而上学原理》,苗力田译,上海世纪出版集团,2005 年,第 53 页。

② [美]约翰·罗尔斯:《正义论》,何怀宏等译,中国社会科学出版社,1988 年,第 455~456 页。

念的原则，也不需要想象出另一个世界来补偿和纠正正义的两个原则在这个世界中的正当性"①。我们仅凭我们的有限性理性的公共性的运用，就能够证明正义原则的合法性。

罗尔斯认为，通过把他的两个"正义原则"应用于"社会基本结构"即主要的经济制度与政治制度，从而使社会具有道德理想化的同时具有现实的可操作性。更重要的是它可以克服康德哲学形而上学的困境。因此，罗尔斯认为："尽管公平的正义具有个人主义的特点。你的两个原则却是提供了一个阿基米德支点，来评估现存制度和它们所产生的欲望和追求。这些标准提供了一个指导社会变革过程的独立标准，而无需借助一种至善论的和有机论的社会观念。"②

在罗尔斯的《正义论》之中，正义原则的设计是为了形成一个社会世界，他把这个社会称之为"良序社会"。对于它的特点，罗尔斯这样来描述："一个良好的社会是一个被设计来发展它的成员的善并由一个公开的正义观念有效调节的社会，其中每一个人都接受并了解其他人也接受同样的正义原则。同时，基本的社会制度满足着并且也被看作是满足这些正义原则。在这个社会里，作为公平的正义被塑造得和这个社会观念一致。"③而在罗尔斯看来，"秩序良好的社会"乃是康德"目的王国"的现实"范例"化。

在罗尔斯看来，所谓"目的王国"是理性的个人依据他们共同制定的法则而组成的系统的联合体。在这样的王国之中，理性的个体互相尊重、互为手段与目的。换言之，在罗尔斯看来"目的王国"最为重要的是如何能够实现"正当"与"善"的统一问题。康德"目的王国"的最大问题在于其以"先验自由"作为最高的理念，其政治后果必然是将个人的自由权利推高到神圣地

---

① ［美］约翰·罗尔斯：《正义论》，何怀宏等译，中国社会科学出版社，1988 年，第 456 页。

② ［美］约翰·罗尔斯：《正义论》，何怀宏等译，中国社会科学出版社，1988 年，第 523 页。

③ ［美］约翰·罗尔斯：《正义论》，何怀宏等译，中国社会科学出版社，1988 年，第 455~456 页。

位。法权优先于德性,制度优先于美德。自由而理性的个人的联合只能诉诸"反思判断力下"的历史哲学。那么如何能够处理好每一个人的自由之间的关系而不诉诸康德哲学意义上的形而上学呢? 在罗尔斯这里,问题转换成了制度作为正义的应用对象本身如何成为个人的善,或者说追求目标的问题。罗尔斯的社会概念是一种"互惠性"的概念,每一个人都可以在这样的社会当中获得自身发展或者追求自己的生活计划的条件。"良序社会"的成员以正义原则允许的方式实现他自己的和他人的本性。每一个人都会同意按照正义原则去做,由于道德原则上的终极性条件的要求,这种欲望是调节性的。而一旦人人都公正的行动,所有人都会对同一件事情感到满意。他认为这种解释使我们能够说每个人坚持正义制度的行为是为了所有人的善。他表现了他们作为自由平等的道德人的本性和欲望,而它们按照它们在"原初状态"下会承认的原则去做,就充分表现了这样的本性一旦所有人都努力按照这些原则去做,并且都做到了,那么他们的道德人的本性,就充分实现了。罗尔斯认为通过这样的方式人实现了自己的社会性。

我们看到,罗尔斯给予社会性以其他的自由主义者完全不同的解释,从而更加接近马克思的社会概念。像自由主义者那样就社会理解为人们为了达到私人利益的必要条件,在罗尔斯看来这是对社会极其浅薄的理解。社会毋宁说是人类存在和发展的存在论条件。"社会生活是我们发展说和想以及参加社会公共活动和文化的能力的条件。"①而在《正义论》修订版中,罗尔斯换做这样的表述:"社会生活是我们发展语言能力和思考能力, 以及参加社会公共活动和文化的条件。"②事实上,在罗尔斯看来,人与人之间的本质性关系是一种合作关系,在其中我们每个人分享着每个人的目标,在这个意义

---

① [美]约翰·罗尔斯:《正义论》,何怀宏等译,中国社会科学出版社,1988 年,第 525 页。
② [美]约翰·罗尔斯:《正义论》(修订版),何怀宏等译,中国社会科学出版社,2009 年,第414 页。

上人与人是相互需要的。如此人们将会被引导到一个人类共同体的概念中来。"这个共同体的成员们从彼此的由自由制度激发的美德和个性中得到享受，同时，他们承认每一个人的善是人类完整活动的一个因素，这种活动的整个系统是大家赞成的并且给每一个人都带来了快乐。"①

① ［美］约翰·罗尔斯：《正义论》，何怀宏等译，中国社会科学出版社，1988 年，第 526 页。

第五章　在道德与政治之间

从反思现代性的视域来看,在自由主义政治哲学的思想框架之内,试图和解人之生活的道德维度与政治维度之间的张力关系,从而为自由民主制度奠定道德基础是罗尔斯政治哲学的伟大目标;而在罗尔斯看来,这只有在回归康德哲学的基础之上并对之进行经验主义改造才是可能的。"回到康德"是我们能够推进现代性伟业的一项重要理论工作。罗尔斯认为,由于康德哲学所具有的"先验形而上学性"而使之带有的"形式主义"特点,其先验的道德理想难以经验化为政治现实。而罗尔斯的政治哲学的理论任务是,在"后形而上学"的思想境遇之下,通过改造传统的"社会契约"理论的基础之上,进而对康德哲学采用一种"程序主义"之阐释方法来克服先验主义形而上学所导致的"独断性"。同时,又不因之带有"经验主义"色彩而使之下降为"相对主义",进而超越"先验"与"经验"之间的二分、道德与政治之间的冲突。在罗尔斯看来,《正义论》并没有成功摆脱康德主义的"形而上学"疑难,《正义论》在其本质上仍然是"整全性"的学说。而这与自由主义政治前设的"多元论"作为一种"理性事实"不相符合。更为重要的是,任何诉诸于形而上学的政治理论都难以回答"共同体"的"稳定性"问题。因此,《正义论》遭到了包括自由主义、社群主义、保守主义,以及马克思主义等理论流派的激烈批判。在接受与回应各方面的理论批评基础之上,罗尔斯对《正义论》做了进一步的理论修正。

从基本观点上来看,"公平正义"从规范性的正义观转变到政治的正义观;而在其建构方法上,罗尔斯从"康德式"的"道德建构主义"转向了"政治建构主义"。我们的观点是,罗尔斯的这一重大的思想转向并没有超越康德哲学的"形式主义"窠臼;而毋宁是在抛弃康德哲学之道德的理想性维度基础之上将其"形式主义"原则贯彻到底。其后果是,罗尔斯的政治哲学放弃了康德哲学之中的高贵的道德理想;特别是罗尔斯后期的政治自由主义的转向,其正义理论关注的问题越来越具体化,退守于政治领域之中。从马克思的观点来看,正义问题的解决并非是一个理论问题,而是实践问题。正义作为一种政治伦理价值,它意味着个人与社会,道德与政治之间矛盾的和解,而这唯有以人类具有社会历史性的实践活动作为中介才是可能的。

一、正义与"形而上学"

罗尔斯把其"公平正义"理论描述为"康德式"的"道德建构主义"的程序性解释,其目的在于把自己的正义理论与康德哲学的"先验形而上学性"区别开来。之所以如此,是因为正义与形而上学的本体论具有一种内在相关性,这种内在相关性主要在于,正义作为反思个人道德行为与政治合法性的规范性概念需要形而上学的本体论上的支持。而康德哲学对理论理性与实践理性的颠倒则宣称了道德的基础与政治的合法性必须立足实践理性基础进行构造。20 世纪以来,逻辑实证主义对传统形而上学的批判与消解,宣告了在理论理性的基础之上构建形而上学已然不具有可能性。实践理性失去了理论理性对其重要的支撑。而在自由主义政治哲学看来,在多元论已成为

"理性事实"的情景之下,任何诉诸"形而上学"之承诺来建构正义理论都不具有合法性。由此,任何诉诸"完善论"的观点来构造正义理论都无法为自由民主制建立基础。正如哈贝马斯所说,在"超验的萎缩"①的时代,严格意义上来说,所有的哲学思维方式都是一种"后形而上学思想"。我们需要追问的是,缺乏形而上学支撑的理性是否可以为社会规范奠基? 这一思想境遇当然也深刻地影响了成长在分析哲学传统之中的罗尔斯。

从反思现代性的意义上来说,罗尔斯的政治哲学理论构想是,在一种无本体论的思想前提之下,理性(实践理性)的目标在于通过一种"程序主义方法"给予自身确定性以完成规范性研究的宏图伟业。基于此,我们必须采取建构主义的方法。不论是早期的《正义论》,还是晚期的《政治自由主义》,在方法论上都采用了建构主义的方式。而在罗尔斯看来,康德的道德哲学是建构主义方法应用的典型范式。我们依循其"康德式建构主义"的"程序主义"方法,完全可以建立一种无"本体论"的政治哲学。但是,罗尔斯并没有摆脱形而上学的纠缠,在其"正义论"之中依然隐含着"形而上学"的设定。在《正义论》中阐述的正义原则依然有赖于康德意义上的理性自主的预设,而这也导致了从"康德式"的"道德建构主义"转向"政治建构主义"的立场。

(一)"公平正义"与形而上学疑难

作为政治哲学的核心问题的正义,以自然权利为其存在论基础。而现代政治哲学的奠基人即霍布斯、洛克所创立的现代政治哲学,虽然改写了自然权利在古代的意义,即按照施特劳斯的观点从"自然义务"向"自然权利"过渡。但是,自然权利依然在政治哲学的著述之中占有奠基性的意义。比如霍布斯对"自然状态"下对人性恶的界定、洛克在"自然状态"下对人的自利性

---

① [德]哈贝马斯:《后形而上学思想》,曹卫东、付德根译,译林出版社,2001年,第47页。

解读,以及卢梭对"自然状态"下人的天然"同情心"的阐释,皆是以自然权利为基础而提出的形而上学设定。自然权利依然具有奠基性的意义。但是,休谟的怀疑论对"因果关系"的拆解不仅撼动了科学的大厦,而且使得"事实与价值"二分问题困扰着哲人们的思考。休谟使得人类的道德与政治问题合法性的思考由形而上学问题转变为了经验问题。由此,休谟说,我们信守承诺和同意的唯一证明是,它提升了公共效用,给人类带来了便利,丰富了人类的必需品。因此正义问题不过是"习俗"(施特劳斯)或者说是约定俗成问题。经过 20 世纪的逻辑实证主义的"拒斥形而上学"思潮的清洗,自然权利的规范性内涵几乎丧失殆尽。如果按照维特根斯坦的观点,自然权利作为一种形而上学观念完全超出了我们的语言界限,我们只能对其保持沉默。在分析哲学界,道德哲学成了对道德语言分析的元伦理学,而规范性伦理问题则为功利主义于直觉主义所取代。在身受分析哲学传统影响的罗尔斯看来,建构人类道德生活与政治生活的基础,不能够也不应该诉诸于形而上学。罗尔斯认同以赛亚·伯林的观点,即"理性多元论的事实"必须为我们接受,它是民主社会长期存在的现象。因此,我们必须重新发掘规范性问题的思想根基,那就是立足于实践理性构建规范性问题的基础。而要做到这一点我们必须求助于康德哲学。

康德哲学的伟大之处在于颠倒了理论理性与实践理性之间的关系,使得实践理性优先于理论理性。康德用"自由"取代"自然"从而刷新了现代政治哲学对自然权利理论的理解。在康德看来,自然知识不过是我们凭借范畴的先验构造,而道德知识则是立足于自由的先验原理。先验自由超越了"现象界"而属于"物自体"领域并为我们的道德直觉所识别。康德将之称为"善良意志",具有绝对价值。它因超越经验而是人之道德领域的坚实根基,是纯粹实践理性。康德对"理论理性"与"实践理性"关系的颠倒的政治哲学意义在于,完成了以"自由法"取代"自然法",从而彻底完成了现代政治哲学对古典政治哲学的革命。但是又与霍布斯、洛克创立的政治现实主义不同,因为康德在纯粹实践理性的高度理解人的自由问题, 因此其政治哲学具有高度的理想主义特征,它使得自由主义政治哲学获得了崇高的道德品性。可以说,康德道德哲学与政治哲学的伟大启示是,在理论领域构造形而上学的不可能的情景之下,人们依靠实践理性依然能构造道德形而上学。而当哲学进入 20 世纪,面对逻辑实证主义"拒斥形而上学"的主张,人类依靠理性自身可否为人类的道德生活与政治生活奠基? 这是困扰伟大哲人,同时也是关乎现代性的未来的重大理论问题。罗尔斯的政治哲学谱系源自于现代英美分析哲学传统,"拒斥形而上学"自然成了罗尔斯理论的重要前提。

对形而上学的态度,罗尔斯坚决站在"理性的多元论"立场上。为此罗尔斯接受了"自然状态"这一现代政治哲学的核心概念,但是悬搁了其中的形而上学原理,从而将其改造为"原初状态"。罗尔斯强调的一点是,"原初状态"并非是一种现实状态,而是人的一种思想实验,是人的反思性设置。它利用"无知之幕"对各种信息进行限制,从而使得人们能够依据实践理性推断出具有普遍适用性的正义原则。罗尔斯《正义论》的一个重要特点就是,将其"正义原则"构想作为"自由而平等的道德个人"从"原初状态"之中的"无知之幕"背后而选择出来。"原初状态"的一重大作用在于在最大程度上摆脱正义问题对形而上学的依赖。在罗尔斯看来,"正义原则"是自由而平等的个人理性选择的结果。更为重要的是,"公平正义"能够实现一种不依赖于人的"自然的"禀赋与"社会的"偶然机遇而带来不平等的公平的正义原则。那么,我们需要回答的是, 这种悬搁了形而上学做出的价值判断如何具有坚实的基础呢? 罗尔斯认为是通过"反思的平衡"的方法达到的。罗尔斯称之为苏格拉底式的方法。在罗尔斯看来,我们在对道德理论进行证明的过程之中,必须悬置任何我们所借助的道德原则的自明性。在道德判断与道德原则之间我们必须循环往复。"证明是许多思考的相互支持,是所有因素相互适合地构成一个一致的观点。"①

　　罗尔斯要达到的理论目的是祛除形而上学,即在脱离康德哲学"先验形而上学性"的前提之下使其具有普遍必然性。可以说,摆脱道德理论中的"形而上学"的纠缠是罗尔斯《正义论》一个最为主要的理论目的。《正义论》的第三篇即"目的篇"之中,罗尔斯论述了政治共同体的"稳定性"问题。因为在罗尔斯看来,对理想政治共同体的探讨,不仅包括其合法性的证明、基本原则在制度上应用上的可行性,而且包括政治共同体的稳定性。在罗尔斯看来,政治共同体的原则再完美,如果不能够达到一种稳定性,就依然不是一个良好的共同体。

　　罗尔斯认为,回答政治共同体"稳定性"问题的关键之处在于如何实现"正当"与"善"二者的统一。罗尔斯指出:"正义与善是一致的,至少在一个组织良好的社会环境中是一致的。"②但是应该指出的是,罗尔斯解决"正当"与"善"相统一的问题乃是以"正当"优先于"善"为前提的。由此,在罗尔斯那里,善的理论是一种"弱"的理论,其主要目的是为了人们有所选择而提供必要的心理动机。而罗尔斯"这样做的理由是在作为公平的正义这里,正当概念优先于善的概念"③。

　　罗尔斯之所以强调"正当"优先于"善",乃是因为现代理论对古代伦理的正当与善的关系的颠倒,而这种颠倒关系是表现在康德伦理学对古代伦理学的反叛之上的。西季维克认为:"古代伦理强调善优先于正当;而现代伦理则强调正当优先于善。这乃是古代伦理与现代伦理的不同视点。"④古代人相信道德德行内在于幸福之中,即"正当"内在于"善"之中,"正当"是完美生

---

① ［美］约翰·罗尔斯:《正义论》(修订版),何怀宏、何包钢、廖申白译,中国社会科学出版社,2009 年,第 458 页。

② ［美］约翰·罗尔斯:《正义论》,何怀宏等译,中国社会科学出版社,1988 年,第 395 页。

③ ［美］约翰·罗尔斯:《正义论》,何怀宏等译,中国社会科学出版社,1988 年,第 396 页。

④ Henry Sidgwick:*The Outlines of the History of Ethics*, London, Macmillan, 1902,pp.1–10.

活的内在组成部分，而这种完美生活是每个人凭借其本性都想要把它作为最终目的的。简言之，道德是一种达于"幸福"或者"完美生活"的"秀异"的品质。而现代伦理的一个重要特点如上所述，乃是强调"正当"优先于"善"。"正当"优先于"善"的观点来自于康德哲学。康德在《道德形而上学原理》的开篇曾经这样表述："在世界之中，一般地，甚至在世界之外，除了善良意志，不可能设想一个无条件善的东西。"①其本质特征是："善良意志，并不因它所促成的事物而善，并不因它期望的事物而善，也不因它善于达到预定的目标而善，而仅由意愿而善，它是自在的善。"②罗尔斯接受了康德伦理学对古代伦理学的颠覆性观点，强调了"正当对于善的优先性"。在罗尔斯看来，"善"的理论仅是为了说明正当概念的必要且不充分条件而已。因此，"我们需要我所称的善的弱理论来解释人们对于基本善的合理偏爱，需要这种理论来解释原初状态下选择正义原则的合理性这一概念"。"要使从中引出那些正义原则的那个必要前提站得住脚，就需要这种理论。"③

我们知道，在"原初状态"之下，罗尔斯假设了"基本善"，如自由、机会、权利等。但是这只是一个"弱"的意义上的假定，这种"弱"的意义上的善乃是每个人为了达到更大的善的必要且不充分条件而已，其目的旨在实现人们能够理性地选择"正当"原则。随着"无知之幕"的打开，"善"必然由"弱"变强，"合理性的选择的原则"和"审慎的合理性原则"④必然取代"原初状态"之

---

① ［德］康德：《道德形而上学原理》，苗力田等译，上海世纪出版集团，2005年，第8页。

② ［德］康德：《道德形而上学原理》，苗力田等译，上海世纪出版集团，2005年，第8页。

③ ［美］约翰·罗尔斯：《正义论》，何怀宏等译，中国社会科学出版社，1988年，第397页。

④ 罗尔斯认为，"合理性的选择的原则"乃是一种计算性的原则，其主要内涵是有效性与最大可能性原则；而"审慎的合理性原则"，罗尔斯借用了西季维克的观点，即是根据"合理的选择原则"的基础之上仔细思考如何最好地实现更为基本欲望的行为方案，在这里我们可以把上述两个原则解释为一种功利主义原则。（参见约翰·罗尔斯：《正义论》，何怀宏等译，中国社会科学出版社，1988年，第408~426页。）

下的"正义原则"，即每个人依照"合理性"①原则必然使每个个人相互敌对，从而陷入霍布斯的"囚徒困境"。由此，回答政治共同体"稳定性"问题的一个关键的一步是："正义感"能否成为一种"善"。正如罗尔斯所言："做一个好人对于这个人是不是一种善。"②在罗尔斯看来，这乃是可能的。

在罗尔斯那里，"正义感"是人的一种先天能力，其实质是遵守"正义原则"的能力，也是人类达成合作的先决条件，因此"正义感"是一种有助于人类达成稳定合作状态的道德情感。但是"正义感"只是一种原初天赋，要想发挥维护社会"稳定性"的作用就必须将其发展为理性能力。关于"正义感"的形成，罗尔斯提供了一种道德心理学的进化理论的解释。"正义感"经历了从"权威道德""社团的道德"与"原则的道德"发展阶段。③在罗尔斯的正义理论之中，原则的道德发展阶段是"正义感"的完全形成。按照罗尔斯的理论构想，《正义论》的应用对象是"社会基本结构"。罗尔斯认为，经过"公平正义"原则的规导，政治共同体必能在"原则的道德"发展阶段来培育人的"正义感"。那是因为"原初状态"是一个人人可进入的状态，其本身作为反思以"社会基本结构"为中介的人际关系时候，具有一种公开性的特点。"处于原初状态的人们将假定被选定的原则是公开的，所以他们必然根据正义观念的可

————————

① 罗尔斯在这里对"合理性"的规定，应该是一种功利的计算的理性，其重要功用在于乃是实现最大数量的善。而在罗尔斯后期思想当中，其明确把"理性"区分为"合理的"与"理性的"。（参见罗尔斯：《政治自由主义》，万俊人译，译林出版社，2011年，第44页。另见罗尔斯：《政治哲学史讲义》，杨进丽等译，中国社会科学出版社，第54~55页。）

② ［美］约翰·罗尔斯：《正义论》，何怀宏等译，中国社会科学出版社，1988年，第397页。

③ 罗尔斯在《正义论》的70、71、72节中分别论述了权威的道德、社团的道德。原则的道德指的是由于父母对孩子之爱当孩子违背父母的意愿时，孩子倾向于按照父母的态度来责备自己的叛逆行为。社团的道德是指在社会交往过程中，每个人逐渐意识到其他人像自己一样在社会结构中占据的位置，进而每个人最终都能学会从别人的视角看问题。原则的道德是指人们变得依恋于那些最高层次的原则本身，这乃是学会从维护社会制度系统安排来遵守原则的能力。这三个阶段表现依次递进的发展过程。（参见约翰·罗尔斯：《正义论》，何怀宏等译，中国社会科学出版社，1988年，第465~481页。）

能效果把这些原则看作是普遍接受的标准。"①对"正义原则"的选择乃是理性自决的,其与任何的宗教的、神学的、哲学的形而上学相脱离。在这里我们看到罗尔斯隐含了康德的哲学对于"正义原则"的先验原则:"理性的公开运用",即"原初状态"是每个人一经反思就能进入的状态。罗尔斯认为,这种"公开性"旨在实现在一个"秩序良好的社会"之中形成一种按照正义原则的要求来行动的欲望。经过正义原则对"社会基本结构"规导,人们必定会将正义感视为"最大的善"。这是因为罗尔斯在《正义论》中预设了人的两种道德能力,一个是"正义感"能力,一个是"善观念"能力。"前者表现为一项合理的生活计划,后者表现是一种按照某种正当原则行为其调节的欲望。"②因而,从个人方面来说,"正义感的善"表现了他作为"一个自由平等的理性存在物的本性的生活方式"③。这种理性存在物"能够以正义允许的种种方式表达并遵循一项生活计划,从而塑造他的自我统一"④。而从共同体方面来看,因为其正义感能力而坚持的正义原则又总是能够从"最低受惠者"的视角出发来考量对社会的评判标准,从而实现共同体的"稳定性",因此"正义感是以一个极大的社会财富,它建立着相互信任和自信的基础,在正常情况下对每个人都有利"⑤。为此,罗尔斯将这一问题聚焦为"做一个好人的确是一种善"⑥。

而这一问题一直困扰着古往今来的伟大哲人。在柏拉图那里体现为如何理解苏格拉底之死,在康德那里是如何实现"德福一致"的问题,而在施特劳斯那里则表现为"城邦与人"的关系问题。为此,罗尔斯极力证明,在"良序社会"之中,"正义感"与"善"具有一致性。罗尔斯的理由如下:"良序社会"必

---

① [美]约翰·罗尔斯:《正义论》,何怀宏等译,中国社会科学出版社,1988年,第398页。
② [美]约翰·罗尔斯:《正义论》,何怀宏等译,中国社会科学出版社,1988年,第564页。
③ [美]约翰·罗尔斯:《正义论》,何怀宏等译,中国社会科学出版社,1988年,第564页。
④ [美]约翰·罗尔斯:《正义论》,何怀宏等译,中国社会科学出版社,1988年,第564页。
⑤ [美]约翰·罗尔斯:《正义论》,何怀宏等译,中国社会科学出版社,1988年,第579页。
⑥ [美]约翰·罗尔斯:《正义论》,何怀宏等译,中国社会科学出版社,1988年,第397页。

定是由"正义原则"规导的社会，而人们又有着不同的"生活计划"。人们有不同的生活计划意味着"人们有各种各样的天分和能力，这些天分和能力的总量不可能在一个人或一组人身上实现。所以，我们不仅从自己的发展倾向的完善本性得益，而且从相互的活动得到快乐"①。但是我们认为，这重新回到了康德的"形而上学"立场。我们的理由是，罗尔斯"原处状态"下的个人依然是理性自主的自我。而理性自主依然是康德道德形而上学的重要理论前设。简言之，罗尔斯的"公平的正义"依然是一种道德形而上学理论，虽然其具有"经验主义"面相。这主要表现在，罗尔斯"原初状态"下的个人依然是"康德式"的"自由而平等的道德的个人"，在此人性观基础之上所建构的道德理论仍然是一种形而上学的"元叙事"，以之规导"基本结构"的社会依然是一个一元论的社会。而这并不与罗尔斯所强调的"理性的多元性论"作为民主社会的一种持久性的常态相符合，更与其理论前设不符。

我们看到，在罗尔斯《正义论》的第三篇即"目的篇"论述政治共同体的"稳定性"问题上，罗尔斯依然诉诸于康德的形而上学，即人的"理性自主"的观念。共同体的"稳定性"的论证依然是在康德的人性论之形而上学设定之上来谈论"正义感"与"善"的统一性问题。这导致罗尔斯政治哲学前提与结论相悖，康德哲学作为一种"综合性"的学说与罗尔斯的原初理论目的即脱离其"先验形而上学性"背景不相符合。而罗尔斯的一个信念是，自由民主社会在本质上是多元的，这是一个"理性事实"，是一种长久不会消失的文化现象。用罗尔斯自己的话来说："在一个组织良好的社会中，各个人的生活计划，就其总是强调不同的目标而言，是不尽相同的，人们自由地决定他们的善，其他人的意见仅仅被看作建议。善观念中的这种多样性本身也是善的东西，即是说，一个组织良好的社会成员们要求具有不同的计划是合理

---

① ［美］约翰·罗尔斯：《正义论》，何怀宏等译，中国社会科学出版社，1988年，第451页。

的。"①罗尔斯上述隐含着的康德的"先验形而上学性"遭受到来自各方面的理论批评,这迫使罗尔斯在接受各方的批判的基础之上,重构其政治哲学理论。

(二)"后形而上学"与"公平正义"

《正义论》的发表引发了来自各方面的激烈批评,在这些批评之中,最主要的是来自自由主义与社群主义的批判。自由主义者认为,"作为公平的正义",因为主张一种"分配的正义"从而其坚持的"平等主义"倾向乃是对"个人权利"的侵犯。而社群主义者责难罗尔斯《正义论》之中的"无负担自我"的预设并不能回答政治共同体的"稳定性"问题。罗尔斯接受并回应了这些批评并在此基础之上进行了理论重构。与原初的建立一种支持自由民主制度的"综合性"的道德基础理论不同,罗尔斯转换了他的理论策略,他把"公平的正义"作为一种"后形而上学"思想,从而放弃建立一种"综合性"道德学说的理论构想,进而退守政治领域。他认为,"公平正义"乃是要阐释一种"政治的正义"而非一种"综合性"的道德观。在本质规定上,"作为公平的正义"是政治的而非形而上学的。

对罗尔斯的《正义论》提出最严厉的批判的是自由主义的诺齐克与社群主义的桑德尔,在这里我们仅以坚持"自由至上主义"立场的诺齐克与持守"共同体主义"立场的桑德尔对罗尔斯的正义理论批判为例。他们认为,罗尔斯的"康德主义"正义理论政治方案恰恰违背了康德哲学的精神。

诺齐克认为,"个人权利"是神圣不可侵犯的,由此其不能同意罗尔斯的"分配正义"的观点,从而提出了"个人权利至上主义"观点。在《无政府、国家与乌托邦》的开篇,诺齐克明确指出:"个人拥有权利,而且有一些事情是任

---

① [美]约翰·罗尔斯:《正义论》,何怀宏等译,中国社会科学出版社,1988年,第451页。

何人或任何群体都不能对他们做的（否则就会侵犯他们的权利）。这些权利是如此重要和广泛，以致它们提出了国家及其官员能够做什么的问题，如果有这类问题的话。"①作为自由主义者，诺齐克没有对罗尔斯的基本自由及其优先性的原则提出异议，他同样认为国家在政治上要保障所有人享有尽量广泛的基本自由，这种保障优先于对社会福利、次序的考虑。国家只是在维护"个人权利"的时候在道德上才是可辩护的。诺齐克所反对的乃是罗尔斯的"平等主义"倾向，即把正义的本质理解为"分配正义"。因为在罗尔斯看来，一个社会正义与否是以"最低受惠者"为基准的也就是"差别原则"。而在诺齐克看来，这样的"分配的正义"隐含地承认一种集中的分配，并且认为以前那种自然的分配有错误而需要进行再分配。分配正义往往成为国家要扩大其功能的主要理由，从而是对个人自由的严重侵犯。由此他认为，罗尔斯的这种"分配正义"恰恰违背了康德哲学的"人是目的"的观点。因为在诺奇克看来，罗尔斯是将"自然天赋"看成了一种集体的财产，这是把人当成了"手段"而非"目的"。由此，诺齐克宁愿用"持有"来代替"分配"一词，主张用"持有正义"理论取代"分配正义"理论。

　　诺齐克的"持有正义理论"主要有三点："1.一个符合获取的正义原则获得一个持有的人，对那个持有是有权利的。2.一个符合转让的正义原则，从别的对持有权利的人那里获得一个持有的人，对这个持有是有权利的。3.除非是通过上述 1 与 2 的（重复）应用，无人有权拥有任何东西。"②通过上述三个原则我们看到，这一理论的核心是权利原则。正义与否的问题完全依赖于每一个人的"持有"是否正义，是不是通过正当途径得来的。如果每一个人的

---

　　①　［美］罗伯特·诺齐克：《无政府、国家与乌托邦》，姚大志译，中国社会科学出版社，2008 年，第 1 页。

　　②　［美］罗伯特·诺齐克：《无政府、国家与乌托邦》，姚大志译，中国社会科学出版社，2008 年，第 157 页。

"持有"都是合乎正义的,"持有"总体也就是正义的,如果大多数人的"持有"是非正义的,那这"持有"的现状就基本上是非正义的了。由此,我们看到诺齐克是把康德的"人是目的"的观点推向了极致。诺齐克说:"对行为的边际约束反映了其根本的康德式原则:个人是目的而不仅仅是手段,他们若非自愿,不能够被牺牲或被使用来达到其他目的。个人是神圣不可侵犯的。"①从而诺齐克认为,罗尔斯的"公平正义"观恰恰违背了康德式的正义观。

如果说诺齐克是从个人权利至上主义的视角来批判罗尔斯的正义理论违背了康德哲学的精神,那么桑德尔则站在"共同体主义"的立场对罗尔斯"原初状态"之下的康德式的"道德的个人"展开了批评。

在桑德尔看来,罗尔斯的《正义论》中的对"原初状态"之下的个人乃是一个"占有性"主体,这种"占有性"主体脱离了人类的共同体环境条件从而陷入了自由主义的个人主义。②这种"个人"本身就是一种形而上学概念。因此这种"个人"的形而上学概念太过抽象,根本就回答不了正义问题。桑德尔认为,罗尔斯将自然财产予以分配的这种自由主义,会否定罗尔斯所坚持的康德道德哲学前提,即个人的独特性。而对于罗尔斯所坚持"差别原则",其本身就是一种前后矛盾的概念。桑德尔的理由是,"差别原则"一开始就认为我所拥有的财富仅仅是属于我的,而社会对这些财富又具有优先性的要求,这就否定了自我的道义论权利,也否定了道义论自我的独立性。③而对于作为罗尔斯正义理论之前提的"正当优先于善",从而强调"善"的"弱"的理论,以至于在疏离"正当"与"善"之间的关系来彰显"公平的正义"理论之康德主义色彩,桑德尔完全不同意这种观点。他认为正义与善是相联系的,正义乃

---

① [美]罗伯特·诺齐克:《无政府、国家与乌托邦》,姚大志译,中国社会科学出版社,2008年,第39页。

② [美]桑德尔:《自由主义与正义的局限》,万俊人译,译林出版社,2001年,第75页。

③ [美]桑德尔:《自由主义与正义的局限》,万俊人译,译林出版社,2001年,第215页。

是与共同体的价值相联系的，正义乃是具体的、历史的。金里卡也指出："以罗尔斯为代表的那些自由主义者错误地把正义理解成一种非历史的外在标准，然后用他来批判每一个社会的生活方式。"①在《政治自由主义》之中，罗尔斯以个人乃是承袭世代公共文化生存在现存政治制度之中的公民，来回应桑德尔的指责。②

至此我们看到，诺奇克从"个人至上主义"来批判罗尔斯的"平等主义"对个人权利的侵犯从而是对康德哲学原则的背叛，而桑德尔提出的"共同体主义"则认为"公平正义"关于"主体"立场过于抽象从而无法回答"共同体"的稳定性。这也意味着我们在第一章提出的罗尔斯在回归康德基础之上所要实现的"第三条道路"并不成功。道德与政治难以统一起来，而道德与政治的分野一直都是现代政治哲学的理论难题。在罗尔斯看来，其理论症结是在"后形而上学"的思想境遇之下建立一种"形而上学"的道德理论是不合法的。"后形而上学"是著名哲学家哈贝马斯的哲学用语。哈贝马斯用这一术语来描述20世纪以后西方哲学思想的主要特征。哈贝马斯认为，20世纪之前的西方哲学是一种形而上学的思维方式；而20世纪之后的西方哲学是一种后形而上学的思维方式。罗尔斯认为，《正义论》所确立的作为道德哲学的"公平正义"同样是一种"形而上学"。或者用罗尔斯自己的话来说，其仍是一种"整全性"的学说。让我们援引《正义论》一书的结尾部分展现此书中的形而上学立场："从原初状态的观点来看，我们在社会中的地位，也就是从永恒的观点（perspective of eternity）来看待殊相：即不仅从全社会而且也从全时态的观点来审视人的境况。"③因而，我们可以说《正义论》之中所确定的基本理

---

① ［加］威尔·金里卡：《当代政治哲学》，刘莘译，上海三联书店出版社，2004年，第382页。

② ［美］约翰·罗尔斯：《政治自由主义》，万俊人译，译林出版社，2011年，第24页。

③ ［美］约翰·罗尔斯：《正义论》，何怀宏等译，中国社会科学出版社，1988年，第591页。

念仍然是一种"形而上学",而这对于处在"理性的多元论"的事实境遇下自由民主社会并不具有实质性的建设意义。罗尔斯充分意识到了现代思想的多元论特征。"民主社会的政治文化总是具有诸宗教学说、哲学学说和道德学说相互对峙。而又无法调和的多样性特征。"①罗尔斯认为:"这些学说一些是完全合乎理性的。"②因此罗尔斯的政治哲学发生了一个极为重要的转向,那就是从"道德建构主义"转向了"政治建构主义"。"公平的正义"之目标是:"由自由而平等的公民——他们因各种合乎理性的宗教学说、哲学学说和道德学说而产生深刻分化——所组成的社会如何能够长治久安?"③"公平的正义观"是一种"政治正义观"。

在《政治自由主义》之中,罗尔斯弱化了其在《正义论》之中阐发的正义原则的普遍主义主张,并认为正义问题必须下降为政治问题。只有如此才能够避免介入各种世界观与生活计划的冲突。借用施特劳斯的用语,我们必须为好人与好公民的一致性找到更为广泛的基础。而在罗尔斯看来,解决共同体的"稳定性"问题,我们必须思考,它如何能够得到"理性的多元论"的支持。用罗尔斯的话来说,我们能否构造一种得到各种"合乎理性的完备学说"即宗教学说、哲学学说、道德学说的有效支撑。换言之,能否实现一种得到他们理性支持的"重叠共识"的支持。因此,我们必须从"道德建构主义"走向"政治建构主义"。

---

① [美]约翰·罗尔斯:《政治自由主义》,万俊人译,译林出版社,2000年,第3页。
② [美]约翰·罗尔斯:《政治自由主义》,万俊人译,译林出版社,2000年,第3页。
③ [美]约翰·罗尔斯:《政治自由主义》,万俊人译,译林出版社,2000年,第3页。

二、从"道德建构主义"到"政治建构主义"①

1971 年《正义论》发表之后,罗尔斯受到多方的理论批评。为此,他撰写了大量的论文作为对这些问题进行理论回应。其中值得我们重视的是,在 1980 年,罗尔斯在以"康德式建构主义"为题的三个讲座之中,进一步阐发了作为公平正义的"康德式"解释。这标志罗尔斯在正义理论和契约论方面取得了丰硕的理论成果,同时开启了其哲学思想的重大转向。1993 年,罗尔斯发表了名为《政治自由主义》的另一部重要政治哲学著作,它的发表标志着罗尔斯政治哲学思想的重大转折,即从"道德建构主义"转向"政治建构主义"。罗尔斯思想转向的理论动因是,《正义论》作为一种"康德式建构主义"仍然没有摆脱康德之"形而上学"的疑难与纠缠,仍然是"康德式"的"综合性"的学说。其主要缺点在于无法解决共同体的"稳定性"问题,而这与其原初的理论建构目标即试图脱离康德哲学的"先验形而上学性"的初衷相互矛盾。在《政治自由主义》中,罗尔斯力图证明这样一种观点,即政治哲学是可以独立于知识论和形而上学的。罗尔斯指出,在《正义论》中,一种普遍范围的道德正义学说没有与一种严格的政治正义观念区别开来。在完备性的哲学学说、道德学说与限于政治领域的诸观念之间也未做任何对比。由于,民主政治社会向我们呈现了一种"理性多元论"的事实,即由诸宗教学说、哲学学说和道德学说相互对峙而又无法调和的多样性特征。这要求"作为公平的

---

① 建构主义是现代政治哲学的核心证明方法,其核心要义在于,将规范性问题建立在人的主体的理性能力基础之上,其开端于近代哲学的认识论转向,经由康德的"批判哲学"加以完善,由罗尔斯而完成。罗尔斯在 1980 年的《道德理论种的康德式建构主义》一文,对建构主义方法进行了明确的阐述。在罗尔斯看来,在给定某种关于个人的观念,并通过合理的建构程序,我们能够凭借实践理性推定具有客观性的道德原则。(参见《罗尔斯论文全集》上,陈肖生等译,吉林出版集团有限责任公司,2013 年,第 342~343 年。

正义"的政治哲学应该从一种康德式的"道德建构主义"转向一种"政治建构主义"。为此,他也重新界定了其政治哲学的根本任务,即"由自由而平等的公民——他们因各种合乎理性的宗教学说、哲学学说和道德学说而产生深刻分化——所组成的公正而稳定的社会如何可能长治久安"①。"作为公平的正义"应该是一种政治的正义。但是我们认为,在《政治自由主义》中,虽然罗尔斯重新界定了关于个人与社会的本质规定进而在此基础之上建立一种所谓的"政治正义观",但是其思想依然有赖于康德哲学,这强烈地表现在其理论建构方法上即将康德的"建构主义"方法的贯彻到底,因此我们认为,如果说,康德哲学对罗尔斯政治哲学的影响前期表现在道德哲学的内容上,那么后期康德对罗尔斯的影响则主要表现在正义理论的建构方法上。

(一)"道德个人"与"政治的个人"

《正义论》的一个主要目标是为自由民主制度奠定道德基础。但是,"理性多元论"的事实又迫使罗尔斯放弃了其原初的理论构想。为此,罗尔斯严格地区分了道德领域与政治领域。罗尔斯认为,正义不再是一种"道德正义",而是一种"政治正义"。《正义论》之中对正义问题的构想,特别是其"原初状态"下对人的理性自主的设定,蕴含的是康德的哲学原则,而由此建立正义理论体系则是"康德式"的,康德只不过是各种"综合性"学说的一种。虽然不论是在其早期思想还是晚期思想中,罗尔斯都一再强调,道德陈述的正确性最终不取决于先天的道德秩序或先行的道德事实,而是来自于客观的建构程序,来自于实践理性的要求。而这种思想并未在《正义论》之中得到完全的贯彻,在《正义论》中的人的自我观念依然有赖于康德的人性观念即先验的自我。罗尔斯指出,由互不相容的但具有合理性的各种综合性学说构成

---

① [美]约翰·罗尔斯:《政治自由主义》,万俊人译,译林出版社,2000年,第3页。

的多元性是现代社会的某种永久特征。这种"合理性"的"多元论"的正义环境，一方面拒斥诉诸康德式建构主义的一致性论证，另一方面不同意关于社会联合之善的论证。因此，在从"道德建构主义"到"政治的建构主义"转变过程之中。罗尔斯修改了在《正义论》之中的基本理念，分别将"自由而平等的道德的个人"修改为"自由而平等的公民"，"秩序良好社会"修改为"诸社会联合体的社会联合"①，"道德建构主义"转变为"政治建构主义"。

在《正义论》之中，康德对个人的假定是"自由而平等的道德的个人"，其本质规定是具有两种道德能力即"善观念"能力与"正义感"能力。"善观念"能力是"自由而平等的道德的个人"形成自己的合理生活计划的能力即是理论推理能力，我们可以将其理解为理论理性；而"正义感"能力则是一种规则能力，"一种按照某种正当原则行为起调节欲望的能力"，因此它归属于实践理性。②在罗尔斯看来，在解决政治共同体的稳定性问题上，人的"正义感"能力的作用是极为关键的。罗尔斯指出："要确保稳定性，人们就必须具备一种正义感，或一种对社会由于其缺陷而损害人的关心，最好兼有这两者。当这些情操强大得足以制服违反规则的诱惑时，公正的系统就是稳定的。"③

在第三章中，我们已经指出罗尔斯《正义论》之中的，处于"无知之幕"背后的个人是康德意义上的道德的个人，即是一种"自由、平等理性的存在物，他所遵循的原则之所以被选择，不是因为他的社会地位或自然禀赋，也不能用他生活在其中的特殊社会以及他恰好需要的特定事物来理解"④。"原初状

---

① 在罗尔斯的前期思想与后期思想之中，虽然其将理想社会界定为"秩序良好的社会"，但是，其基本内涵已经发生了变化。在罗尔斯看来，"秩序良好的社会"即非有着共同目标的"共同体"也非是没有共同目标的"联合体"，而是"诸社会联合体的社会联合"。（参见罗尔斯：《政治自由主义》，万俊人译，译林出版社。2000 年，第 37~39、297 页。

② ［美］约翰·罗尔斯：《正义论》，何怀宏等译，中国社会科学出版社，1988 年，第 564 页。

③ ［美］约翰·罗尔斯：《正义论》，何怀宏等译，中国社会科学出版社，1988 年，第 498 页。

④ ［美］约翰·罗尔斯：《正义论》，何怀宏等译，中国社会科学出版社，1988 年，第 251 页。

态"可以被解释为对自由、平等、理性等道德生命特点的反映。因为"原初状态"类似于本体的自我成为自由平等的理性生命的状态。在此状态之下,被选中的原则表现了人的生命本质。但是,由于现代世界的"理性多元"的正义环境之下,每一个人都具有不同的"哲学的、宗教的和道德的世界观",在其中,每一个人都可以依据其哲学学说、宗教学说以及道德学说对"自我"做出完满的解释。而康德的最先验自我的观念不过是各种"综合性"学说的一种。如果"理性多元论"是一个我们必须接受的事实。那么,在正义原则的实践理性建构上,我们就不应该诉诸康德的理性自主的人性观念。因此在《政治自由主义》之中,罗尔斯提出"政治的个人"的观念即"自由而平等的公民",其理论意图在于祛除《正义论》对传统形而上学的关于人的假定。

在《正义论》中,罗尔斯对"原初状态"之下人之本性做了一个较弱意义上的理解,其目的在于使政治哲学尽可能远离先验形而上学之独断性而使之具有经验性。虽然如此,罗尔斯在其中还是隐含着对人的形而上学的假定。一方面,罗尔斯对人的形而上学本性的理解继承了康德的《道德形而上学》中的理性"自律"思想;另一方面,罗尔斯又想摆脱康德形而上学中的先验的独断论的纠缠。罗尔斯在《正义论》之中坚持了一种一元论的反思逻辑。具体的表现为在"原初状态"之下的人是在一种"康德式"的《道德形而上学》的学说统摄之下的,即罗尔斯所坚持的乃是一种"道德人"的观念。但是如此一来,给罗尔斯的理论带来了一个困难,由人们组成的世界是多元的且是一种长期存在的历史文化现象。因为《正义论》忽略了正义原则与历史之间的内在关联。在当代社会中,不同的人持有不同的价值观,有着不同的生活方式。在众多生活方式之间,其所追求的价值难以通约。因此在"政治的建构主义"当中,罗尔斯修正了"道德建构主义"关于"道德人"的观念,提出了"政治的个人"的观念。罗尔斯把这种"政治的个人"称之为"自由平等的公民"。公民取代了道德人的观念。由此,作为道德的原理的自由的观念,在"政治的个人"的方面具有如下三个特征。

第一,"公民在他们设想自己并相互设想对方具有掌握一种善观念的道德能力这一方面是自由的"①。在"政治的正义"观念框架之内,罗尔斯认为每一个"自由而平等的公民"都有一种善观念的能力。同时罗尔斯也指出,公民并非不可避免总是与各种特殊的"善观念"纠缠在一起。每一位公民都能够在理性的基础之上修正自己的"善观念"。但是在罗尔斯看来,公民"善观念"的改变,并不改变自身的人格统一性。必须指出的是,在这里罗尔斯的人格同一性并非是道德人格的统一性,而是人对制度的认同体现出的"统一性"。"譬如,当公民从一种宗教转向另一种宗教时,或者不再认肯某一确定宗教时,他们并不会停止成为——对于政治的正义问题来说——他们以前所是的同一个个人。他们没有失去任何我们所称的公民认同或制度认同,也没有失去他们对基本法律的认同。一般来说,他们仍然拥有同样的基本权利和基本义务,拥有同样的财产,也能像以前一样提出同样的要求,除非这些要求与他们以前的宗教渊源有联系。"②换言之,"政治的个人"上"善观念"的转变,其在制度认同与政治认同方面并不相应地发生变化。相反,在道德的正义的观念框架之中,人之自我认同诉诸诸种"完备性"的学说——宗教的、哲学的和道德的学说——这对于一个"道德人"来说几乎是其所有生命价值之意义所在。对于道德人,罗尔斯认为:"撇开某些宗教的、哲学的和道德的确信来看待他们自己,或者是撇开某些持久的依恋情感和忠诚来看待他们自己,简直是不可思议。"③在失去了"宗教的、哲学和道德学说"支撑之后,人们可能会迷失方向,失去生活的目的,进而无法生活。

总之,罗尔斯将人的自我的认同分为两种,一种是制度认同,一种是非

---

① ［美］约翰·罗尔斯:《政治自由主义》,万俊人译,译林出版社,2011年,第30页。

② ［美］约翰·罗尔斯:《政治自由主义》,万俊人译,译林出版社,2011年,第31页。

③ ［美］约翰·罗尔斯:《政治自由主义》,万俊人译,译林出版社,2000年,第31~32页。

制度的或者说道德认同。而非制度的认同或道德的认同的改变并不意味着政治认同的改变,同样也并不意味着我们人格的改变。

第二,"公民把他们自己看作是自由的第二个方面是,他们将他们自己视为各种有效要求的自证之源。这就是说:他们认为自己有资格向他们的制度提出各种要求,以发展他们的善观念"①。在罗尔斯看来,这些要求本身就是有价值的,它们与政治的正义观念所规定的义务与职责没有任何关系。换言之,发展"善观念"这一要求并非是由政治的正义观念推导出来的。它们源自于各自的"道德学说""哲学学说"与"宗教学说"。在一个价值多元的理性事实的情况下,他们的这些要求都是合法的。政治制度应该予以满足。罗尔斯指出:"公民们认为,这些要求是建立在那些基于他们的善观念的和他们在生活中认肯的道德学说的义务与职责之上的,就我们这里的目的来说,这些要求也可以算作是自证性的。"②这里的自证性,我们认为充分地体现了政治自由主义对个人之价值的尊重。在这里,我们看到,罗尔斯继承的是康德的思想。同时,带有马克思关于人的发展的意味。

第三,"把公民看作是自由的第三个方面是,他们能够对他们的各种目的负责,而这一点又影响到对他们各种要求的评价"③。关于这第三种自由的推论来自于罗尔斯对社会理念的预设,那就是他将社会理解为公平合作的系统,而公民则被看作能够终身介入社会合作的人。这个被理解为公平的社会合作系统将会提供公民为其献身其终极价值的手段即首要善。首要善的作用的设定,在公民凭借他们的道德能力形成某种价值偏好时发挥某种重要作用。这就是说,"自由而平等的公民"在公正的背景制度之下,他们能够按照合乎理性的期待来调整他们的目的和志向。合乎理性的期待在于我们

---

① [美]约翰·罗尔斯:《政治自由主义》,万俊人译,译林出版社,2000年,第33页。

② [美]约翰·罗尔斯:《政治自由主义》,万俊人译,译林出版社,2000年,第33页。

③ [美]约翰·罗尔斯:《政治自由主义》,万俊人译,译林出版社,2000年,第33页。

对首要善的"反思平衡"。可以说,作为自由而平等的公民目的之价值并不是由他们的需求和欲望或者是心理力量来激发或给予的,而是依靠首要善为我们提供的基本图示而来调节的。因此,公民才能够就"政治的正义"观念达成公共性的理解。

从上述罗尔斯对政治的观念的阐述,我们可以得出罗尔斯对康德的人性观的修正。在罗尔斯那里,人已经不再是康德先验意义上的道德人。康德的道德的先验原理乃是一种反思性的自由概念。但是,在政治自由主义之中的公民所理解的自由并非是局限于先验的自我的内在领域,因而要求现实化、具体化。公民自由的三个方面,即不论是拥有"善观念"的主体的自在意义上的自由,还是作为"自证之源"的自为意义上的自由,还是作为自在、自为意义上的目的性的责任主体,都体现了罗尔斯将道德的个人下降为制度的个人的理论努力。在《正义论》当中,罗尔斯对人的理解已经开始作从先验下降到经验的理论努力,例如在"原初状态"之下,"无知之幕"背后的善的弱的理论,都意味着道德的个人已经并非是那个在康德意义上的,高居于"本体界"的人。可以说,虽然在《正义论》的"原初状态"之下的人还是康德意义上的"先验自我",但是在政治自由主义当中,罗尔斯则完全抛弃了"先验自我"的观念。由此罗尔斯指出,"原初状态"只不过是一种"代表设置","原初状态"之下的个人乃是世世代代生活于一个"生入其中,死出其外"的社会合作体系之公民。

(二)"社会联合体"与"诸社会联合体的社会联合的社会"

不论是在《正义论》中对"公平的正义"观念的论证,还是晚期《政治自由主义》对"政治的正义"的探寻,某种社会理念一直都展开正义问题研究的切入点,是组织和构造"作为公平的正义"的基本理念。与传统自由主义思想将社会理解为原子主义的个人的集合不同。罗尔斯一直将社会理念表述为一个"生入其中、死出其外、世代相继"的公平的社会合作体系。在《正义论》中，罗尔斯这样写道："为使观念确定起见，让我们假定这样的社会，这个社会是由一些个人组成的多少自足的联合体，这些人在他们的相互关系中都承认某些行为规范具有约束力，并且在很大程度上遵循它们而行动。我们在进一步假定这些规范标志着一个旨在推进所有参与者的利益合作体系。"①而在《政治自由主义》之中，他这样来描述关于社会的理念："公平正义之基本组织化理念是一种世代相传的、长期的公平合作系统的社会理念，其他基本理念在该理念内部相互联系着。"②但是随着罗尔斯后期政治哲学思想的转向，即"道德的建构主义"向"政治的建构主义"转向而提出的政治的正义的观念，要求作为基本的组织与构造的理念即社会理念随之进行了改造。因此"秩序良好的社会"不再是以康德的"理性自主"的先验形而上学作为正当与善相统一的理念社会联合观念，而是立足于"公共理性"的基础之上实现的以"重叠共识"作为稳定性支撑的"秩序良好的社会"，即"诸社会联合体的社会联合的社会"。它既非一种依靠完备性学说统一起来的共同体，也非一种目的性的联合体。

《正义论》的第三篇名为"目的篇"，此篇聚焦于以正义原则调节"社会基本结构"的政治共同体之"稳定性"论题。同时也是《正义论》之中的争议最大的理论问题。罗尔斯后期的《政治自由主义》主要是为了回应《正义论》之中的"稳定性"问题。罗尔斯将其论题聚焦于正当与善的统一性问题，而它在秩序良好的社会之中至少是可能的。

在《正义论》的第15节，罗尔斯提出了一种关于"善的弱理论"，主要为了解决人们在"原初状态"之下、"无知之幕"背后选择正义原则提供动机，即无论人们选择什么样的人生规划与价值理想，"基本善"都是人们实现他们

---

① ［美］约翰·罗尔斯：《正义论》，何怀宏等译，中国社会科学出版社，1988年，第4页。

② ［美］约翰·罗尔斯：《政治自由主义》，万俊人译，译林出版社，2011年，第14页。

各自的生活计划的具有确定性的必要条件。但是随着正义原则理性推定的完成，"无知之幕"的徐徐拉开，善的弱的理论必须发展为一种"综合性"的善理论或者说善的强的理论。而正当与善的统一性问题则变成了"做一个好人对于人是不是一种善"，或者遵守正义原则行事是不是一种善。可以说，这一直是伦理学中的重大理论问题。在康德伦理学之中，这一问题则以德福如何才能一致这一"二律背反"的形式出现的。康德的解决办法是将之推向彼岸世界。而在施特劳斯那里则体现在"城邦与人"如何能够统一这一论题出现。但是，施特劳斯将这一问题转化为哲学与政治问题，在他看来则是需要历史的机缘。与康德、施特劳斯不同，罗尔斯这样讲道："我相信，至少在一定环境中，例如在一个良序社会的环境或者近于正义的状态中，做一个好人的确是一种善。"①为此，罗尔斯提出了他的正当与善的一致性论证的问题。

在罗尔斯看来，正当与善的一致性使"良序社会"是具有现实性的。他给出了三条理由。第一条理由是正义原则的公共性。由于正义原则是人们在"原初状态"之下、"无知之幕"背后的"慎思的理性"的推定得出的，同时又具备一种按照规则行动的"正义感"能力。由此，正义原则具有一种人们共享的道德信念性质。第二条理由根据"亚里士多德主义原则"得出。罗尔斯认为，在一个"良序社会"中生活是一种极大的善。因为在"良序社会"中生活，正义原则对于每一个人的生活计划的优先性，由此，我们能够更好地实现我们个人的社会潜能。在罗尔斯看来，我们在社会中生活，不仅是要与人合作从而获得幸福的手段，同时只能够依靠社会生活才能使得潜能结出果实。在良序社会中，每一个人都共享共同生活的丰富性与多样性，这也就意味着正义感作为生活的调节性原则必须得到肯定。第三条理由是"作为公平的正义"的康德式的解释原则。那就是，"原初状态"之下、"无知之幕"背后的人是康德

---

① 　[美]约翰·罗尔斯：《正义论》，何怀宏等译，中国社会科学出版社，1988年，第397~398页。

先验哲学之本体的个人，其欲望本身就是践履"绝对命令"。正义原则的践履意味着表达了人的理性的本质。

这三条理由不论是公共性原则、亚里士多德主义原则，还是康德式的解释原则都聚焦于康德的道德人的这一概念。在罗尔斯看来，按照正义原则的优先性及正义原则的行动是理性的欲望，而理性的欲望则是作为欲望的调节原则的。"因此，为了实现我们的本性，我们除了保持我们的正义感使之调节其他目标之外别无选择。"①由此我们已经看到，在罗尔斯的"良序社会"之中，能够实现正当与善的统一的最为重要的要素，则是康德的理性自主的观念。但是，这又与罗尔斯建构"正义理论"所诉求的对康德先验哲学的改造相互矛盾。因此，"良序社会"始终是康德意义上的具有完美道德人格意义的"目的王国"，其基础依然是康德意义上的"理性自主"。它作为一种"现实主义的乌托邦"依然是不现实的。因此，罗尔斯对这一理论概念再一次进行了改造。

在《政治自由主义》之中，罗尔斯对政治领域与道德领域进行了严格的区分。力求对正义的追求更加经验化。由于"理性多元性"的事实而把"道德的个人"界定为"政治的个人"之后，罗尔斯对"作为公平的正义"的第二个主要修正是其社会的理念。在《正义论》之中，罗尔斯将社会界定为"秩序良好的社会"，而在《政治自由主义》之中，虽然"秩序良好的社会"这一目标没有变化，但是在其内涵的方面，罗尔斯将其性质界定为："诸社会联合体的社会联合的社会。"

在《正义论》之中，罗尔斯对"良序社会"的描述是："一个社会，当它不仅被设计得旨在推进它的成员的利益，而且也有效受着一种公开的正义观管理时，它就是组织良好的社会。亦即，它是一个这样的社会，在那里：(1)每个

---

① ［美］约翰·罗尔斯：《正义论》，何怀宏等译，中国社会科学出版社，1988年，第578页。

人都接受,也知道别人接受同样的正义原则;(2)基本的社会制度普遍地满足,也普遍为人所知地满足这些原则。"①在这里,我们可以看到"秩序良好的社会"的基本特征,那就是一种在基本道德信念上相对同质的社会、稳定的社会,人们对于构成好生活的因素存在普遍的共识。所描述的社会其实就是以"康德式"道德世界观所主宰的社会。在其中每个人都是道德上"自律"的个体的自我。但是,当代社会的基本现实是宗教、哲学、道德等方面多元地共存于民主制度的基本架构之中,而且自由民主传统是鼓励这种思想信念的多元化的,并将它看作公民基本自由发展的必然结果。这一现实与罗尔斯所构想的"秩序良好的社会"是有着根本差别的。因为在《正义论》之中,"秩序良好的社会"是以在"原初状态"之下、"无知之幕"背后选择的"正义二原则"为基础的,它具有很强的"本质主义"与"普遍主义"倾向。因此,在此基础之上奠定的社会乃是一种单一的、同质的、有一致道德世界观的社会。

为此,罗尔斯重新修改了"秩序良好的社会"理念的内涵。在罗尔斯看来,"公平正义之基本组织化理念是一种世代相传的、长期的公平合作系统的社会理念"②。罗尔斯认为"公平合作的社会"的理念隐含在民主社会的公共文化之中。罗尔斯的"公平合作的社会"理念的一个突出的特点是其并没有一种统一的道德学说、哲学学说、宗教学说来作为其"先验"的构成性纽带。但是,"公平合作的社会"也不同于"原子式的个体"所组成的私利结合。为此,罗尔斯引入三个要素来具体阐明其"公平合作的社会"理念。首先,合作是由公共认可的规则与程序来引导的;其次,合作是一种"相互性"的合作;最后,合作是"合理得利"的理念。罗尔斯集中地探讨了"相互性"的理念,相互性的理念在于它不同于利他的公道理念与互利的理念。因为利他性或者说公道性理念意味着受"普遍善"的驱使,其必然以形而上学性作为其支

---

① ［美］约翰·罗尔斯:《正义论》,何怀宏等译,中国社会科学出版社,1988 年,第 5 页。

② ［美］约翰·罗尔斯:《政治自由主义》,万俊人译,译林出版社,2011 年,第 14 页。

撑性的基础，而互利性的理念则指的是每个人是按照其在事情中的地位而获得其利益的。

罗尔斯认为，上述两种理念都不能充分说明公民之间的公平合作关系。因此，公民之间的关系只能是一种相互性。它是"通过规导社会的正义原则来表达的，在此一社会世界，每一个人所得的利益，都以依照该社会世界定义的一种适当的平等基准来判断"。进而"相互性是一种秩序良好社会里的公民关系，它是通过该社会公共的政治正义观念表达的"①。由此在罗尔斯看来，公民之间的"相互性"合作关系能够化解社会正义要求与该社会公正制度所允许的公民之合法利益之间的紧张关系。罗尔斯以管弦乐队为例说明了此种社会理想。管弦乐队之中，每一个人都有相同的自然天赋，都能很好地演奏每一种乐器，但是他们永远不能成为所有乐器的演奏高手，也无法演奏所有乐器。因此，他们之间必须在某种规则之下进行协调配合才能达到演奏的整体效果。每一个人在只有同其他人的积极合作之中提升自己的才华，进而完善自己。②

关于社会的基本理念的探讨，罗尔斯指出《正义论》没有将其与"基本自由及其优先性"的理念相联系。为此，罗尔斯改变了第一个"正义原则"的主要表述，将最广泛的总体系统修改为"完全充分的"。原因在于，《正义论》之中的表述带有形而上学的色彩，它极易被理解为赋予一般的自由以优先价值，并被认为是社会正义与政治正义最追寻的唯一目标。因此，自由不过是一种政治价值，而非道德价值。从而我们探讨的是宪法根本的问题。罗尔斯的终极意图是以其正义原则确定某种政治框架。③唯其如此才能够实现个体善与公共善的统一。

---

① ［美］约翰·罗尔斯：《政治自由主义》，万俊人译，译林出版社，2011年，第15页。

② ［美］约翰·罗尔斯：《政治自由主义》，万俊人译，译林出版社，2011年，第296~297页。

③ ［美］约翰·罗尔斯：《政治自由主义》，万俊人译，译林出版社，2011年，第269~271页。

　　总之,以"政治的正义"观点来看,真正正义的社会是各种不同的完备性的宗教学说、哲学学说和道德学学说对基本的正义观念达成"重叠共识"的社会。"重叠共识"并非是一种临时协议,其反映了社会合作成员的对社会统一性基础的冷漠与怀疑,更非由某种完备的一元论学说演绎出的,必须依靠国家权力强制推行的普遍价值。而是在理性自由的观念的基础之上,联系着政治自由主义的两个根本理念即在对"个人的理念"与"社会的理念"的基础之上的各种完备性的宗教学说、哲学学说和道德学说对其认肯。我们看到,罗尔斯始终没有偏离康德哲学的基本方向即捍卫理性的信念。但是罗尔斯对康德的理性观念的理解已经并非是近代主体形而上学意义上的个人"独白",理性已经是"公共理性"。

(三)"先验道德理性"到"经验政治理性"

　　在《正义论》中,罗尔斯为了在"后形而上学"的视域之下构造一种无本体论的道德哲学而借助了"康德的建构主义"的方法。这种方法的优点在于,相比于功利主义与合理的直觉主义作为一种完备性的道德观点而言,"康德的建构主义"能够超越道德实在论的立场而将道德价值与政治价值完全奠定于实践理性的基础之上。但是在罗尔斯看来,《正义论》之中所展现的"康德的建构主义"方法所诉诸的核心观念即实践理性之"自律"观念,以及与之相关联的个人观念与社会观念表达的依然是一种超验的理想主义。"理性的多元论"事实告诉我们,"超验理性主义和其他诸如此类的形而上学说在政治的根本理念组织和解释中不起任何作用"①。我们必须严格区分道德领域与政治领域。《政治自由主义》将《正义论》之中的个人理念与社会理念的两个根本理念经验化的同时,罗尔斯也将作为实践理性的"先验道德理性"下

---

① [美]约翰·罗尔斯:《政治自由主义》,万俊人译,译林出版社,2011年,第92页。

降为"经验政治理性"。实现了从"道德建构主义"向"政治建构主义"的转变，而这是将康德哲学精神进一步彻底化的结果。

罗尔斯明确地区分了"康德的道德建构主义"与"政治建构主义"之间的四个差别。第一个差别是康德的学说是一种完备性的观点，其无法与政治自由主义相融。第二个差别在于"自律"的观念，前者是"构成性自律"，后者是"学说的自律"。第三个差别在于前者的个人与社会的基本观念之基础是超验理想主义，而后者则是把他们作为某种组织化的理念来使用。第四个差别在于二者的目的不同，前者是实现理性的统一性问题，后者的主要目的是揭示政治正义问题的公共证明的基础。①

按照康德哲学所持有的观点，理性是世界的本质，而哲学的主要功能就是为理性的信仰辩护。但是，理性却是以理论理性与实践理性之二分的形式出现在康德哲学之中的。无论如何，理性始终是一个理性，为此，康德强调实践理性优先于理论理性。而理论理性与实践理性留下的鸿沟则需要"判断力"与历史哲学充当中介。但是，不论是道德哲学之中的"目的王国"还是历史哲学之中的"法律共同体"，都只是理性设定的应然的世界。从根本上来说，康德的实践哲学是先验的道德理性，即主要特征是其以自由为"先验原理"的"知性"范畴在实践理性之中的具体运用。从政治哲学的视域来看，康德超越近代现实主义政治哲学，从而将其推进到了观念论的层次，但是这也导致了其实践哲学具有无法在现实生活之中兑现的"形式主义"特征。虽然在康德哲学之中，自由被落实为"法权"，但终究没有超越"形式主义"。更没有超越施特劳斯所说的现代性的问题。对此，赵汀阳教授评述到，康德的"人是目的"许诺了每个人的特权，但是对所有人的共在的社会来说，这是十分危险的特权分配，它不利于稳定社会所需的公共秩序与美德。②

---

① ［美］约翰·罗尔斯：《政治自由主义》，万俊人译，译林出版社，2011年，第91~91页。

② 赵汀阳、阿兰·乐比雄：《一神论的影子》，王惠民译，中信出版集团，2019年，第88页。

罗尔斯继承了康德对道德问题的讨论方法，但是并不满足于康德的先验主义与"形式主义"，在吸收功利主义的某些思想要素的基础之上，采用"道德建构"主义方法，并对其进行了经验性的改造即《正义论》之中的关于"原初状态"的理论创造。虽然"原初状态"在相当程度上对我们的生活世界做了较为成功的模拟，但是其背后依然是康德的先验理性。在"原初状态"之下、"无知之幕"背后，罗尔斯提出了"基本善"作为个人实现其生活计划的不可或缺的必要条件。但是，正义原则的推导依然是作为"自由而平等的道德的个人"的形而上学本质的表现。因此在《正义论》之中，罗尔斯对正义原则的推导，依然是康德先验的道德理性观念，公平正义依然是一种完备性的道德学说。而在"理性多元论"的作为在民主社会难以在短期之内消除的现实的情景之下根本无法回答政治共同体的稳定性问题，从而无法为作为一种自由价值的宽容提供理性的基础。

在《正义论》之中，罗尔斯为了形成一种具有普遍必然性的而又具有经验适用性的正义原则，其根本方法是将康德的"纯粹实践理性"阐释为"原初状态"之"纯粹程序正义"。但是正如罗尔斯自己所说，"原初状态"之下的个人乃是康德"本体界"的人，其本身是一种"纯粹实践理性"之载体。如此，"公平的正义"依然是一种完备性的道德学说。基于此而理解的"公平正义"问题依然是一个知识论问题，或者说是一个理论理性的问题，其本质依然是近代主体形而上学。因此，按照"道德建构主义"的方法并不能为自由民主制度奠基。"道德建构主义"仍然是对康德"纯粹实践理性"之解释，其中隐含着康德的形而上学假定。因此罗尔斯认为："不仅由建构主义的论证所表述的所有价值秩序，而且道德秩序本身，都是由实践理性的原则所构成的，我认为这是康德的看法。"[①]在康德的"道德建构主义"方法那里，如若要形成具有"先

---

① ［美］约翰·罗尔斯：《政治自由主义》，万俊人译，译林出版社，2011年，第15页。

天综合判断"性质的道德命题,则需要理性主体运用先验范畴通过"自由模型"而去构造实践"对象"即行为准则的纯粹形式即道德的"绝对命令"。罗尔斯《正义论》理论的"康德式"理解的意义在于,将康德的"绝对命令"进行经验化的解读,即对之进行"程序主义"的改造,具体而言之,将康德"自由模型"经验化为一种"原初状态"。"原初状态"的重大意义在于,其使康德的先验主体现身于某种经验的环境之中,进而使康德具有纯粹形式化的"绝对命令"具有实质性的内容。但是在《正义论》之中,"原初状态"之下的个人之理性,依然是一种康德意义上的"道德自律",其预设了先验主体的理性自主能力,在本质上依然是一种形而上学的一元论。

上文论述罗尔斯政治哲学思想关于人之假定乃是康德意义上的"本体界"的人,其主要规定乃是纯粹的理性主体。这种纯粹理性主体,在处理实践问题的时候运用的是一种"纯粹实践理性",我把他称之为"道德理性"。这种"道德理性"的本质规定是"先验"的即以"自由"作为其"先天范畴"的"模型"而建构道德知识。但是在康德那里,道德理性以"绝对命令"的形式而实体化。这种道德理性因为其"先验形而上学性"的"形式主义"纯粹性决定了其并不具有经验的适用性。而在《政治自由主义》之中,"原初状态"之下的个人的本质规定是作为"生入其中,死出其外"的"封闭社会"的公民。较之《正义论》,罗尔斯将"原初状态"之下的个人的"道德理性"经验化为"经验的政治理性",即其并不是"先验的道德理性"而是一种"经验的政治理性"。罗尔斯在康德哲学的基础之上重新界定了理性之规定,即把理性划分为"理性的"与"合理性的"。罗尔斯指出:"理性的与合理性的两者的区分可以追溯到康德:在其《道德形而上学基础》及其他的著作之中,他对绝对律令与假设律令所作的区分正好表现了他对理性的与合理的两者的区分。前者代表'纯粹实践理性';而后者代表经验实践理性。"①罗尔斯对个人(公民)之理性的重新

---

① [美]约翰·罗尔斯:《政治自由主义》,万俊人译,译林出版社,2011年,第44页。

界定的理论动机是出于一种政治正义观的考虑。罗尔斯将两种理性与个人（公民）的两种能力联系起来。"理性的"与"正义感"能力相联系；而"合理的"与"善观念"能力联系在一起。而在罗尔斯看来，经过这一修改，康德的"理性"概念具有了经验性适用性意义。那就是其与公民的"判断的负担"联系在了一起。因此，"出于政治正义观念的目的，我赋予理性的理念以一种更具限制性的意义，并把它首先与提出和尊重公平之合作项目的意愿联系起来，其次，把它与认识到判断的负担的结果之意愿联系起来"①。在把理性的概念做了上述规定之后，罗尔斯依照康德的实践理性建构道德原则的方法来展示建构政治原则。在这里我们尝试模仿康德的道德建构方法来推导其政治建构主义，以彰显二者之间的关联。

由此，在《政治自由主义》之中，罗尔斯将"纯粹实践理性"修改为"经验的政治理性"，其本质特征不是道德的"自律"，而是政治的"自律"，是非伦理意义上的。它"是秩序良好之社会在其公共生活中形成的"②。"它是通过持续参与社会公共事务和分享集体性的自我决定而得以实现的。"③在公共生活之中，公民的理性由于受到"判断负担"之考量进而要求以"公共理性"指导的正义原则而行动。以此，我们就能够从其中推导出"正义原则"，但是我们看到，这种正义原则以"公共理性"为"模型"因而只适合政治领域。这种理性的规定是，其能够把诸种"宗教学说、道德学说与哲学世界观"当作"合理的"，因而能够加以"理性"的考量，并遵循一种"相互性"的标准，形成正义原则。

综上所述，罗尔斯阐述了"公平正义"观念从"道德建构主义"到"政治建构主义"的转向。至此，罗尔斯才真正实现了"先验哲学"的"经验化"的彻底

---

① [美]约翰·罗尔斯：《正义论》，何怀宏等译，中国社会科学出版社，1988年，第564页。

② [美]约翰·罗尔斯：《政治自由主义》，万俊人译，译林出版社，2011年，第71页。

③ [美]约翰·罗尔斯：《政治自由主义》，万俊人译，译林出版社，2011年，第72页。

改造,彻底地摆脱了宗教的、形而上学的和道德的学说。罗尔斯终于在政治建构主义之内使得康德的唯心主义变得不那么信心满满。因为道德主体已经不是康德意义上的"先验"主体,理性也从"纯粹实践理性"转化为"经验的政治理性"。但是,罗尔斯却是将康德的建构主义方法贯彻到了政治自由主义之中,尽管它已经不是"道德的建构主义"了,但却是将"康德的建构主义"方法论推向了极致。

在罗尔斯看来,以往的道德观念理论比如功利主义、完善论及直觉主义并没有完全理解"康德式建构主义"的伟大意义。而《正义论》的成功之处就在于贯彻了"康德式建构主义"方法。"康德式建构主义"并非是对康德道德理论的简单复制,而是在新的基础之上的重要修改。在罗尔斯看来:"从本质上讲,康德式建构主义的独特之处在于:它设定了一个独特的人的观念(conception of the person)作为一个合理建构程序的基本要素,这个程序的结果决定着首要正义原则(first principles of justice)的内容。"①由此,正义原则的推导并非原则与某种道德实在论,也非持有一种相对主义的结论,而是理性的个人在特定的情景之下建构的产物。正义原则聚焦于自由与平等这一重大的政治价值,力图消除对其冲突性的理解。由此,问题也就变成了自由和平等的道德的个人,如果在一个持续运作下的社会里过一种完整的生活的话,我们会接受哪一种正义原则呢? 对正义的追求是寻找一种根源于我们自我的观念,以及我们与社会关系的观念达成协议的合乎情理的基础,它将代替由实体和关系的先天和独立的秩序所确定的道德真理。由此,在探索正义观念的过程之中,自我的观念占有核心的地位。

为了斩断康德的自我主体的观念与形而上学的联系,罗尔斯将人的观念植入了民主社会的公共文化传统之中。罗尔斯说:"康德式的建构主义希

---

① 《罗尔斯论文全集》(上),陈肖生等译,吉林出版集团有限公司,2003 年,第 342 页。

望提出一个潜在于那种文化中而被人们认可的人的观念，或者一个一俟得到恰当地展现和解释，就能被证明是可为公民接受的人的观念。"①而这个人的观念并非是与认识论相关的道德真理性问题。布鲁姆曾经批判罗尔斯关于人性的观念远远达不到霍布斯、洛克对人的界定而给予其各自政治哲学的坚实的形而上学的基础。我们认为这一观点是片面性的，因为康德远非是从道德认识论的观点出发对人性的本性的抽象界定，而是试图深入"生活世界"之中。由此，"使得一个正义观念获得辩护的东西，并非是从某些先定的秩序看来，这种正义观念是真确的；而是它与我们对自我的深层次理解和抱负的契合，以及我们意识到，给定体现在我们公共文化中的历史和传统"②。但是正如我们在上文之中所论述的。"原初状态"之下，"无知之幕"背后依然是康德意义上的隶属于"本体界"的个人。以此种方式来推导出的正义原则来规导社会基本结构的良序社会依然是康德意义上的"目的王国"。按照赵汀阳教授的看法，"原初状态"的设计固然精致，但是它依然在我们的现实生活世界无法得以兑现。而对于罗尔斯来讲，理性的多元论的事实注定使得这样的社会具有稳定性。

从"康德的道德建构主义"向"政治建构主义"的转变标志着罗尔斯探讨正义观念的思维方法的重大变革。其重大意义在于，能够使得对正义问题的探讨更贴近人们的经验的生活世界，从而为"理性多元论"的情景之下的政治共同体之稳定性问题提供了全新的解决方案。但是，我们也应该看到罗尔斯探讨正义观念方式的转变并非是对康德精神的背离，而是康德哲学方法论的进一步推进。罗尔斯后期的哲学思想并非是远离了康德而是对康德哲学精神的靠近。因为康德哲学所确立的理性主义精神，以及立足于实践理性的基础之上对正义等规范性问题的公共证明方式，在罗尔斯的政治哲学之

---

① 《罗尔斯论文全集》(上)，陈肖生等译，吉林出版集团有限公司，2003年，第345页。

② 《罗尔斯论文全集》(上)，陈肖生等译，吉林出版集团有限公司，2003年，第345~346页。

中是一以贯之的。

三、"解释世界"抑或"改造世界"？

如前所述,在罗尔斯看来,功利主义的最高原理即"最大多数人的最大幸福原理"只是将个人的原理应用于"社会基本结构"。其理论的内在困境必然是要牺牲一部分人的自由以保证实现功利的最大化,如此,对个人的自由侵犯就并非不义。因此在罗尔斯看来,我们必须返回社会契约论传统。在这个意义上,康德恰好为罗尔斯提供了解决此问题的范例。按照施特劳斯的理解,康德的政治哲学是社会契约论的顶点,而契约论乃是证明自由主义道德正当性与政治合法性的最强有力的理论。可以说,正是康德的批判哲学为社会契约论注入了观念论因素,从而使其在维护自由这一现代哲学的最高问题上更加具有道义性色彩。可以说,康德哲学代表了作为现代政治表述的自由主义的最崇高的道德理想。但是,在"后形而上学"的思想情境之下,康德道德哲学的"先验"性质并不为罗尔斯所接受,因为"理性价值多元论"已经是一个我们不容争辩的理性事实。因此,必须要对康德哲学进行必要的革新。

罗尔斯的主要方法是,对康德哲学进行了一次"经验"性的改造,即用一种"纯粹程序正义"的模型来取代"先验"的道德原理。但是我们认为,这一"经验"性改造产生了一个重大的理论后果——它既是康德理想的修正,也与马克思式的政治理想不同。因为诉诸于正义观念及社会制度内在调整来解决正义问题必然具有局限性。不仅如此,由于罗尔斯把"理性多元论"的事实接受为现实生活的永恒状态。从而促使了他从康德式的"道德建构主义"到"政治建构主义"的思想转变。我们认为,罗尔斯政治哲学思想的这一转向与其说是一种理论重建,倒不如说是一种重大的理论放弃。这一理论放弃所引发的后果是严重的。政治自由主义把人从道德的领域中抽取出来，抛进了政治领域当中，不仅是以继承康德道德哲学为理论旨归的政治哲学失去了康德哲学中的美德理想；而且也使作为其政治构想的"秩序良好的社会"缺乏了道德根基。就哲学理论本身来说，"公平正义"的规范性的政治哲学也失去了政治哲学的超越性的维度。我们认为，罗尔斯的政治哲学尤其晚期的政治自由主义观念是对古典政治哲学问题与马克思主义政治哲学问题的一种理论回避。因此，在罗尔斯那里，政治哲学的任务既非"解释世界"也非"改造世界"，它只不过是对现实世界的接受与调和。

（一）重释康德的道德理想

在康德哲学之中，理性具有至高无上的地位。罗尔斯曾言："康德的目的难以简单描述，但我相信他把哲学的作用看成了正式的辩护（apologia）。即对理性信仰的辩护。这不是较为古老的表明信仰与理性的兼容问题，而是通过理性本身来表明理论和实践的理性之一贯性和统一性问题，是我们将怎样把理性视为最终的诉讼法庭。看作唯一有能力解决所有关于理性自身权威的范围和限度的问题。"[①]在康德看来，世界必定奠定在实践理性的基础之上。在古典理性主义传统看来，理性是世界的本质。康德以实践理性优先于理论理性的，最终完成了哲学最高问题即自然与自由问题的颠倒。从政治哲学的角度来看，任何最佳的政治必须奠定在理性的基础之上。罗尔斯继承了康德哲学之中的理性主义精神，同样试图将最佳政治奠定在理性的基础之上。但是，罗尔斯的理性概念已经是超越近代主体形而上学的理性观念即不再是一种反思性概念，而是我们生活世界之内的"公共理性"观念。因此，罗尔斯的政治哲学之中依然保持着理想主义维度。这种理想主义在某种程度

---

① ［美］约翰·罗尔斯：《政治自由主义》，万俊人译，译林出版社，2011年，第93页。

上说更加具有现实意义。

与古代实践哲学将伦理学奠定理论理性的基础之上不同，康德实践哲学的革新在于将道德奠定在实践理性的基础之上。实现了正当对善的优先性转换。因此，不论是康德还是康德主义者罗尔斯，都否认某种道德实在论意义上的客观的价值秩序。从而将道德价值奠定在人这一主体之上。

在康德的政治哲学之中，康德强调了法权的优先性地位，认为恰恰是权利能够成为我们自由的可靠的边界。而罗尔斯的正义原则首先要保卫的就是自由的权利。权利因此成了康德与罗尔斯政治思考的逻辑基点。而从实践理性出发，以权利为基点建构伦理学与政治哲学基础的观点受到了多方的批评。其中，最为严厉的批判当属施特劳斯学派的批判——指责以权利为核心观念的政治哲学失去了古典哲学哲学的所具有的美德理想。但是，本书认为此种观点并非完全的合理，在康德的道德哲学与罗尔斯的政治哲学之中，美德从来都不是被二者所忽视的，它们是其实践哲学的重要组成部分。

在《道德形而上学》一书的第二部分"德性论的形而上学的初始根据"的开篇段落讲到："伦理学在古时候就意味着一般道德论〔philosophia moralis（道德哲学）〕，后者人们也称之为义务的学说。后来人们觉得最好把这个名称只专用于道德论的一个部分，亦即专用于不服从外部法则的义务学说上（人们在德语中恰当地给它找到德性论这个名称），这样，总的义务学说的体系现在就被划分为能够有外部法则的法权论（ius）体系和不能有外部法则的（Ethica）体系。"①由此，康德将美德的义务置于受内在法规约束的人的内在性领域。美德的义务是自我施加的，而在康德看来实施这些美德义务是需要勇气的。对于康德而言，人的道德生活充满着斗争而不是和谐，由此，规约美德既不是古代政治哲学意义上的审慎、正义、节制，而是勇气。那么，什么是

---

① 李秋零编：《康德著作全集》（第6卷），中国人民大学出版社，2007年，第392页。

勇气呢？康德这样回答：“反抗一个强大却不义的敌人的能力和深思熟虑的决心是勇气（fortitudo），就我们心中的道德意向的敌人而言是德性［virtus，fortitudo moralis（道德上的勇气）］。”①法权是对自由的外在约束，其提供的是实现自由的一种形式条件。但是，在内在性的立法领域之中康德则赋予了形式性法则的客观性的目的性原则。康德将其理解为：“自己的完善、他人幸福的”。②虽然按照康德的知识论的观点——我们永远无法达到关于自我的真理，康德的美德原则一再遭受到了心理主义的批判，但是在康德看来这根本不是问题的主要方面。那就是实践活动总是先于人们对原则性的内省。而对实践活动中执行的原则会成为我们反思的对象，也是我们努力的认识对象。因此在康德这里，美德与其说是关注行动者如何去做的理论，不如说是行动者积极努力投奔的方向。在《单纯理性限度的宗教》中，他声称人类作为一个伦理共同社会，有追求某些目的的义务。

　　罗尔斯主要是将“公平正义”应用于“社会基本结构”。正义作为首要的美德，首先是一种制度美德。但是对个人来说，具有一种有效的“正义感”依然是一个“公平正义”社会之所以可能的人性前提。如前所说，不论是《正义论》之中的“自由而平等的个人”，还是《政治自由主义》之中的“作为自由而平等的公民”。“正义感”都是不可或缺的。罗尔斯认为，这正是康德“本体界”域内的个人，但是却遭到了阿兰·布鲁姆的激烈批判。在著名的关于罗尔斯政治哲学的评论性文章《正义——约翰·罗尔斯与政治哲学传统》一文之中，布鲁姆认为罗尔斯的政治哲学对康德哲学存在严重的误读。布鲁姆聚焦于罗尔斯政治哲学的三个核心概念：“原初状态”“理性”和“善”给予了批判性分析，认为其严重背离了康德哲学的精神。首先，在“原初状态”方面，布鲁姆认为：“康德的道德并非是社会契约，因为社会契约是他律的。社会契约中的

---

① 李秋零编：《康德著作全集》（第 6 卷），中国人民大学出版社，2007 年，第 393 页。

② 李秋零编：《康德著作全集》（第 6 卷），中国人民大学出版社，2007 年，第 398 页。

道德只是人们用来建构满足先在的非道德的自然目的的工具。"①布鲁姆坚决捍卫康德哲学的道德纯粹性。而罗尔斯"原初状态"之下、"无知之幕"背后的个人遵循着"审慎的理性"对于个人利益心怀算计。我们认为布鲁姆对罗尔斯看法是片面的。罗尔斯"原处状态"下的社会契约是一种理性的设计模型，或者用罗尔斯的话来说，它是一种"代表性设置"。其目标是构造我们反思正义问题的思考模型。因此，布鲁姆的批判完全是不得要领的。

在康德的实践哲学体系之中，虽然《道德形而上学》分为法的形而上学与德性的形而上学，但是二者却统一于康德的《道德形而上学奠基》与《实践理性批判》所确立的道德学说之中。

在致其好友克吕格的书信中，施特劳斯对康德哲学曾有过这样的评价："康德步柏拉图的后尘，因为他赖以出发的是关于人的生活和正确的生活所可能知道的东西，而且由此出发才可能反思应信仰的东西。"②因此我们有理由认为，"在现代哲学家中，康德的确是唯一的柏拉图的追随者"③。康德与古代政治哲人共同坚守理想主义的传统，虽然他们的思想基点并不相同，康德的道德理想以自由作为最高原理，而古典政治哲学则以自然作为最高原理，前者坚持自然权利而后者坚守自然义务。康德晚年更加关注政治问题，构建了"法权形而上学"，按照一般的理解，康德的法权论是更加具有经验主义的法的实证主义。康德将法制的地位抬高至道德之上。但是本书认为，康德的关于"法的形而上学"的研究依然是以《实践理性批判》之中的"人是目的"的基本理念为基础的。

罗尔斯把自己的政治哲学称为"康德式"，但是罗尔斯却很少谈及康德

---

① ［美］阿兰·布鲁姆：《巨人与侏儒》，张辉等译，华夏出版社，2007年，第326页。

② ［美］施特劳斯：《回归古典政治哲学——施特劳斯通信集》，朱雁冰、何鸿藻译，华夏出版社，2006年，第204页。

③ ［美］施特劳斯：《回归古典政治哲学——施特劳斯通信集》，朱雁冰、何鸿藻译，华夏出版社，2006年，第204页。

的美德理想。罗尔斯更多的是关注的是制度德性。我们说追寻自由是康德哲学与罗尔斯政治哲学的崇高主题，对自由问题的理论关怀把康德和罗尔斯紧紧地联系在一起，但是二者的解决方案互有得失。自由在康德哲学中具有"拱顶石"的重要意义，而在罗尔斯的政治哲学当中，"自由具有优先性"。康德由于其哲学的"先验性""形式性"，最终使得道德的先验原理无法在现实生活之中得以兑现。而罗尔斯将自由的现实化聚焦于"社会基本结构"，按照斯退士的观点，罗尔斯吸收了黑格尔的哲学思想要素，赞同黑格尔对康德的形式主义批判，但是又不赞同黑格尔的唯心主义哲学前提。由此，罗尔斯所怀有的是康德的理想。

康德理想的共同体是"人是目的"的王国、"伦理的共同体"，而罗尔斯的政治共同体则是两个正义原则指导的"良序社会"，这个理想在罗尔斯前期思想与后期思想始终是保持一致的。康德与罗尔斯的政治方案的实现都诉诸契约论，但康德却是个半契约论，因为在结成契约之前的人就已经是"自律"的了。康德的道德的本质意义是"自律"，人的实践理性可以超越经验，为自己的实践行为设立规则，这种规则具有普遍必然性。但是"道德律令"必须以"先验"的道德主体作为前提，否则会陷入二律背反。康德理想的"目的王国"的构成，应该是人人遵守"道德律令"。但是在康德的学说中，道德与政治之间的联系是有问题的。政治学与道德学说的联系诉诸于历史哲学，比如黑格尔与马克思，黑格尔的理想的政治共同体的实现是依靠绝对精神在历史中的展开，马克思的"共产主义"的实现依靠的是无产阶级历史性的革命。他们的理想政治共同体的实现都诉诸历史哲学，但是历史哲学对于康德来说本来就是成问题的。因此康德"目的王国"的实现便需要另一个条件，那就是上帝的存在、灵魂不朽和自由三个公设。因为按照康德哲学的前提，人居于两个世界，一个是"现象"世界，一个是"本体"世界。"现象"世界中的人不可避免要受到感性欲望的驱使，从而是他律的，他律意味着不自由、不道德，人们只有不间断地恪守道德律令,但是生命的有限性,又使人达不到道德的完美。由此,"目的王国"的实现必定要以三个公设——上帝存在、灵魂不朽和自由作为其前提。但是这导致的一个后果便是,理想的共同体在现实的此岸世界必定无法实现。康德的"目的王国"必定永远居于彼岸。

罗尔斯的政治方案是要使康德的政治理想现实化,使其"目的王国"不再遥远。按照罗尔斯对社会所下的定义:"这个社会是由一些个人组成的多少自足的联合体,这些人在他们的相互关系中都承认某些行为规范具有约束力,并且使自己的大部分行为都遵循它们。我们在假定这些规范标志着一个旨在推进所有参加者的利益合作体系。而且,虽然一个社会是一种对于相互利益的合作的冒险形式,它却不仅具有一种利益一致的典型特征……这样就产生了一种利益冲突,就需要一系列原则来指导在各种不同的决定利益分配的社会安排之间进行选择……"①罗尔斯笔下的社会是一种合作体系,而合作的主要目的是要规避风险,把风险降低到最低。这样给社会下定义的一个预设的前提是"原初状态"下的人本质上是自私的,其目的在于谋利。人只是一种欲望的个体。"原初状态"下的个人被剥夺了关于他所处的环境的,仅仅是为了选择那些能够满足自己欲望的最有用的原则。而康德的道德的人是从道德自律出发,他不是为了个人的欲望,而是为了道德自律本身。而道德律令具有普遍的立法形式,理性自己为自己立法而取得法则的普遍的形式,从而它体现了人自身的自由。自由意味着理性与普遍性,理性在于发现必然性,规避偶然性,而罗尔斯的个人追求利益,利益意味着他律,理性也只是为了谋取自身的私利的手段,不管他追求的是"基本的善",还是具体的福利。理性不是为了自身而只是为了理性自身以外的目的。正如布鲁姆指出:"对于罗尔斯原初状态的人的一个康德主义解释是:他既不理性也不

---

① [美]约翰·罗尔斯:《正义论》,何怀红等译,中国社会科学出版社,1988年,第4页。

自由。"①

不管罗尔斯与康德的政治哲学有如何差异,作为现代意义的思想家,罗尔斯与康德的政治哲学主要是为现代性进行辩护,但是他们都没有超出现代性的理论框架。现代性强调理性和自由。强调人的理性自觉能力,用人的理性保证自由与平等、用理性设计理想的共同体;但是人们的理性能力到底能不能解决自由的问题,这还是颇成问题的。因为人性并不完美。

施特劳斯指出:"古代经典认为,由于人性的软弱或者依赖性,普遍的幸福是不可能的……而现代人则不满足于这一乌托邦,他们试图确保实现最好的社会秩序。"因此,"他必须降低人的目标:以普遍的承认来代替道德德性,以从普遍承认获得的满足来代替幸福"②。哲学是对智慧的追寻,政治哲学便应该是对理想共同体的追寻,但是古典政治哲学认为,理想的政治共同体只能靠"机缘"。但是由于人性的不完美,我们只能实现"次好"的政体。如上所述,康德是个"半契约论者",因为结成契约之前的个人首先是个"道德自律者",因此他需要三个公设。但是罗尔斯是个完全社会契约论者,社会契约论诉诸的一个重要的标准就是"普遍同意",但是"同意"只能是普遍的"意见",它并不能代表"理性",更代表不了"智慧"。

对于施特劳斯的批判,我们应该辩证地去看待。施特劳斯始终对于自由民主制度忧心忡忡。但是,罗尔斯思想之中的自由民主制度也并非是取决于意见的政治制度。因为在罗尔斯看来,使得"公平正义"社会获得"重叠共识"以保证其稳定性的基础的"公共理性"的典范不是民主协商,而是最高法院即由宪法专家所构成的精英团体。如果将焦点放在法院理性上,那么是不符合其所坚持的公共证成原则的。在某种意义上来说,"公共理性"非"公共理性"。

① [美]阿兰·布鲁姆:《巨人与侏儒》,张辉等译,华夏出版社,2007年,第326页。
② 施特劳斯、科耶夫:《论僭政——色诺芬〈希耶罗〉义疏》,何地译,华夏出版社,2006年,第227页。

(二)回应马克思的正义批判

罗尔斯政治哲学对"社会基本结构"的关注,以及其作为解决社会正义问题时所诉诸的作为其基准的"最低受惠者"的哲学思想,把"公平正义"理论与马克思的关于平等的政治理想紧密地联系在了一起。尤其是在关于私有财产权的论述上,在《1844 年经济学哲学手稿》之中,马克思将共产主义理解为"私有财产的积极扬弃",同时进一步指出:"共产主义是最近将来的形式和有效的原则。但是,共产主义本身并不是人的发展目标,并不是人的社会形式。"①在马克思看来,资本主义最大的不义就是私有财产权制度,同时也是阶级压迫的根源。而罗尔斯同样对财产权持一种温和批判态度,将理想的政治共同体理解为"拥有财产的民主"制度,从而使得《正义论》具有了一种超越论的理论姿态。因此它触及到了马克思政治理想所关注的核心问题,二者的理论要旨有着暗合之处,虽然二者对社会正义问题的解决方式并不相同。马克思诉诸的是暴力革命,理论内核是扬弃私有财产。而罗尔斯的解决方案则是诉诸正义原则而进行有限度的制度调整。

马克思的正义理论与罗尔斯的正义理论具有三点相似之处。首先,在理论目标方面, 他们都关注人的自由与平等。罗尔斯以其正义原则而构造的"良序社会"的目标是在最大程度上实现人的自由与平等。马克思同样关注自由与平等的问题,其政治哲学主题是:解放何以可能? 马克思用"自由人的联合体"来标识其作为政治理想的共产主义的基本特征。对于共产主义的基本特征, 马克思是这样来描述:"代替那存在着阶级和阶级对立的资产阶级旧社会的,将是这样一个联合体,在那里,每个人的自由发展是一切人的自由发展的条件。"②对于理想之共同体的所具有的特征,罗尔斯同意马克思的

---

① [德]马克思:《1844 年经济学哲学手稿》节选本,人民出版社,2000 年,第 93 页。

② 《马克思恩格斯选集》(第一卷),人民出版社,1995 年,第 294 页。

观点。"然而我认为,马克思倾向于把充分发展的共产主义社会看作每个人能充分实现他的本性、能表现自己的全部力量的社会。"罗尔斯认为:"只有在社会联合中,个人才是完整的。"①因此,我们看到,就马克思所设想的理想性共同体与罗尔斯式的"良序社会"所具有的特质而言,马克思的政治理论与罗尔斯的正义理论有着极为相似的理论旨趣。

其次,在解决社会正义问题所诉诸的"基准"上,罗尔斯认为是"最低受惠者",而马克思认为是无产阶级。罗尔斯认为一个社会正义与否最终体现在一个社会的基本经济制度安排是否有利于"最不利者"(Least Advantaged)的生活前景,仅就这一点来说,罗尔斯的前期思想与后期思想是一致的。而马克思认为一个社会正义与否体现在无产阶级是否得到公平的对待。

最后,他们把社会正义问题的解决聚焦在政治制度层面之上。但是二者的解决方式并不相同,马克思诉诸于以无产阶级革命的方式"扬弃"私有制,认为私有制度是产生社会的一切不平等、不正义的根源;而罗尔斯则诉诸于在自由民主制限度内的对基本的政治、经济制度进行最大限度的调整。正如姚大志教授指出的:"马克思的解决方案是以推翻现存社会为前提,所以我们将其理论称为'超越的'。与马克思相比,罗尔斯的正义理论是'内在的'超越的。"主要表现在,罗尔斯对私有财产权并非是完全正当的权利。"罗尔斯认为,在现存的制度框架内,按照正义原则来调整政治法律制度和社会经济政策,就可以限制人们之间的冲突,建立一个正义的社会。"②尽管如此,我们认为罗尔斯的《正义论》与马克思的政治哲学思想一样具有一种超越性的维度,即怀有对美好生活的向往和对当下政治现实的批判,在这个意义上来说,罗尔斯的政治哲学依然怀有理性的理想。

但是在《政治自由主义》之中,罗尔斯对其正义理论根本性质做了根本

① [美]约翰·罗尔斯:《正义论》,何怀宏等译,中国社会科学出版社,1988年,第528页。

② 姚大志:《罗尔斯:来自马克思主义的批评》,《马克思主义与现实》,2009年第3期。

性地改变,即一种道德正义转向了一种政治正义观。罗尔斯认为"公平的正义"乃是一种"政治的而非形而上学"的"政治建构主义"思想,它在性质上是"政治"的。罗尔斯政治哲学思想的重大转向的原因在于,《正义论》之中对"公平政治"观念的构造,虽然用"原初状态"给予康德的"先验形而上学"以经验主义的解释,但是它依然没有避免形而上学的纠缠,从而无法回答政治共同体的稳定性问题。因而在他最为得意的《正义论》之中的"目的篇"是极其失败的理论构造。在我们看来,罗尔斯的这一思想乃是对马克思主义政治理性的一次重大的背离。

当代著名左翼马克思主义者佩里·安德森认为:"'政治自由主义'这种说法意味着什么?'政治'的反义词在这儿不是曾经有可能的'经济'一词,而是'形而上学'一词。"①安德森对罗尔斯的"政治建构主义"的这一批评对我们极具启发意义。这种重大的启发意义在于,它提示我们,在马克思那里,现代最大的政治问题乃是经济问题,政治哲学问题的解决、社会正义问题的关键在于在经济领域,即社会正义问题的解决的关键在于推翻资本主义的经济制度。实质上,马克思的经济学是以一种经济的话语在言说现实的政治问题。众所周知,历史唯物主义是马克思的划时代创造,不同的人对马克思历史唯物主义有着不同的理解。我们认为对于马克思的历史唯物主义应该采取一种政治哲学维度的读解。马克思对历史唯物主义的探讨开始于"市民社会"。马克思认为:"法的关系正像国家的形式一样,既不能从他们本身来理解,也不能从所谓人类精神的一般发展来理解,相反,它们根源于物质的生活关系的总和,黑格尔按照 18 世纪的英国人与法国人的先例,概括为'市民社会'。"②在马克思之前,"市民社会"主要是指以私有财产权关系为核心的

---

① [英]佩里·安德森:《思想的谱系——西方思潮左与右》,袁银传译,社会科学文献出版社,2010 年,第 136 页。

② 《马克思恩格斯选集》(第二卷),人民出版社,1995 年,第 32 页。

社会关系的术语。例如在黑格尔看来,"市民社会是处在家庭和国家之间的差别阶段"①,是"通过个人的劳动以及通过其他一切人的劳动与需要的满足,使需要得到中介,个人得到满足——即需要的体系"②。在黑格尔看来,这样的一种需求的体系包含着作为普遍物的"自由"的理念;而这样的"普遍物"的现实性就是对"所有权"的保护。因此在马克思看来,政治问题的解决依赖于经济问题的解决。马克思敏锐地捕捉到了社会不公正的根源在于资本主义私有制度。张盾教授指出:"马克思坚持把政治问题理解为经济问题,更确切地说,是把经济问题政治化。"③由此,马克思一生的哲学理论都围绕着如何推翻资本主义经济制度而展开。在《1844 年经济学哲学手稿》中,马克思指出:"共产主义是私有财产即人的自我异化的积极扬弃。"④在《德意志意识形态》这部系统地阐述历史唯物主义的著作之中,马克思、恩格斯认为:"人们的想象、思维、精神交往在这里还是人们物质行动的直接产物。表现在某一民族的政治、法律、道德、宗教、形而上学等的语言中的精神生产也是这样。"⑤因此,在马克思那里,政治问题的解决方法,在经济领域之中。马克思政治哲学的一个核心任务就是扬弃私有制。

罗尔斯在《政治自由主义》中认为,他的正义理论坚持的是一种政治的正义性观念。政治的正义性的首要为,它是一种政治制度的道德评价性标准,而非一种"整全性"的理论。这种"整全性"的理论被认为是"形而上学的",如若以"整全性"的学说来解决社会正义问题,就要使用国家的压迫性工具。这是对个人自由与平等的侵害。罗尔斯认为,作为不同的人所坚持的

---

① ［德］黑格尔:《法哲学原理》,范扬、张企泰译,商务印书馆,1961 年,第 197 页。

② ［德］黑格尔:《法哲学原理》,范扬、张企泰译,商务印书馆,1961 年,第 197 页。

③ 张盾:《"道德政治"的谱系:现代政治哲学中的卢梭、康德、马克思》,《中国社会科学》,2011年第　期。

④ ［德］马克思:《1844 年经济学哲学手稿》,人民出版社,2000 年,第 81 页。

⑤ 《马克思恩格斯选集》(第一卷),人民出版社,1995 年,第 72 页。

不同的"道德学说""宗教学说"与"哲学世界观"被他称之为"整全性"的学说都具有合理性。"理性的价值多元论",它是一个合理的理性事实。价值与价值之间具有不可通约性,也无所谓正义与否。因此,罗尔斯认为只是在政治领域之中才存在正义问题。在罗尔斯看来,政治哲学的一个任务就是:"一个由自由而平等的公民——他们仍然由于各种合乎理性的宗教学说、哲学学说和道德学说而保持着深刻的分歧——所组成的公正而稳定的社会如何能够长治久安。"①为此,罗尔斯确立了一种政治的正义观念,即把正义问题的解决聚焦于"社会的基本结构"即社会的基本的政治制度与经济制度,而其正义问题丝毫不涉及个人的正义。但是,罗尔斯政治哲学却存在巨大的理论缺陷。这种巨大的理论缺陷表现在就政治哲学本身来说罗尔斯的政治哲学极力回避了价值判断,他认为价值"多元论"是合理的事实。罗尔斯主张政治哲学追求的目标只是对现实世界的一种调和。这导致的一个重要后果便是作为一种规范性的理论的政治哲学本身失去了超越性的维度,从而下降为一种调和各种"完备性学说"的理论。原因在于在罗尔斯看来,导致 20 世纪的政治悲剧是形而上学的恐怖。根据斯退士对罗尔斯思想发展的研究,认为其哲学背后具有强烈的黑格尔哲学色彩,但是由于黑格尔哲学的形而上学性,由此隐没了其对自己的影响。但是在他看来,《正义论》乃是按照一种黑格尔的辩证逻辑而展开的。由此,与伯林一样,在"一与多"的问题上,罗尔斯明确地赞成后者。如上文所述,罗尔斯的解决之道是诉诸人们的"公共理性"而达至的"重叠共识"。

综上所述,罗尔斯的政治哲学要义在于,在继承康德哲学的基本精神的基础之上,为自由民主制度提供合法性的公共证明。但是不论是《正义论》还是《政治自由主义》,它们的一个共同特点是:力求使得康德哲学下降到经验

---

① [美]约翰·罗尔斯:《政治自由主义》,万俊人译,译林出版社,2000 年,第 49 页。

界面，又不至于失去崇高的道德尊严。从某程度上来看，罗尔斯的政治哲学确实是在自由主义思想的框架之内实现了某种有限度的超越。特别是罗尔斯不再像洛克那样将私有财产权确立为资本主义政治经济制度的基础。从而也使得他的正义思想与马克思的正义理论产生了重要的理论关联。可以说，罗尔斯对康德哲学的改进确实是一次伟大的理论创造。从规范伦理学的角度来看，罗尔斯恢复了康德哲学的理性主义精神。但是罗尔斯的经验主义，尤其是后期的《政治自由主义》对正义问题探讨，彻底地历史化、语境化。正如维特根斯坦的《逻辑哲学论》，虽然用语言为理性划定界限，但是依然保持着对"神秘之域"的向往。而罗尔斯的经验主义则使得正义问题这个政治哲学的最高问题退守到政治领域。可以借用马克思的名言来评述罗尔斯的正义理论：罗尔斯的政治哲学既不"解释世界"也不"改变世界"，毋宁说它是对现实的一种调和。

四、马克思正义观的三重意蕴

我们认为，马克思以历史唯物主义为基础的正义理论依然是当代不可超越的政治哲学理想。他不仅是迄今为止提出了对自由主义政治经济制度最深刻批判的思想家。同时，也指明了如何超越资本主义制度的非正义性的现实道路。在部分深入探讨马克思的正义理论对理解、评述康德与罗尔斯政治哲学，以及当代自由主义思想的内在困境具有重要的意义。

随着政治哲学的全面复兴，马克思与正义关系问题逐渐成为国内外马克思学界所探讨的热点问题。学界围绕着马克思理论之中是否包含正义思想，以及包含怎样的正义思想问题展开讨论，主要呈现为两种截然相反的观点。一种观点认为，按照马克思主义理论的经典解释——社会存在决定社会意识，正义概念作为一种法权概念不过是意识形态之一种，是生产方式的衍生物而已。由此得出结论:马克思的思想之中并不包含正义理论。例如,伍德认为:"马克思对正义进行批判的根源,及其社会思想的根本原创性,就在于他拒绝接受这种政治的或法权的社会概念。"①另一种观点则认为,马克思虽未使用资本主义不正义的话语。但是综观马克思的著述,到处充满着对资本主义不义性的谴责。例如,胡萨米认为:"马克思之所以认为资本主义不正义,这主要是因为,资本主义作为一种剥削制度,资本主义没有按劳分配,而且因为他没有在生产的可能性范围内满足人类的需要,更不用说满足生产者的所有需要。"②据此,他在分配正义的层面理解马克思的正义观。我们认为,上述观点看似截然相反,其实具有内在的一致性。这种内在的一致性在于皆以自由主义的思想进路来理解马克思的正义思想,从而遗忘了马克思的政治经济学批判的基本要义,即他反对那些把正义仅仅当作一种抽象的道德原则的正义观,也拒绝那些把正义看作一种先验原则的正义观。布坎南不无道理地指出,两种观点都"未能把马克思对分配正义的批判与对市民的和政治的正义的批判区别开来"③。从而忽视了马克思正义理论是在批判资本主义社会现实的基础之上生成的。

由此,我们应当清楚地意识到马克思的正义观念是与财产、劳动、阶级、支配、剥削、异化和自由等观念联系在一起的。所以,那些将马克思的正义观界定为法权批判抑或是分配正义批判等观点都是片面的。马克思的正义概念是一个远远超越社会财富的分配范畴与法权范畴的总体性范畴,是一种关于立足于社会历史实践基础之上的以追求"人及其全面发展"的正义观。

---

① 李慧斌、李义天:《马克思与正义理论》,中国人民大学出版社,2010年,第5页。

② 李慧斌、李义天:《马克思与正义理论》,中国人民大学出版社,2010年,第5页。

③ [美]艾伦·布坎南:《马克思与正义》,林进平译,人民出版社,2013年,第68页。

(一)正义之法权批判

按照伍德的观点,马克思的正义乃是生产方式的表象,正义的标准取决于受历史条件制约的生产方式,进而认为这样的一种概念是虚假的。正义只不过是意识形态的一种幻想。[1]据此,他认为任何诉诸正义原则的革命都是非理性的或者说是"堂吉诃德式的"[2]。现代政治问题的根本在于"个人利益"与"普遍利益"、"市民社会"与"国家"的分裂所导致的社会生活的碎片化。其主要原因在于现代政治之正义观的建构的基本原则是权利的逻辑在先性。

对此,施特劳斯很有见地地指出,现代政治的自反性的主要原因在于现代世界对古代世界正义观的修改。"17 和 18 世纪的自然法观念与中世纪及古典的自然法教诲之间有某种根本的差异,18 世纪开始用来支撑自然法的名称是人权,而传统的名称是自然法。""首先,'法'被'权利'取代。""其次,'自然'被'人'取代。"[3]现代世界对古代世界正义概念的修改导致了自由主义政治的逻辑悖论——政治在古代作为人类对于美好生活的追求演变为现代的权力博弈的场域。其后果是,个体利益与公共意志、普遍性与特殊性、公共领域与私人领域相互冲突。霍布斯、洛克、卢梭、康德等先哲无不为此问题困扰。可以说不论是经验主义政治哲学的答案还是先验观念论的解释,都没有完全解决这一理论难题。而在马克思看来,二者之所以没有能够解决这一问题,其根本原因在于其理论前提都是以"个人"这个现代产品为前提的,因此现代政治哲学必然走向其政治自反性。而马克思对市民社会的解析为揭开"个人"权利之谜给出了政治经济学解释,因此马克思的权利批判整合了古典伦理与现代伦理思想特别是对康德伦理学与政治哲学的批判。

---

①　[美]艾伦·布坎南:《马克思与正义》,林进平译,人民出版社,2013 年,第 14 页。

②　[美]艾伦·布坎南:《马克思与正义》,林进平译,人民出版社,2013 年,第 17 页。

③　刘小枫编:《苏格拉底问题与现代性——施特劳斯讲演与论文集:卷二》,彭磊、丁耘等译,华夏出版社,2008 年,第 24 页。

与古代的自然法观念将人理解为政治的动物不同，现代自然法理论之下的个人并非社会关系下的个人，而是理性的、自足的个人。现代政治哲学家必须以个人的品性演绎出国家和社会的组织原则。霍布斯将人理解为私欲，因此国家以具有无上权力的"利维坦"的形象出现。洛克将人的本质理解为"开明自利"，国家的任务在于保护每一个人的私有财产。但是，诉诸于经验主义的原则既无法解决个人的自由问题也无法解决共同体问题。"囚徒困境"看来是政治无法解决的理论难题。而在卢梭看来，我们必须要转换我们的立场，那就是由个人意志上升为公共意志的原则，方能解决政治的道德基础问题即政治必须建立在"公意"的基础之上。但是，"公意"并非是个人意志的总和，而是超越于其上的共同体精神。因而在卢梭看来，道德政治的实现既取决于天才的立法者，还取决于特定的社会历史条件，因此在现实生活中极其难以实现。卢梭在自由的基点上回到了古典政治哲学的问题，那就是理想的政治只是存在于言辞之中，哲学与政治依然是一道难解的谜题。

与卢梭向往古典时代的观点不同，康德哲学是现代政治哲学的强有力辩护者，其批判哲学的伟大贡献在于，康德将卢梭的"公意"思想上升为"纯粹实践理性"。其表现形式是，依靠道德自律，人能够为自身立法。在康德那里，"实践理性"因其超越于人的感官欲望的变幻不定而具有普遍必然性，其表现为这样的一种道德命令："要只按照你同时能够愿意它成为一个普遍法则的那个准则去行动。"①而以此作为基础的法权的普遍原则是："任何一个行动，如果它，或者按照其准则每一个人的任性的自由，都能够与任何人根据一个普遍法则的自由共存，就是正当的。"②但是，道德命令因其排出了社会内容，乃至于任何事物只要履行了形式上的要求就有可能作为一条道德法则，而这是危险的，因为它会使其为非道德辩护。因此，康德在晚年时期给

---

① 李秋零主编：《康德著作全集》第 4 卷，中国人民大学出版社.2005 年，第 428 页。

② 李秋零主编：《康德著作全集》第 4 卷，中国人民大学出版社.2005 年，第 238 页。

予私有财产权特别的关注,因为财产权乃是自由的最为强有力的保障。"要这样对待他人,使得外在的东西可能为某人所占有,或者变成他的财产,这是一项法权义务。"①政治作为维护人的唯一自然权利即自由,必须建立在实践理性基础之上并将现代政治问题转变成一个观念问题。由此,康德接受了霍布斯政治哲学的前提,即人类的历史起源于暴力与冲突,但是我们必须立足于实践理性,进入"法权状态"是我们的义务。社会契约由此超拔于经验的基础之上,而成为作为道德理论设定的"原始契约"。如此一来,康德便通过先验方法将作为自由主义政治基本原则的社会契约论思想推向了逻辑顶点。康德的后学罗尔斯看到了康德伦理学的形式主义的缺陷,将康德道德哲学经验化,将主要问题聚焦于"社会基本制度",力图为其注入实质性的内容。而马克思早已先于罗尔斯看到了法权问题的形式主义弊端而将其注入了政治经济学的内容。

在马克思看来,将自由问题理解为权利问题,进而将其主要理解为财产权问题无法解决社会正义问题。马克思继而认为,正是因为私有财产的存在才导致了资本主义的最大的不义,因此私有财产权作为古典经济学的前提,从来都不是实现人的自由的保障。在《1844年经济学哲学手稿》之中,马克思在批判古典经济学的基础之上将自由主义的财产权去合法化。马克思将私有财产划分为"劳动的私有财产"和"资本的私有财产"。马克思说,劳动作为财富的本质走向了异化——财富作为劳动的实体化形式乃是对劳动者的压迫。在马克思看来,无产者与有产者的对立的只不过是劳动与资本对立的表现形式。在《德意志意识形态》之中,马克思指出,资本主义非正义在于"把人类的大多数变成完全没有财产的人即无产阶级"。②在《资本论》中,马克思将生产过程中劳动和资本两种生产要素的分离归结为"对象化"与"活劳动"的

① 李秋零主编:《康德著作全集》第4卷,中国人民大学出版社.2005年,第250页。
② [德]马克思:《德意志意识形态》节选本,人民出版社,2003年,第47页。

分离,其在政治上的表现就是财产权与劳动的对立,其表现是劳动的客观条件对劳动能力来说是"他人的财产",而财富的创造过程对财产权来说是"他人的劳动"。①正是在此基础之上,马克思论证了无产阶级革命的必然性。

我们看到,马克思对资本主义的权利的批判集中在私有财产权批判之中。但是,在这里我们应该指出的是,马克思并不是就经济问题而阐释经济问题,而是将经济问题上升到政治问题进而升华为哲学问题。在康德哲学之中,私有财产权具有合法性,其重要意义在于是实人的自由的政治保障。而在罗尔斯的争议理论之中,虽然其意在一种制度内对资本主义进行超越,并且对私有财产权进行了一定程度的超越,这是罗尔斯正义理论的合理之处,但是罗尔斯却忽视了私有财产才是最为重要的压迫性权利这一客观事实。马克思正是基于此提出对资本主义政治合法性的质疑,进而指出资本主义制度的非正义性。

(二)正义之分配批判

马克思对分配正义的批判主要集中在《哥达纲领批判》之中,但是我们应该强调的是,马克思所论述的分配正义并非仅仅是传统意义集体对生产制度的控制而对财富的一种分配。如若我们在此层面上解读马克思的分配正义思想,便仍然是停留在古典经济学的立场之上,从而不可避免落入自由主义的逻辑架构。马克思的真实用意在于立足分配正义而对资本主义进行内在批判。在这里,所谓的内在批判指的是马克思在接受资产阶级政治经济学家的基本前提下而进一步向前推进,进而揭露其内在矛盾性并彰显其自身的限度。

在《哥达纲领批判》之中,马克思阐释了社会主义的"按劳分配"的原则

---

① 《马克思恩格斯全集》(第 30 卷),人民出版社,1995 年,第 444、450 页。

与共产主义的"各尽所能,按需分配"原则。在《德国工人党纲领批注》中,马克思阐述了德国工人党的"公平分配"原则,并没有超越古典政治经济学的框架。德国工人党的观点是,劳动是一切财富和一切文化的源泉,社会的总产品应该按照平等的权利属于社会的一切成员,在资本主义社会之中存在着劳动资料的垄断,这是造成工人阶级依附性及一切形式的贫困和奴役的原因,而实现劳动的解放乃是工人阶级的历史使命,"劳动者所得应当不折不扣和按照平等的权利属于社会一切成员"①。而历史上,"这个论点在一切时代的社会制度先驱提出过"②,它并没有超越古典经济学的界限。马克思认为,这只不过是重复了拉萨尔的经济学的观点。从其"劳动所得"的前提出发得不出劳动所得按照平等的权利属于社会的一切成员。一方面,是因为,如果将劳动所得理解为劳动产品,那么集体的劳动所得就是社会的总产品,而要保证社会生产的继续就必须要在社会总产品之中做出必要的扣除。所以"不折不扣的劳动所得"已经变成"有折有扣"的了。另一方面,是马克思认为在如此设想的、以生产资料公有制为基础的社会中,由于其是"刚刚从资本主义社会中产生出来的,因此它在各个方面是,在经济、道德和精神方面都还带着它脱胎出来的旧社会的痕迹"③。其调节商品交换的原则还是等价交换的同一性原则。"即一种形式的一定量劳动同另一种形式的同量劳动相交换"④。因此,马克思认为这种平等的权利原则并没有超越资产阶级的权利原则,形式不存在着矛盾,但是实质上却并非如此。因为在这里,"等价物的交换只是平均来说才存在,不是存在于每个个别场合"⑤。由此,这样的平等的权利还是限制在资产阶级的框架里。它仍然是以劳动作为它的唯一尺度来

---

① 《马克思恩格斯文集》(第三卷),人民出版社,2009年,第436页。
② 《马克思恩格斯文集》(第三卷),人民出版社,2009年,第428、437页。
③ 《马克思恩格斯文集》(第三卷),人民出版社,2009年,第429、430页。
④ 《马克思恩格斯文集》(第三卷),人民出版社,2009年,第434页。
⑤ 《马克思恩格斯文集》(第三卷),人民出版社,2009年,第434页。

计量，而劳动必须用它的时间或者是强度来确定。但它忽视了劳动者的阶级、个人天赋、工作能力等差别，而默认了它的天然特权。"所以就它的内容来讲，它像一切权利一样是一种不平等的权利。"①马克思认为，这种分配正义的原则在社会分工没有消失之前还将存在下去。

马克思对分配正义的内在性批判是为了超越古典政治经济学的局限性，因此我们就不能将马克思的正义观等同于分配正义。换言之，我们不能用财富的范畴来狭隘地理解马克思的正义理论。在古典经济学中，劳动被认为是社会财富的尺度，社会必要时间是劳动的尺度。分配正义的主要贡献在于让更多的人获得了更多的剩余劳动时间，但是这种劳动时间在本质上也只不过是私人生活的时间，它意味着享乐、刺激与消费，而其正是资本觊觎之所在。而在此基础之上并不能使个人生活更加人性化。因为"人的本质不是单个人所固有的抽象物，在其现实性上，它是一切社会关系的总和"②。由在社会之中人的生活的人性化才能得到体现。因此聚焦分配正义还不能完全超越资本主义。马克思认为真正正义社会的特征乃是："各尽所能，按需分配。"③这种按需分配的原则所实现的应该是自由时间变成为社会财富的尺度而不再是必要的劳动时间，其能够为人及其全面发展奠定基础。"以劳动时间作为财富的尺度，这表明财富本身是建立在贫困的基础上的，而可以自由支配的时间只是在同剩余劳动时间的对立中并且是由于这种对立而存在的。"④而缩减劳动时间，"资本就违背自己的意志，成为了社会可以自由支配的时间创造条件的工具，使整个社会劳动时间缩减到不断下降的限度，从而为全体[社会成员]本身的发展腾出时间"⑤。

---

① 《马克思恩格斯文集》(第三卷)，人民出版社，2009年，第435页。

② 《马克思恩格斯文集》(第三卷)，人民出版社，2009年，第435页。

③ 《马克思恩格斯文集》(第三卷)，人民出版社，2009年，第435页。

④ 《马克思恩格斯文集》(第三卷)，人民出版社，2009年，第501页。

⑤ 《马克思恩格斯全集》(第30卷)，人民出版社，1995年，第104页。

马克思对分配正义的批判乃是为了批判民主主义者与法国空想社会主义的在实现社会正义的错误之处，这种错误在于他们的理论原则仍是局限于自由主义的正义框架之内。因此，马克思说："除了上述一切之外，在所谓分配问题上大做文章并把重点放在它上面，那是根本错误的。"①

（三）正义之实践批判

马克思把对私有财产权利的批判作为批判资本主义的外在的突破口，指出了资本主义正义观念的虚假性。马克思将分配正义作为对资本主义的内在批判的主要内容，马克思在此基础之上阐释了实践正义观。实践的正义观不同于现代政治哲学关于正义问题探讨的主要模式，即以自由本体来探讨政治共同体的合法性基础。马克思的独特之处在于对于正义的理解必须结合社会生产方式。马克思与康德、罗尔斯的内在一致性则在于悬置形而上学的基础之上回答正义如何可能的问题。而对社会正义的回答，康德与罗尔斯走向了一种"程序主义"，马克思则是深入了历史唯物主义的实践维度试图超越之。因此，马克思所谋求的实践正义观并非一种康德政治哲学意义上的法权哲学，也非罗尔斯意义上调节"个体利益"与"普遍利益"的"重叠共识"，而是要整合公共领域与个人领域、个人权利与共同体理想、政治与社会的理念。这种实践的正义观超越了自由主义法权的与分配正义的界限。它是立足于政治经济学批判基础之上的关于"人及其全面发展"的正义观。而不论是以权利对于生产方式的依赖性为理据而拒斥马克思的正义思想，还是将马克思的正义思想仅理解为分配正义，都是对马克思的误解。

虽然马克思对自由主义社会的所有方面都进行了细致入微的审查与批判，但是马克思却从未拒斥自由主义所宣扬的平等、个体自由与公民价值观

---

① 《马克思恩格斯全集》(第30卷)，人民出版社，1995年，第103页。

等权利。在这个意义来说，马克思承继了现代哲学的最高问题即自由问题。在《黑格尔法哲学批判》之中，马克思认为："国家是伦理理念的现实——是作为显示出来的、自知的实体性意志的伦理精神。"①而"单个人的自我意识由于他具有政治情绪而在国家中，即在他自己的实质中，在它自己活动的目的和成果中，获得了自己的实体性的自由。"②马克思与在关于人的本质看法与黑格尔是一致的，但是马克思拒绝黑格尔将国家的概念理解是逻辑演绎的结果，它只不过是"神圣形式"的异化而已。他认为黑格尔的国家是一种虚假的普遍性。由此，马克思就强调了普遍选举权的重要作用："市民社会力图使自己变为政治社会"，市民社会试图"使政治存在成为它的现实存在"，"这表明市民社会力图尽可能普遍地参与立法权"。③马克思认为，市民社会对立法权的实现乃是"普遍利益以特殊利益"统一的形式，是人类"类存在"的实现。但是在随后的《论犹太人问题》之中，马克思认识到了政治的解放并不能够解决"普遍性"与"特殊性"的统一问题，而将主要的注意力转向了政治经济学研究。我们需要强调的是，马克思并未排斥其前期的权利观念，毋宁说它构成了后来马克思政治经济学批判的道德切入点。其主要原因在于，在马克思那里，对伦理学的研究如果不诉诸于政治经济学那就会是没有实质性内容的是形式主义。而在《资本论》之中，马克思着重分析了资本主义社会的先验结构，并指出了其不义性质。

按照古典政治经济学的解释，资本主义社会的交换正义为整个社会制度提供了正当性的依据。但是马克思认为，这只不过是一种制造出来的幻想。其根本的原因在于，作为资本主义制度"普照光"的商品不过是抽象劳动与具体劳动分离的产物。"一切劳动，一方面是人类劳动力在生理学上意义

---

① [德]黑格尔:《法哲学批判》,范阳、张企泰译,商务印书馆,1961年,第253页。

② [德]黑格尔:《法哲学批判》,范阳、张企泰译,商务印书馆,1961年,第253页。

③ 《马克思恩格斯全集》(第30卷),人民出版社,1995年,第147页。

上的耗费；就相同的或抽象的人类劳动这个属性来说，它形成商品的价值。"①
而古典经济学的劳动价值理论，便是建基于此基础之上的创造剩余的生产
过程和社会重组的历史理论。这种理论既不能为人类生存提供必要的物质
产品，也不能促进道德人格的发展。"生产资料集中在少数人手中，因此不再
表现为直接劳动者的财产，而是相反地转化为社会的生产能力，尽管首先表
现为资本家的私有财产。"②在这里，我们看到的是政治经济学批判的道德指
向，其完全区别于古典经济学的实证性研究。

　　通过上述论述，我们看到，从马克思的前期思想到后期思想，其确实援
引了特有的正义标准，这种正义标准从未消失。这便是在批判现代资本主义
基础之上形成的实践正义观。它建基于马克思的哲学人类学基础之上。在马
克思那里，人的"类特性"包括劳动、实践，以及人的个体性与自由的理想。但
是这些哲学人类学的概念并非只是在规范性的层面上对资本主义社会进行
道义性谴责，在后期，马克思将这些类概念整合进他的政治经济学批判之
中，从而为其实践正义观注入了科学性内容。不论是康德的权利正义观，还
是黑格尔的伦理正义观都没有解决关于正义的问题。马克思的实践正义观
之所以能够超越权利正义与分配正义的狭隘界限，是因为其采用了一种新
的基于政治经济学批判理论的历史唯物主义的方法。对于正义问题应该给
予一种历史唯物主义的解释，那就是立足于实践的基础之上的无产阶级实
践将是社会正义的实体。马克思说："批判的武器当然不能代替武器的批判，
物质力量只能用物质力量来摧毁；但是理论一经掌握群众，也会变成物质力
量的物质力量。"③人的类存在，理性和自我意识的实现乃是无产阶级伟大的
革命实践而非一种理论解释。正是在这个意义，马克思说："哲学家们只是用

---

① 　［德］马克思：《资本论》（第 1 卷），人民出版社，2004 年，第 60 页。

② 　［德］马克思：《资本论》（第 1 卷），人民出版社，2004 年，第 296 页。

③ 　《马克思恩格斯文集》（第一卷），人民出版社，2009 年，第 11 页。

不同的方式解释世界,问题在于改造世界。"①

综上所述,马克思对法权的批判与分配正义的批判乃是马克思正义批判思想的内在与外在的双重维度。外在的法权批判为马克思后来的政治经济学批判提供了道德基础,而后期作为内在分配正义批判则为其超越资本主义的界限提供了可能性。由此,我们既不能将马克思简单地理解为道德相对论者而否认马克思的正义思想,亦不能单纯地将马克思理解为道德实证论者把其正义思想仅仅理解为分配正义。马克思正义理论乃是立基于二者之上的,以实践为基础的政治正义观。理解这一点对于我们迈向一种马克思的正义思想,保卫马克思的理论,进而回应自由主义的批判具有非常重要的意义。

① 《马克思恩格斯文集》(第上卷),人民出版社,2009 年,第 502 页。

余　论

　　施特劳斯在其名著《城邦与人》之中这样写道：现代政治哲学，它已被意识形态所取代，它起初还是一种政治哲学，现在已经成了意识形态。曾居于存在论界面的政治哲学早已失去了追寻人之可能性的自我意识。据此认为现代性危机是政治哲学的危机即人们不再为崇高的政治理想殚精竭虑，不再去思考人类那些严肃的问题，不再去成就伟大的人格。而这几乎是苏格拉底所开创的古典政治哲学的关注的核心问题。施特劳斯学派的理论矛头指向了现代政治哲学。他认为正是马基雅维利、霍布斯、洛克所开创的现代政治哲学，消解了古典政治哲学的道德维度。由此，现代政治哲学发展的最终结局是虚无主义。而罗尔斯构造正义理论是现代政治哲学集大成者。它自然处在施特劳斯的批判的思想家之列。在书中，我们特别提到了施特劳斯学派的大弟子阿兰·布鲁姆对罗尔斯政治哲学几近苛刻的批判。我们当然不能不同意布鲁姆的观点，而依然认为康德的政治哲学与罗尔斯的政治哲学仍然是挽救现代政治哲学的伟大的理论努力，具有非凡的意义。可以说，政治哲学所追寻的崇高理想并未在两位思想家的著述之中断绝。

　　康德的政治哲学是立足现代政治哲学之现实主义之上的对古典政治理

想主义的一次伟大的回归。其理论旨趣乃是立足于实践理性，为现代政治的合法性建立起高尚的道德基础。但是，"现象"与"物自体"的二分这一先验哲学的理论前提却使得"最佳政制"只能是遥不可及的彼岸理想。但是，在康德看来必须用道德引领政治。罗尔斯的政治哲学试图立足于康德的道德哲学与政治哲学，从而超越直觉主义与功利主义的政治哲学，确立一种无本体论的伦理学与政治哲学。他强调正义是社会的美德，它不受制于任何政治与经济利益。

施特劳斯认为，现代性的危机其实是政治哲学的危机，而政治哲学由苏格拉底创立以来就是哲学本身。它不仅意味着哲学作为形而上学是不可能的，而且意味着哲学作为一种更高级的生活方式，已经被我们所遗忘。康德的实践理性对理论理性的优先性意味着政治哲学的最高问题即自然与自由的颠倒。因此，康德试图立足于先验自由的观念重建古典理性主义的政治哲学传统。在施特劳斯看来，现代政治哲学已经无力维护启蒙运动以来的建立在自由之上的价值秩序。现代思想的宏大的理论抱负即理性无力给出客观的价值判断，或者其并不能够给予人的伦理生活与政治生活以合法性的证明。由此，虚无主义是"西方的没落"的必然结局。在施特劳斯看来，古典政治哲学的优势在于其特有目的论传统，但是现代人认为这一目的论传统随着人类步入现代世界已被科学所瓦解。罗尔斯的政治哲学接手和审理的是康德的政治哲学问题。但是，罗尔斯并不认同康德的形而上学前提即先验主体。在罗尔斯看来，康德给我们的启示是，理论理性建立形而上学之不可能，意味着我们必须面对的是多元价值的"诸神之争"。由此，我们必须确立一种规范性理论的研讨方式。罗尔斯将其称为纯粹的程序主义的方法，并坚持认为其对规范性基础的探讨是苏格拉底式的。

康德以其独特的先验方法构造了现代政治哲学观念论基础，将政治现实主义推进到理想的层面。康德接受了现代政治哲学的前提，即人类的开端并非是正义的。虽然人类的进步无法证明,但是实践理性给予我们了道德信念,以及"自然目的论"的视角足可以保证我们对于"目的王国"充满自信。从而使我们对正义问题的构想上升到了先验界面,进而为我们开启了一条不同于现代政治哲学之现实主义探讨正义问题的独特思路。那就是其实现了自由与自然的颠倒,构建了以自由为核心理念的权利科学体系,从而将作为现代政治哲学核心方法的社会契约论推向了逻辑顶点。在这个意义上,施特劳斯将康德称之为现代的柏拉图。换言之,理论理性批判证明了以思辨的方式去给予伦理学以存在论的理由存在着无法逾越的理论限度,为此我们必须转换思路,那就是以自由的方式去接近存在,可以说康德彻底地完成了实践理性对理论理性的颠倒。但体现自由的"绝对命令"因其高度形式化却是以脱离现实生活为代价的。由此,作为人的生活意义的德福一致需要通过神学的悬设来保证。因此,为了沟通现象与物自体的两大领域。康德认为虽然现象与物自体两大领域判若云泥,但是作为有限的理性存在者通过运用目的性原理、通过反思判断力可以对彼岸进行展望。

可以说,相比于古典政治哲学,康德毅然站在了现代性的立场上,以其特有的先验方法试图超越霍布斯、洛克所奠定的政治现实主义传统,构造一种源于现代而超越现代性的政治哲学理论,或者说康德试图以更现代的方式去超越现代性。康德将奠定现代政治哲学的基础的自由、平等、私有财产权等议题,推进到了先验观念论的层次,从而使其更加具有精神品位,进而构建了一种本于现实而高于现实的政治哲学体系。由此,康德这位将现代性推进到极致的思想家具有了以"追求卓越、完美"为主要特征的古典政治哲学气质。但是,康德伦理学与政治哲学则是以其道德哲学为前提的,康德的道德哲学因为其先验品质,上升为存在论的高度,从而使之悬于世界之彼岸。这种超越了人之现实生活边界的政治哲学显然无助于解决关于世道人心问题。虽然晚年的康德显然更加关注现实问题,进而构造了以"私有财产权"为基础的权利科学体系。但是,其并未跳出霍布斯、洛克构想的政治方案的思想前提。基于此,不论是黑格尔还是马克思都给予其严苛的批判。

罗尔斯承续了这一问题,将社会正义问题聚焦于社会的基本结构。在罗尔斯看来,康德两个世界的沟通,完全可以通过理性构造的"思想实验"得到完满的解决,从而使得正义问题完全是可欲的。罗尔斯的方法是将康德的道德命令情景化,即原初状态的思想设置。从而进行一种特别的精致的经验推理。但是罗尔斯的重要问题在于,其《正义论》之中的理性自主观念依然是康德式的形而上学假设。因此,罗尔斯的政治哲学在 20 世纪 90 年代发生了重大转向,那就是将"公平的正义"理解为政治的正义观念,从而构造了政治自由主义。从而强调"作为公平的正义"的政治性而非形而上学性。政治自由主义转向后的罗尔斯放弃了"公平的正义"的康德式解释而规避形而上学,但是我们认为,罗尔斯将康德的哲学精神推向了极致。罗尔斯将"原初状态"下的人改写为政治人或者说公民,将理性改写为公共理性,通过政治建构主义的范式,试图实现重叠共识。

在罗尔斯看来,康德没有解决这一重要问题的关键之处在于其先验形而上学性。因此我们在确保其具有先验的普遍性的前提下,有必要对其进行经验主义的修正,从而使它具有经验的实用性。由此,原初状态成为连接先验领域与经验领域、现象与物自体、理论理性与实践理性的重要中介。但是罗尔斯正义理论的一个重大缺憾是原初状态对人性的形而上学假设,那就是康德的理性自主的观念。从而使得"作为公平的正义"仍然具有形而上学的色彩。

借助于施特劳斯的思想史研究。我们有理由认为道德与政治之间的关系乃是康德哲学与罗尔斯政治哲学所共享的主要论题,集中表征了康德与罗尔斯试图超越"先验与经验""程序与实质"之冲突,进而达至二者之间的和解的理论努力。我们知道,自古希腊时代,城邦与人、哲学与政治、道德生活与政治生活是人之生活的不同的维度,二者处于张力关系之中,而寻求二者的统——直是思想家的主要工作。思想家将二者之间的统一诉诸于自然权利。但是自启蒙运动以来,自然权利之本质内涵发生了历史性转换,即从自然正当到自然权利。由此,对二者之间的统一,古今哲人则采取了不同的解决方案。古人诉诸于哲人的"隐微"写作;而今人则求助于理性"启蒙"。康德与罗尔斯在"现代性"的思想框架之内承继了这一论题。但是,康德哲学的"先验形而上学性"之"形式主义"导致了其哲学先验经验化之失败,其后果必然是"道德与政治的二律背反",道德与政治之间的"和解"最终却是委之于反思判断力,因而历史终归是人的美好的想象。在这个意义上来说,作为理想的共同体的"目的王国"远居彼岸。

罗尔斯洞悉到了康德哲学的理论困境。他试图以一种"程序主义"的方式使康德的先验的道德理性经验化为政治现实,试图使康德的政治理性变成可欲的。罗尔斯回应康德的先验主义的主要方法是其作为思想实验的"原初状态",从而架起一座沟通先验领域与经验领域的桥梁。其理论意图在于它可提供一个绝对的阿基米德支点,从而回答道德与政治问题的自律性与客观性。但是在罗尔斯的正义原则的证明过程之中,罗尔斯的"康德式解释"并没有摆脱"形而上学"的纠缠。从而与其为"多元主义"辩护的理论抱负自相矛盾。为此,《正义论》之后的罗尔斯试图使正义原则语境化,并在此基础之提出了"政治正义观"之哲学理念。从而对康德哲学进行彻底的"经验主义"改造,即把康德"纯粹实践理性"改造为"经验的政治理性"即"公共理性"。但是,罗尔斯的这一思想转变的后果与其说是对康德哲学"形式主义"摆脱,毋宁说是将"形式主义"贯彻到底。在《政治自由主义》之中,"差别原则"所具有的"实质内容",完全为"自由的优先性"所压倒,马克思社会革命理想彻底被遗忘了。罗尔斯将人之生活的道德维度抽空,将其抛入政治领域之中,而在"公共理性"基础之上实现的政治共同体的"团结"必然成为不可能,其拯救现代性的"第三条道路"最终无功而返。

本书所关注的主要论题是一个极为重大且十分具有学术争议的理论难题。在康德哲学方面,康德哲学是德国先验哲学传统的伟大缔造者,其文本以艰深晦涩著称,阅读康德哲学著作本身就是一场巨大的智力挑战。而理解德国古典哲学又是理解康德哲学思想的重要前提,这同样是一项巨大的思想史工作。由此,试图理解康德批判哲学的整体意蕴更是需要深厚的学养。在罗尔斯政治哲学方面,其哲学发端于英美分析哲学的传统,同时又吸收了欧陆哲学的思辨传统的理论资源,并试图将二者融入当代政治哲学之中,建立一种宏大的实践哲学理论体系。由此,理解罗尔斯也并非是一件轻松的工作。可以说,仅就二者各自理论的某一方面足可以为后学所言之不尽,更何况将二者进行对比性的研究,更是世纪难题。由于笔者学养尚浅,对文本的把握粗疏。因此在研究过程之中,不论是对哲学原著的解读上,还是对先辈学者的研究成果的领会上尚有不足之处。笔者将在今后的学习工作中继续求索,以期对此问题的探讨更为深入研究。

参考文献

[1]《马克思恩格斯选集》(第一—四卷),人民出版社,1995年。

[2][德]黑格尔:《精神现象学(上、下)》,商务印书馆,1983年。

[3][德]黑格尔:《法哲学原理》,商务印书馆,1961年。

[4][德]黑格尔:《哲学史讲演录(第4卷)》,商务印书馆,1966年。

[5][德]黑格尔:《小逻辑》,商务印书馆,1980年。

[6][德]康德:《康德全集》(1—6卷),中国人民大学出版社,2003年。

[7][德]康德:《纯粹理性批判》,人民出版社,2004年。

[8][德]康德:《实践理性批判》,人民出版社,2003年。

[9][德]康德:《判断力批判》,人民出版社,2002年。

[10][德]康德:《道德形而上学原理》,上海世纪出版集团,2005年。

[11][德]康德:《法的形而上学原理——权利的科学》,商务印书馆,1991年。

[12][德]康德:《历史理性批判文集》,商务印书馆,1990年。

[13][美]约翰·罗尔斯:《正义论》,何怀宏、何包钢、廖申白译,中国社会科学出版社,1988年。

［14］［美］罗尔斯:《政治自由主义》,译林出版社,2011年。

［15］［美］罗尔斯:《作为公平的正义——正义新论》,生活·读书·新知三联书店,2002年。

［16］［美］罗尔斯:《万民法》,吉林人民出版社,2001年。

［17］［美］罗尔斯:《政治自由主义——批评与辩护》,广东人民出版社,2003年。

［18］［美］罗尔斯:《道德哲学史讲义》,生活·读书·新知三联书店,2003年。

［19］［美］罗尔斯:《政治哲学史讲义》,中国社会科学出版社,2011年。

［20］［古希腊］柏拉图:《理想国》,商务印书馆,1986年。

［21］［古希腊］亚里士多德:《尼各马科伦理学》,中国人民大学出版社,2003年。

［22］［古希腊］亚里士多德:《政治学》,商务印书馆,1965年。

［23］［意］马基雅维利:《君主论》,商务印书馆,1985年。

［24］［英］霍布斯:《利维坦》,商务印书馆,1985年。

［25］［英］洛克:《政府论(上、下)》,商务印书馆,1964年。

［26］［法］卢梭:《社会契约论》,商务印书馆,2003年。

［27］［法］卢梭:《论人类不平等的根源》,商务印书馆,1997年。

［28］［法］卢梭:《论科学与艺术》,上海世纪出版集团,2007年。

［29］［法］卢梭:《爱弥儿(上、下)》,商务印书馆,1978年。

［30］［英］密尔:《代议制政府》,商务印书馆,1997年。

［31］［英］密尔:《论自由》,商务印书馆,1959年。

［32］［英］穆勒:《功利主义》,上海世纪出版集团,2008年。

［33］［法］贡斯当:《古代人的自由与现代人的自由》,上海世纪出版集团,2003年。

［34］［法］托克维尔：《旧制度与大革命》，商务印书馆，1992年。

［35］［法］托克维尔：《论美国的民主（上、下）》，商务印书馆，1988年。

［36］［美］施特劳斯：《自然权利与历史》，生活·读书·新知三联出版社，2003年。

［37］［美］施特劳斯：《施特劳斯与古今之争》，华东师范大学出版社，2010年。

［38］［美］施特劳斯：《施特劳斯与现代性危机》，华东师范大学出版社，2010年。

［39］［美］施特劳斯：《苏格拉底问题与现代性》，华夏出版社，2008年。

［40］［美］施特劳斯：《回归古典政治哲学》，华夏出版社，2006年。

［41］［美］施特劳斯、克罗波西：《政治哲学史》，河北人民出版社，1998年。

［42］［美］施特劳斯、科耶夫：《论僭政》，华夏出版社，2006年。

［43］［美］施特劳斯：《古典理性主义的重生》，郭振华译，华夏出版社，2011年。

［44］［美］施特劳斯：《霍布斯的政治哲学》，申彤译，译林出版社，2001年。

［45］［美］贝纳加：《施特劳斯、韦伯与科学的政治研究》，华东师范大学出版社，2010年。

［46］［美］布鲁姆：《巨人与侏儒》，华夏出版社，2007年。

［47］［美］布鲁姆：《美国精神的封闭》，译林出版社，2007年。

［48］［英］伯林：《自由论》，译林出版社，2003年。

［49］［英］贾汉贝格鲁：《伯林谈话录》，译林出版社，2002年。

［50］［美］沃尔泽：《正义诸领域——为多元主义和平等一辩》，译林出版社，2002年。

［51］［美］桑德尔：《自由主义与正义的局限》，译林出版社，2001年。

［52］［美］诺齐克：《无政府、国家和乌托邦》，中国社会科学出版社，2008 年。

［53］［美］泰勒：《现代性之隐忧》，中央编译局出版社，2011 年。

［54］［美］麦金泰尔：《追寻美德》，译林出版社，2003 年。

［55］［美］麦金泰尔：《伦理学简史》，商务印书馆，2003 年。

［56］［德］哈贝马斯：《在事实与规范之间》，生活·读书·新知三联书店，2003 年。

［57］［德］哈贝马斯：《后形而上学思想》，译林出版社，2001 年。

［58］［德］哈贝马斯：《现代性的哲学话语》，曹卫东等译，译林出版社，2004 年。

［59］［德］哈贝马斯：《合法化危机》，上海人民出版社，2009 年。

［60］［英］西季威克：《伦理学方法》，中国社会科学出版社，1993 年。

［61］［英］西季威克：《伦理学史纲》，江苏人民出版社，2008 年。

［62］［美］阿伦特：《康德政治哲学讲稿》，世纪出版集团，2013 年。

［63］［美］阿伦特：《论革命》，译林出版社，2007 年。

［64］［美］阿伦特：《人的境况》，上海世纪出版集团，2009 年。

［65］［美］阿伦特：《精神生活·思维》，江苏教育出版社，2006 年。

［66］［美］阿伦特：《精神生活·意志》，江苏教育出版社，2006 年。

［67］［美］吉尔丁：《设计论证》，华夏出版社，2006 年。

［68］［英］柯亨：《如果你是平等主义者，为何如此富有？》，北京大学出版社，2009 年。

［69］［英］柯亨：《自我所有、自由和平等》，东方出版社，2008 年。

［70］［美］科斯嘉德：《创造目的王国》，中国人民大学出版社，2013 年。

［71］［美］科尔斯戈德：《规范性的来源》，上海译文出版社，2010 年。

［72］［美］赫尔曼：《道德判断的实践》，东方出版社，2006 年。

［73］［英］格雷:《自由主义的两张面孔》,江苏人民出版社,2002 年。

［74］［英］格雷:《自由主义》,吉林人民出版社,2005 年。

［75］［法］利奥塔:《后现代道德》,学林出版社 2000 年。

［76］［英］奥克肖特:《政治中的理性主义》,上海译文出版社,2003 年。

［77］［美］墨菲:《政治的回归》,江苏人民出版社,2001 年。

［78］［美］普特南:《无本体论的伦理学》,上海译文出版社,2008 年。

［79］［美］拉莫尔:《现代性的教训》,东方出版社,2010 年。

［80］［美］高斯:《当代自由主义理论——作为后启蒙方案的公共理性》,江苏人民出版社,2014 年。

［81］［英］阿巴拉斯特:《自由主义的兴衰(上、下)》,吉林人民出版社,2011 年。

［82］孙正聿:《哲学通论》,辽宁人民出版社,1998 年。

［83］孙正聿:《孙正聿哲学文集(1—9 卷)》,吉林人民出版社,2007 年。

［84］张盾:《马克思的六个经典问题》,中国社会科学出版社,2009 年。

［85］姚大志:《何谓正义:当代西方政治哲学研究》,人民出版社,2007 年。

［86］姚大志:《现代之后——20 世纪晚期西方哲学》,东方出版社,2000 年。

［87］姚大志:《人的形象》,吉林教育出版社,1999 年。

［88］姚大志:《罗尔斯》,长春出版社,2011 年。

［89］慈继伟:《正义的两面》,生活·读书·新知三联书店出版社,2001 年。

［90］石元康:《当代西方自由主义理论》,生活·读书·新知三联书店出版社,2000 年。

［91］石元康:《罗尔斯》,广西师范大学出版社,2004 年。

［92］何怀宏:《公平的正义——解读罗尔斯〈正义论〉》,山东人民出版

社,2002 年。

[93] 何怀宏:《伦理学是什么》,北京大学出版社,2002 年。

[94] 何怀宏:《契约论理与社会正义》,中国人民大学出版社,1993 年。

[95] 李强:《自由主义》,中国社会科学出版社,1998 年。

[96] 应奇:《从自由主义到后自由主义》,三联书店,2003 年。

[97] 徐友渔:《自由的言说:徐友渔文选》,长春出版社,1999 年。

[98] 刘小枫:《施特劳斯的路标》,华夏出版社,2011 年。

[99] 赵汀阳、阿兰·乐比雄:《一神论的影子》,中信出版社,2019 年。